改變日本歷史的總理大臣
從伊藤博文到岸田文雄

目次

第五部　平成時代的總理大臣 243

第六部　令和時代的總理大臣 315

推薦序

影響國家發展的關鍵角色

蘇嘉全（臺灣日本關係協會會長）

前段時間，安倍晉三前首相不幸遇刺身亡，留下許多未竟之志。在台日兩地人民尚未走出傷痛的此刻，本書的出版尤有其意義。

綜觀百年來的台日關係，從雙邊互不相識，走過對抗與殖民，再到相互理解與支持，發展脈絡可謂複雜而又深刻。

這其中，日本首相可以說是影響制憲後國家發展的關鍵角色；但另一方面來說，首相的行為思想，也展現出當下那個時代的國家特質，從首相看日本，確實反省歷史的重要角度。

尤其戰後的日本，首相逐漸成為國家實質領導者，他們的精神思想與所作所為，現今仍持續影響著台灣這塊土地的命運與未來。

我認識拓梓多年，看見他在公餘之時仍筆耕不輟，心中深感佩服。他以對歷史的熱情，著手整理龐雜的史料，在轉譯成平易近人的生動文字，對百年歷史娓娓道來，讓所有喜愛日本、可望認識日本的台灣人，夠透過他的著作，了解歷任首相的故事，並進一步透過他們的事蹟與處境，感受日本在不同時代所面臨的種種挑戰。

對於大家關心的近期日本政局，拓梓這本書也有很多精彩描述，如果讀者想要理解安倍內閣及後安倍時代日本政治，讀來應該也會有不少幫助。透過拓梓的文字，也適當地表達了台灣人對安倍這位「台灣好朋友」最真心的懷念。

今年五月，本人有幸受總統託付，接掌臺灣日本關係協會，為台日關係的促進貢獻心力。我很期待未來台日之間，有更多像《改變日本的總理大臣》這樣淺白、寫給大眾的作品出版，幫助兩國人民互相理解、互相交流。也期待疫後的未來，台日關係能夠持續升溫，兩國永世友好。我也會時時「督促」拓梓，無論公務多忙，務必要堅持下去，繼續書寫日本，為兩國的情誼，寫下更多精彩動人的篇章。

推薦序

總理：形塑近代日本的男人們

謝金魚（歷史作家）

照理來說，日本應該是台灣人最熟悉的國家，但我們對於日本的政體卻了解得不多，我們也許很熟悉明治、大正、昭和、平成乃至今日的令和天皇，說起皇室內部的八卦，諸如婆媳不合、妯娌相爭也都略知一二，但究竟日本的政體為何？我們卻不太清楚，甚至有一次與朋友聊天時，朋友一直以為日本的首相是全民直選的。

習慣了民主政治的台灣人，常常會忘記民選總統其實還不到三十年。習慣了在電視上看到立委與官員互嗆，我們也很常忽略總理與他的閣員除了官員身分之外，也同時是民意代表。有一回與日本的學者聊起選舉，有著左翼傾向的學者不無羨慕地說：「台灣人很熱中於政治，我覺得很好。」接著，他從明治時代開始說起，認為日本仍由過去的武家與公家衍生的派閥控制，並不能得到真正的民主、人民也無法好好地參與政治，相形之下，台灣生猛有力的政治風格讓他更覺得有活力。

當時我一邊聽、一邊想：「真的是這樣嗎？」但到底日本在明治維新後的政治史有什麼樣的變化？二戰前後的變化又有多大？即便我自己略懂日本歷史，但到底哪個總理大臣主導了哪些事，我也是一知半解，而引領日本一百多年來發展的總理大臣們究竟有哪些人、在他們的任期間有哪些變化？當時的我雖然想知道，但能力有限實在無法如願。

因此，某一次和拓梓喝咖啡時，他說起日本總理大臣列傳的寫作計畫時，我馬上舉雙手雙腳贊成，這意味著我就不用辛辛苦苦去啃那些大部頭的日本政治學著作，可以好整以暇地「坐享其成」了。之所以可以如此放心，一方面是我一直都是拓梓的讀者，深知他消化複雜資料、轉譯為平實文字的能力，另一方面，拓梓除了有作家的文筆、學者的研究能力之外，還有政治工作者的實務經驗，這讓這個寫作計畫不只是一連串白頭宮女說玄宗式的故事，而是更直指日本百多年來歷史進程的核心：總理們如何實現他們理想中的日本？

為了詮釋這個漫長的演變，每一位總理的人生背景都相當重要，他們出身何處、交遊如何，這些看來瑣碎平常的小事，其實非常重要。日本是一個極重「人間関係」（人際關係）的社會，小至鄰里相處、大至國政外交，無處不重人際關係，如何拿捏其中分寸便是一個人的教養，一個人與誰往來也可見其一生事業的發展，透過這些看似細碎的細節，擴展出錦緞般綿密交織的網絡，連結而成一卷悠悠展開的史書。

但拓梓並不被這些瑣碎故事所束縛，帶領著讀者從歷史的宏觀視角，看見明治時代出身薩長的年輕武士們，走出過往熟悉的思考模式，從原有的藩閥政治走向了政黨政治，隨著日本的君主立憲制逐漸成熟、國家變得強盛，軍人的地位提升後，反過來壓制了憲政體制，最終點燃了二次世界大戰的戰火，也使得日本從《坂上之雲》中充滿朝氣與希望的國家，變成如今與亞洲各國結下血海深仇的罪魁禍首。

戰後的日本復原之路並不容易，如何在美國手下討生活成為戰後總理們的首要任務，美日安保條約與整個冷戰時期的亞洲息息相關，戰後出生的世代也開始成長，風起雲湧的左翼思潮、反戰思想席捲世界，日本也無可避免要面對激進的抗爭，這些過去在《官僚之夏》、《我愛過的那個時代》等作品中呈現的戰後日本，拓梓也透過描寫佐藤榮作、田中角榮、小泉純一郎等台灣人比較熟悉的總理們，讓讀者得以理解他們面對世界巨變時的決策。在光輝燦爛、日本錢席捲世界的榮景後，過度膨脹的泡沫經濟讓日本面對失落的三十年，面對更競爭的國際社會、更開放的民主思潮、更多變的世界趨勢時，每一位總理都有各自的挑戰。

這百來年的歷史認真追究起來可以寫成一整套大部頭、辭海一般的磚頭書，但拓梓顯然無意糾結於此，同時，拓梓也沒有為了吸引眼球加入猛爆八卦，作為讀者，這樣流暢、簡潔的閱讀體驗十分愉快，不管是作為日本政治史的入門書，或者理解當代議題的參考資料，都很有幫助。

我寫下這篇文章時，戰後日本在位時間最久的首相安倍晉三遇刺身亡，媒體上翻來覆去都只是他如何友台的討論，但究竟他在位期間做了什麼、如何影響了近十年的日本，我還是得回頭閱讀拓梓的文章才比較清楚。我相信大家在讀完這本書之後，對於明治以降的現代日本政治應該會有比較明確的印象，也更能理解日本這個與我們最為親近的鄰居了。

作者序

總理與近現代史

這本書最早的構想，是挑出十到十五位總理大臣，寫出他們的故事。但寫完第一篇伊藤博文後，發現總理的故事很難集結成精選，畢竟有些總理很出名，不能漏掉他們；有些總理雖不有名，但他們所處的時代卻非常關鍵。於是我不知道是哪來的勇氣，更改了計劃，決定把一百零一代日本總理的故事一篇篇寫下來，再集結成書。

也因為這個決定，讓我有機會重新梳理明治維新後的日本近現代史，並嘗試和台灣史、中國史、世界史攤平來看，於是意外打開了一扇時代史的窗戶。在「條約改正」的路途上，維新後的日本與革命後的中國如何在百般困難後達陣？在民主主義和帝國主義之間的夾縫中，日本如何和歐美列強競爭？捲入世界大戰烽火中的日本如何與中美決裂？戰後又如何在冷戰風雲中重修舊好？

這些歷史的轉折背後，是一個個艱難的決策，而做出決定的人，正是現代史中的總理大臣們。撰寫這些文字的過程，我剛好有機會在台灣的政治發展過程中參贊機要，也因此比其他人更能體會做決策的艱難。理想中的決策，應該是各種SWOT分析激盪後的最適當決定；問題是必須做出決策的當下，其實時間往往不足、資訊經常不充分、外部環境也隨時在變化，所謂理性模型，只會存在於教科書中。

在這樣的時刻，決策者本身的經驗、膽識和判斷力，才是做出好壞決定的關鍵。無法抗拒時代與民粹的近衛文麿把日本帶入日中戰場，也把自己送上黃泉路；全力終止戰爭的鈴木貫太郎，老驥伏櫪讓日本免於本土戰爭的生靈塗炭；吉田茂對美國人低頭，是為了讓日本早日獨立，脫離敗戰陰影；池田勇人盤點局勢，喊出「所得倍增」，帶領日本重回強國之列。這些總理大臣的一念改變了歷史，也讓身為後人的我們受教良多。

寫作總理大臣故事的過程中，也發現一些有趣的統計。比如：最年輕登上總理大臣職務的，是四十四歲的第一代總理伊藤博文；前十年輕的總理大臣只有三位（安倍晉三五十二歲、野田佳彥和田中角榮五十四歲）是戰後首相；不過就任年齡最高的前十名當中，則有五位是戰後首相。

這個現象凸顯了戰後日本政治長期遭詬病的老人政治問題，靠著論資排輩登上首相位置的老將，即使經驗豐富，卻經常無法因應時代的變化和挑戰，上位的過程還經常引來黑箱質疑。首相來來去去，常為了一點小事讓支持度落入谷底，政治也顯得暮氣沉沉。《聖堂教父》這套批判漫畫就是在這種背景下大受歡迎，漫畫中的期待，也是日本國民的期待，因此戰後兩次政黨輪替，接替首相位置的細川護熙和鳩山由紀夫都成為一時的寵兒，只是做得不好，無力持久。

至於任期方面，無論是用連續日數或通算日數來看，安倍晉三都是史上任期最長的首相。通算日數方面，僅次於安倍的是戰前的桂太郎，而桂太郎和西園寺公望一直輪流出任首相，因此連續日數並不長。連續日數排名第二的是安倍的叔公佐藤榮作，也是日本龐大的家族政治、貴族政治現象中有趣的巧合。

日本的家族政治是政壇中的常態，但家族政治的建立並非老早就有。戰前的首相除了貴族出身的西園寺公望、近衛文麿之外，不是革命元勳，就是幹練能臣或政黨領袖，由於維新講求四民平等，打破封建貴族，因此元勳們的父親都是普通人，自然很少人會過問他們的父親是誰。

像是政黨內閣的倡議者原敬與「五一五事件」中被刺殺的犬養毅，都是記者出身，戰前的田中義

一、齋藤實、岡田啟介、林銑十郎、阿部信行、米內光政、東條英機和小磯國昭，則都是優秀的軍人，其中只有東條英機的父親英教是陸軍中將出身，若硬要說有家族背景的，只有三菱家族的女婿加藤友三郎，但其實他也是政黨領袖出身。但不能否認，這些第一代的政界領袖們正透過婚姻關係拉幫結派，成為日本軍政商千絲萬縷關係中的重要力量。

這種政治家族的發展，因為戰爭而有了一些改變和調整。有些家族因參戰而退出了政治，也有些家族持續在政治圈發展；但總歸戰爭的斷裂打開了新的孔隙，讓精幹官僚或者基層一路選上來的政治家又有了發展的機會。戰後前幾位首相像是吉田茂、片山哲、蘆田均、鳩山一郎等人都是政治世家出身。這也是因為戰爭剛結束，精英的養成需要時間，因此戰前的世家只要通過政治審查，仍然有機會崢嶸於政壇。

但隨著戰爭陰影漸退，非政治世家出身的總理逐漸嶄露頭角。像是石橋湛山是記者出身，岸信介、池田勇人、佐藤榮作和福田赳夫、大平正芳、宮澤喜一都是官僚出身，田中角榮和村山富市更都是一介平民爭氣出頭的經典案例。三木武夫也是普通人家的孩子，鈴木善幸、中曾根康弘、竹下登、宇野宗佑、海部俊樹的家族則都是商人，他們在戰後的大孔隙中赤手空拳靠選舉打天下的政治家，也透過各種親戚朋友關係，壯大自己家族的政治勢力。

在大孔隙時代建立地盤的政治人物二代，第一位登上首相寶座的政二代是非自民黨在野聯盟的羽田孜，但他的任期非常短。比較著名的政二代總理是橋本龍太郎，當時政二代繼承是政治圈的常態，橋本之後的小淵惠三、小泉純一郎、安倍晉三、福田康夫、麻生太郎、鳩山由紀夫、岸田文雄都是政治家族出身，只有森喜朗、菅直人、野田佳彥和菅義偉四人是平民出身，執政的時間也都不長，

因此，日本政治都是家族政治的印象，是近二、三十年才固定下來的。

最後談出身地的問題。出現最多首相的是山口縣，有伊藤博文、山縣有朋、桂太郎、寺內正義、田

中義一、岸信介、佐藤榮作和安倍晉三八位首相。其中岸信介、佐藤榮作和安倍晉三出身同一家族，而其他幾位除了伊藤博文之外，都有陸軍背景，這和古稱長州的山口縣主導明治維新有關，伊藤是國家元老，山縣則主導了日本陸軍很長一段時間，政治力加上武力，讓長州成為出身最多首相之地。

另一個革命的故鄉鹿兒島縣，僅出現黑田清隆、松方正義和山本權兵衛三位首相，黑田和松方是維新元勳，山本則是薩摩男兒投身最多的海軍出身。薩摩人當首相的不多，可能和維新後期發生西南戰爭，薩摩人除了當時執政的大久保利通，大都支持敗戰的西鄉軍這方有關，因此戰爭失敗後，薩摩人逐漸被排除於政治主流之外。

未出現首相的縣份也不少，許多都集中在東北，這可能和維新初期東北各藩組成「奧羽越同盟」與維新政府對抗有關。也因此，第一位平民首相原敬出身自岩手縣，被當時的輿論視為政治上的重大改變。然而，東北沒出幾個首相的情況一直延續到當代，直到出身秋田普通人家的菅義偉當上首相，才打破這個傳說。

我常在寫作的過程中發現這些小故事，然後花時間去考察、探索，並記入書中。因此，原本計劃在一年左右完成的書，寫了兩年多才完成，再加上一些修改的推遲，距離我一開始受到遠足出版社邀約的時間，竟過了四年，期間還發生令和天皇即位、安倍晉三卸任，還輪替了菅義偉、岸田文雄兩位總理，接著是驚動印太區域穩定的安倍遭刺殺事件，目不暇給的當代政治事件給了我今年非出版不可的動力。

我要感謝遠足文化前總編輯郭昕詠、遠足文化第二編輯部總編輯龍傑娣的寫作邀請，以及「自由評論網」的潘靜怡女士為這些文章開闢專欄。另外要感謝立法委員郭國文、綠洲基金會的謝文生、日本台灣交流協會的日本語專家平岩桂子、細田敬子，對我日文學習的督促和教導，讓我能夠在忙碌的工作中，持續打開一扇用日語望向世界的窗戶。還要感謝台灣日本交流協的蘇嘉全會長、自由作家謝金魚女士慷慨作序。最後，我的家人們對我週末經常忙於寫作的諒解，是本書完成的重要動力。

本書並非學術著作，無法很深入地討論歷史，它是一本加入了我個人想法的日本近現代史通俗寫作。我寫作的目的，是為了寫給對日本政治史有興趣的讀者一本入門書，而加入自己的選材、意見，希望讀者可以理解，所有的歷史評價都有其立場，歷史常有結構的宿命，政治則總有百般無奈。我們只能從有限的經驗裡，發現人的精神理念可能為政治帶來的改變。當然，也常有徒然。

第一部　明治時代的總理大臣

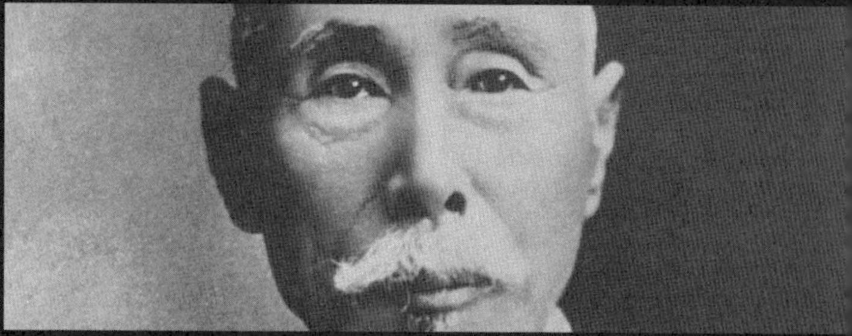

MEIJI ERA

1885 – 1912

Meiji Era

伊藤博文

HIROBUMI ITO

1885.12.22－1888.4.30
1892.8.8－1896.4.30
1898.1.12－1898.6.30
1900.10.19－1901.5.10

第一代制憲總理伊藤博文

伊藤博文是明治時代最重要的政治人物，也是日本廢除數千年傳統的太政官制度，採行歐化制度後的第一任閣揆。那一年伊藤博文四十四歲，是至今為止日本史上最年輕就職內閣總理大臣的人。

伊藤博文年輕時名為伊藤俊輔，出身長州，是吉田松陰「松下村塾」門下的弟子；原來是佃農之子，後來因為被收養而成為下級武士。幕末的攘夷志士風起時，他還很年輕，因此在「松下村塾」就學期間，持續密切地與年紀稍長的高杉晉作、木戶孝允交往。伊藤博文劍術很差，但做事細心、任勞任怨，因此頗得長輩喜愛，吉田松陰便認為伊藤很有政治頭腦。據說長州志士攻擊品川的外國使館群時，由於伊藤博文記得攜帶剪刀，因而讓被擋在鐵絲網外的糊塗志士們得以進入使館區放火。

伊藤博文接任總理前便已參贊機要，因為曾經偷渡前往英國，喝過一點洋墨水，因此會講英文。維新後伊藤博文被派為兵庫縣知事，負責神戶港的外國人事務。低階武士「足輕」出身的他，可以與出身天差地別的長州毛利家等藩主們平起平坐，也證明時代因為維新的關係而有了巨大改變。

明治初期的中央集權體制確立，伊藤博文參與甚深，包括「廢藩置縣」、「徵兵制」或「殖產興業」等。因此，隨著「維新三傑」（木戶孝允、大久保利通和西鄉隆盛）因各種原因相繼逝世，伊藤博文這一代便躍上歷史舞台，而開啟了明治維新下半場的改革工作，其中最重要的一件事情便是建立一個憲政國家。

當時的輿論有兩種看法，兩派為首的，又剛好是兩位銜命立憲的「國憲審議官」。大隈重信倡導的「急進派」，因為對自由民權運動的同情，又受到美國獨立宣言的影響，主張盡快開設國會，引進民主制度；而伊藤博文倡導的「漸進派」，則認為國家的近代化，首要為秩序的維繫。

隨著立憲的腳步加劇，兩派的衝突越來越激烈，尤其當大隈重信在意見書中，提出「政黨政治乃是立憲政治的本質」的論點時，伊藤博文幾乎無法忍受，他認為這無疑是將君權轉交給人民，如此一來，大隈根本只是在幫自己同情的自由民權運動組閣鋪路。

兩派衝突終於在明治十四年（一八八二）爆發，起因是即將卸下「北海道開拓使」職務的黑田清隆，將官署土地賤價賣給「關西貿易商會」（由當時的富商五代友厚主導），引起輿論「賤賣國產」的撻伐。黑田清隆為了反擊，指稱這場風暴起因於大隈重信和過從甚密的三菱財團岩崎家，由於未獲取想要的利益才發動反撲。伊藤博文也見縫插針，藉機攻擊大隈重信，表示這場風暴是因為有人想要把民權運動家拉近政府，擴張自己的影響力，才造成政局的紛亂。

經過一場大亂鬥，在御前會議上，眾人達成大隈重信辭去職務的決定。但弔詭的是，會議中同時也停止了北海道官產的出售，並同意給設置國會九年的緩衝期間，這個事件也被稱為「明治十四年政變」。只是，負責憲法的伊藤博文，處境並沒有因為「急進派」被趕出政府而好過一點。在光譜的另一邊，根本反對設置國會的保守派對伊藤的決定處處掣肘，伊藤得到一張憲改的空頭支票，但手上卻沒有任何可以解決問題的工具。

為了增加自身主張的強度，伊藤博文決定出訪歐洲，看看先進國家到底怎麼處理憲政議題。一八八二年三月，他從橫濱出發，展開兩年的「政體調查」之旅。這是他繼年輕時偷渡到英國、維新之初跟著「岩倉使節團」出訪後的第三次出訪。伊藤博文先到普魯士和奧地利，與當時享有盛名的幾位憲法學者見面，領受到憲法應該因為國家歷史淵源而設計的啟發，接著才前往英國。

由於早已心有所屬，伊藤深感德意志爭取獨立的憲法根源，比起英國的民權發展更接近當前日本的實際狀況。有執政經驗並且和自由民權運動交過手的他，深深感覺到即使像「鐵血宰相」俾斯麥這樣的人物，也會因為受限於國會的壓力，而有許多當為而不可為之事。因此他深深感覺，日本未來立憲的選擇，只能是偏向君主絕對權力的德國；英國的普通法制度、民權和自由傳統，不可能移植到日本。當然，伊藤的決定早有心證，從他與大隈重信鬧翻開始就知道了。

回國後，心意已決的伊藤開始著手憲法規劃。這段期間，日本也因為與清國、韓國等區域國家一系列衝突，而登上世界輿論的版面。擔當大任的伊藤博文在其中運籌帷幄，得到很高的聲望。政治上廢除了自古以來的太政官後，接下來的任務就是選出第一代總理大臣，當時呼聲最高的，當屬伊藤博文和公卿出身的三條實美。

三條實美是幕末最支持攘夷的「七卿」之一，維新後也曾因為血統和聲望之故，一度主持國政。他有高貴的藤原家貴族血統，與足輕出身的伊藤有著天攘之別。但是三條實美的公家[1]性格很明顯，個性懦弱，經常猶豫不決，尤其在「岩倉使節團」出訪期間，三條壓不住西鄉隆盛征韓倡議，最後還稱病不出的印象，實在讓人搖頭。

在決定內閣總理大臣的會議上，幾乎所有薩長[2]人士，都站在伊藤博文這邊，伊藤的好兄弟井上馨，甚至提出了「總理一定要會講英文」這樣的說法，認為在內外交逼的情勢下，只有嫻熟內政、外交的伊藤，而非血統純正的三條，才能勝任總理職務。

這樣的說法雖然隱含薩長志士們對自己人的偏心，但陳述的也是十九世紀帝國主義流行時代，現代日本的建立者對國富民強的期待。一八八五年，會說英文、擁有洋務經驗、參與多起改革的伊藤博文，在一番波折後正式成為第一位總理大臣。但因為憲法的制定還未完成，內閣總理大臣伊藤博文的權力很小，只能說是首席國務大臣，連閣僚的任免權都沒有。

伊藤博文內閣一成立，就面臨三大挑戰：第一是內政改革，當時改革多頭而紛亂，無論在官吏任用、地方行政制度，都還在摸索當中，各地的推動速度也不一，憲法也還沒頒布，建立中央集權國家，把制度確立下來是當務之急。第二項挑戰是不平等條約的改制交涉，這個問題從幕末一直延伸到明治，「岩倉使節團」當年出訪，除了見習，主要就是希望推動條約改正，但卻一無所成；現在國家制度確立下來，如果不順利改正，日本就會被列強當作二流國家，因此伊藤內閣認為條約改正非常的重要。第三項挑戰是陸海軍制度的改革，現代化軍隊、徵兵制度既然已經確定，再來就是建立一支強大的陸海軍，才能讓日本走向列強；當時日本和清、韓之間的爭議越來越多，甚至已經有過小規模的兵戎相向，建立一支能打仗的部隊，也成為當時日本國內的期待。

但是伊藤的政務工作一推行，就連續踢到好幾個鐵板。首先是條約改正的成果不如預期。伊藤博文任命兄弟井上馨擔任外相，井上馨全力執行歐化政策，為了接待外賓而設置的「鹿鳴館」，成為洋務推行的交流中心。然而，與出身貧窮的伊藤博文不同，井上馨是公子哥，「鹿鳴館」裡面天天都在辦舞會，但是當時日本人對西式禮儀並不熟悉，經常發生像是把洗手水拿來喝、禮服不合宜等落人笑柄的事，因此效果不佳。此外，國難當頭，國內輿論對鹿鳴館內歌舞昇平，卻遲遲沒有成果的景象，也有嚴

1 公家（くげ）泛指為天皇與朝廷工作的貴族、官員。公家社會在明治維新時期解體，在明治維新後的新時代裡，大部分公家變成華族（新貴族），並依據過往家格而有相對應的爵位。

2 推進明治維新和供給明治政府主要官職人材的薩摩藩、長州藩、土佐藩、肥前藩等四藩，合稱「薩長土肥」（さっちょうどひ）。

厲的批判，覺得這些外交工作只重視瑣碎的皮毛，光享受，卻對國家沒有實質貢獻。

「鹿鳴館外交」的失敗，最大的原因還是因為一八八六年英國籍船隻諾曼頓號的船難事件（ノルマントン号事件）。這艘在紀州一帶觸礁沉沒的英籍船隻，竟被發現英國籍船員全數獲救，日本籍乘客卻全部淹死。經過調查，發現這樣的悲劇，是因為船長在救援時對英日人差別對待。

此事因為日方的調查權被領事裁判權處處掣肘，最後引起全國公憤。更慘的是，本案經過當時神戶的英國領事審判，海難部分船長獲判無罪，刑事部分船長也僅獲判三個月監禁，引起日本強烈的民族主義情緒，要求廢除領事裁判權的壓力也隨之而來。

推動「鹿鳴館外交」的井上馨，被認為要對這起事件負最大責任，於是只好辭去外相職務，「鹿鳴館外交」也因此終止。伊藤博文先是自己兼任外相，後來又因為形勢比人強，不得已只好邀請過去的政敵大隈重信一起承擔。伊藤的算盤是：「與其讓大隈等人在外面抗議，不如把他找進政府，如果條約改正成功，那就是朝野團結、一致對外；如果失敗，那就是大隈的問題，民權派應該也不會對政府太刁難。」

伊藤的想法大隈當然知道，因此一開始就拒絕了此一提議。但伊藤博文以共赴國難、共同承擔之類的說詞遊說大隈重信，才勉強取得大隈的支持。然而，日本正式完成條約改正及廢除領事裁判權，要等到一八九四年才完成。

這短短幾年的內閣總理大臣任職期間，國事如麻，改革經緯萬端，讓伊藤心力交瘁，最後決定辭去職務，擔任樞密院議長，專心研議憲法，把總理之位交給同盟的黑田清隆接任，結束第一次伊藤內閣。

伊藤博文離開總理職務後，憲法也如其所願順利施行。一八八九年「大日本帝國憲法」頒布，一八九〇年舉行眾議院的選舉。但天不從伊藤的願，支持政府的「吏黨」（國民自由黨、大成會和無黨籍），在國會選舉時，席次慘敗給傾向自由民權運動的「民黨」（立憲自由黨、立憲改進黨）。接下來的政局當中，眾議院處處與政府、貴族院意見不合，讓政府政策在推動上遇到很多難題。

不過，在憲法制度剛剛上路的前後幾年，內閣幾乎可以說是伊藤博文、黑田清隆、山縣有朋和松方正義幾個盟友輪流作莊。他們彼此擔任對方的閣員，攜手推動偏向保守的漸進改革政策，讓明治維新的路顛顛簸簸的往前進。

伊藤博文後來又前後三次組閣，其中最出鋒頭的是第二次伊藤內閣。他利用朝鮮半島的「東學黨之亂」與清國發生衝突，並在日清戰爭中擊敗亞洲第一大國清國，讓日本走向列強之路，也確定日本走向帝國主義擴張的政治方針。第三次伊藤內閣，則因為無法團結國內政黨而匆匆解散。

這個教訓，讓伊藤博文改變過去不支持政黨政治的立場，親自將過去的盟友官僚、憲政黨等鬆散的「吏黨」系統，組織成「立憲政友會」，並且得到民眾支持而組閣，持續為日本的安全、利益進行擴張的準備。雖然伊藤博文本身對與俄國發生正面衝突一事抱持保守的態度，但日俄之間的衝突卻越來越勢不可免。

伊藤博文最後的職務是韓國統監，當時日本在日俄戰爭中慘勝，但在韓半島的勢力得到國際肯定。伊藤博文雖然不贊成立即併吞韓國，但對於日本在韓半島的利益相當堅持。一九〇九年，他在前往當時是俄國勢力範圍的哈爾濱，和俄國使節談判韓半島利益分配期間，遭到韓國愛國志士安重根刺殺身亡。

因為東亞長期的歷史恩怨，伊藤博文的歷史地位一直有很大爭議。二〇一三年，中韓高峰會中，韓國朴槿惠總統曾建議在哈爾濱為安重根立碑，中國國家主席習近平不僅同意在哈爾濱興建紀念館，更決定致贈一尊高達二點五公尺的安重根像。雖然此事一度因為中韓關係惡化而停止，但最終雕像依然在二〇一七年順利運抵韓國北部的議政府市，並被擺放在車站前。此事也再一次攪動中日韓三國的恩怨情仇，但畢竟是長期的歷史問題，三方的表現都還算克制，雖有互相抗議，但沒有造成區域的緊張，只是三國原來就很微妙的感情，又再一次起了化學變化。

可以說是日本國家體制創建者的伊藤博文，是歷代首相當中唯一一位成為日幣肖像人物的總理大臣。他前後組閣四次，任職總理的日子一共兩千七百二十天，至今仍然是最年輕當上首相紀錄的保持者。當然，除了歷史爭議外，伊藤博文也有很多花邊新聞，據說他特別好女色，到處出差，當地官員都要為到哪裡幫他找藝伎傷腦筋。然而，這個在當前被認為是政治人物大忌的愛好，當時卻是街談巷議中的美談，也可見證「政治家」的典範也是一直在改變的吧。

黑田清隆

KIYOTAKA KURODA

1888.4.30－
1889.10.25

山縣有朋

ARITOMO YAMAGATA

1889.12.24－1891.5.6
1898.11.8－1900.10.19

松方正義

MASAYOSHI MATSUKATA

1891.5.6－1892.8.8
1896.9.18－1898.1.12

輪流做總理的明治宰相：黑田清隆、山縣有朋、松方正義

除了伊藤博文外，明治時代的總理大臣，也有很多都先後組閣兩次以上，幾乎可以說是總理輪流做的概念。尤其是伊藤博文的幾位盟友，黑田清隆、山縣有朋和松方正義，他們彼此支援，擔任對方的閣員，讓頻繁的內閣改組也有換湯不換藥的成分，成為立憲初期紛亂政治環境中少有的穩定因素。

接任第一次伊藤博文內閣的，是黑田清隆。他出身薩摩，剛好和長州出身的伊藤有所平衡。黑田組閣時，伊藤內閣的成員幾乎全部留任，只有他自己在伊藤內閣當中擔任的農商務大臣職務讓黑田本人非常欣賞的舊幕臣榎本武揚兼任。

榎本曾經留學荷蘭，會一點俄語，是當時少有的國際人才。在戊辰戰爭時，他是舊幕軍的領袖，幕軍在箱館戰敗後，榎本本來要自殺，但黑田硬是勸說榎本不能死。榎本作了幾年牢，就在黑田的力薦之下獲得釋放，後來也出任要職，成為伊藤博文領導集團的一員。

榎本擔任農商務大臣是暫時的，原先遞信大臣的職務並未因此中止；三個月後，農商務大臣找到新人選，亦即伊藤博文的好兄弟井上馨。而伊藤博文本人，除了擔任樞密院議長，也兼任名為「班列」的無任所大使職務，看住伊藤內閣當中唯一的政敵，也留任的外相大隈重信。

但黑田內閣撐得並不久，伊藤遇到的問題，黑田也一樣必須面對。雖然憲法終於頒布，但日本國內輿論對憲法的批評聲浪非常高。當時自由民權派的領袖中江兆民，把憲法批評的一文不值，認為人民對這種憲法歡欣鼓舞，根本是奴性的展現。

然而，擊垮黑田政權的，還是一直困擾第一次伊藤內閣的條約改正問題。儘管大隈重信依然在任，朝野之間採取合作態勢，但大隈比較溫和的做法，引起了民族主義者激烈的反對，大隈本人甚至因此遭到襲擊而受重傷，黑田內閣也因此成為一個短命內閣。

至於黑田清隆本人，還是一直在政界發揮影響力，只是外面總有傳聞說他酒品很差，黑田太太很早就過世，外面盛傳是黑田喝醉返家時不小心開槍將夫人擊斃，但經過查證，黑田太太應該是因病過世，而非被黑田打死的。

黑田下台後，由同樣是伊藤與黑田的盟友山縣有朋組閣。山縣有朋與伊藤博文一樣，均出身於「松下村塾」，但後來的發展，伊藤走向政治，山縣則較偏向軍事。山縣有朋被認為是軍閥始祖，其一手創建的陸軍就是他的大本營，他常自謙「一介武夫」。

山縣有朋是長州人，剛好符合薩摩出身的黑田組閣之後薩長之間的內部平衡。山縣內閣用人，與前面兩任內閣並沒有太大差異，內閣的亮點是同為長州人的外相青木周藏，是山縣的老朋友，維新之後擔任駐德、奧、荷、挪威的公使，外交經驗相當豐富，同時也是第一次伊藤內閣時的外務省次官。找青木周藏出任外相，便是期待借重其經驗，有效解決已經搞垮兩個內閣的條約改正問題。

然而，山縣內閣也有亟待挑戰的內政難題。在伊藤博文、黑田清隆時代訂定了中央制度，現在山縣要著手面對的，就是地方制度的改革。曾經赴歐考察的山縣本人，對地方制度也有自己的看法，現在的府縣制、市町村制，都是當年山縣內閣打下的基礎。

山縣內閣也是第一個要面對國會壓力的內閣。在一八九〇年第一次眾議會選舉當中，政府方支持的「吏黨」，輸給自由民權派的「民黨」，讓山縣有朋面臨非常大的預算和議事壓力。

山縣有朋是軍人，對於軍事戰略有自己的看法。捍衛國境的「主權線」同時，也必須守住周邊地域（主要是韓半島和滿洲）的「利益線」概念，就是他在國會詢答時，為了增加軍事預算所提出的看法。但在野黨對軍費增加很有意見，認為國家多項改革剛剛完成，應該要與民休息，貿然提高軍費支出，必然增加稅賦，因此山縣的預算案遭到國會的削減。

為了說服議會，山縣有朋釋出善意，讓過去與以土佐人為核心的民黨交往比較密切的陸奧宗光、後藤象二郎出任閣員，預算依然遭到大幅刪減。山縣因此心灰意冷，決定辭去總理職務。

接任山縣有朋的，是從第一次伊藤博文內閣開始，一直擔任大藏大臣的松方正義。他是薩摩人，他來組閣，又再一次印證了自由民權運動對於政府被薩長壟斷的批評。松方正義對財政政策熟稔，有「經濟財政之神」的美名，他推動政策以「辣腕」著稱，手段激烈，不惜代價，雖然維持日本的財政穩定，卻讓民間過得很困苦，因此松方可以說是自由民權運動的大敵。

松方還有一個不知道在當時是好是壞的問題，就是孩子太多，據說有一次天皇問他到底有幾個孩子，松方居然回答要回家算算看再行報告。松方過世時，孩子全都來了，一共是十三男六女。松方正義的內閣團隊上台時，過去一向都在閣員陣容內的元勳大老們都沒有在名單內，因此這個內閣甫上任就被在野黨消遣成「黑幕內閣」、「二流內閣」，認為政府不僅沒人才，元勳們也不負責任，才會輪到松方的二軍團隊來組閣。

松方政權當然也碰上了山縣內閣遇到的國會掣肘問題，他提出的軍事費用支出，一樣遭到民黨勢力以「民力休養」為由的杯葛。與松方一樣是薩摩出身的海軍大臣樺山資紀（後來出任第一任台灣總督），與在野黨在亂刪海軍預算的議題上鬧得不可開交，甚至質問在野黨到底是誰在保護國家的安全。這場「蠻勇演說」激起朝野強烈的對立，「辣腕」的松方總理，決定採取非常手段，行使史上第一次國會解散權。

國會解散就必須改選，民吏兩黨陷入激戰，雙方的對峙不僅僅是政見上的針鋒相對，甚至也多次引發武力相向。松方內閣引用行政力量，全力介入選舉，像是有警察跑到民黨支持者家裡大小聲，指控不支持政府就是「不忠不義之徒」。整個選舉下來，光政府承認的數字，全國就有二十五人死亡，三百八十八人受傷，民間的統計當然人數更多。但即使如此，席次因此衰退的民黨，還是選贏了吏黨，讓松方正義最後還是下台一鞠躬。

第一次松方內閣任內，最重要的貢獻，就是向世界證明了日本是個司法獨立的國家。這個案件的苦主是俄國皇太子尼古拉（後來的末代沙皇），他在訪日期間，在大津遭到民族主義者津田三藏刺殺，津田本身的職務，竟然是保護尼古拉皇太子的警察。所幸尼古拉命不該絕沒死，津田也隨即被逮捕。

此事當然造成本來就不太好的日俄關係更緊張，明治天皇還因此親自登船拜訪當時停泊在橫濱港內的俄國艦隊以表誠意，讓擔心天皇直接被俄軍綁走的侍衛緊張不已。事後的審判當中，由於擔心俄國報復，政府方給司法極大的壓力，希望判津田死刑。但在大審院院長兒島惟謙的堅持下，只判了津田無期徒刑。俄國並沒有對這個判決採取太強硬的態度，但兒島的判決，讓世界看到日本司法無懼於政府和國際壓力的一面，也使得後來的條約改正推動有了比較好的契機。

松方正義下台後，下一任總理，又是伊藤博文。伊藤博文對當時的政治狀況深感憂慮，要求這次內閣要「全體黑幕一起來組閣」，讓制度上的權力機構，和權力的實際擁有者終於可以結合起來。已經有豐富經驗的伊藤博文，以國家面臨威脅，恫嚇遲遲不通過預算的在野黨解散國會，換取預算的過關。同時，因為兒島判決的效應，伊藤博文終於成功地簽下「日英通商航海條約」，這是幕末以來日本第一個對外的平等新約。

在談判期間，伊藤也帶領日本戰勝當時被認為擁有東亞最強軍備的清國。伊藤隨即對清廷提出割地賠款的要求，其中割讓遼東半島引起俄德法三國干預，最後被迫退讓。這起事件再一次引起日本國內的民族主義情緒，也導致第二次伊藤內閣雖然一路風光最後還是黯然下台。結果接著組閣的是前一位總理松方正義。

由於上一次松方內閣失敗的原因是與在野黨關係不睦，這一次松方記取教訓，找了在野進步黨的大隈重信擔任外相，這一次內閣因此被稱作「松隈內閣」。此外，這次松方正義也採取比較緩和的作風，對言論自由、出版自由做了一些放寬，也找來協調聯合內閣有功的三菱財團岩崎彌之助，擔任日本銀行行長，確立日本跟上國際金本位制的腳步，聯合政府看似可堪運作。

但在明治二十九年（一八九六），岩手縣的三陸地方發生海嘯，死亡超過兩萬七千人，又因為衛生條件不佳，造成後續傳染病大流行，松方政權處理得焦頭爛額，威信盡失。明治三十年（一八九七），松方因為與進步黨對增稅問題有爭執，以及對於台灣統治腐敗一事是否要彈劾總督，有不同的看法，故進步黨開始強力批判政府，大隈重信也辭去外相職務，第二次松方內閣陷入無法運作的困境，伊藤博文再一次受命組閣。

很清楚政黨政治已經勢不可免的伊藤，一開始仍然想要以「超然政府」為目標，他不僅再一次邀請大隈重信出任農商相，也邀請自由黨的板垣退助擔任法相。但這個超然於政黨之上的大聯合內閣其實也不長命。朝野關係仍然很僵，脆弱的聯合關係讓少數黨動不動就要退出聯合內閣，所謂「超然」根本不可能發生，伊藤終於開始思考自己也要組成政黨，用自己的力量取得國會多數，試圖化解施政的阻力。

然而，日本政壇上第一位以政黨領袖身分取得總理位置的，是進步黨的大隈重信。他捷足先登，在第三次伊藤博文內閣垮台之後接任總理，只是進步派說的比唱的好聽，執政僅半年，就因為勞資衝突越來越劇烈下台一鞠躬，總理的位置再一次回到伊藤博文這一派手中。這一次接下總理位置的，是第二次山縣有朋內閣。

山縣有朋的軍人政權對於秩序情有獨鍾，他上任後首先建立官僚制度，強化國家施政的延續性與穩定性；接下來推動了「治安警察法」，強壓社會運動，也對產業組合加以規範，確認他們的抗爭無法搗亂秩序。第二次山縣內閣期間，日本也躍上了國際舞台。在清國義和團拳亂之時，八國聯軍的列強們因為各自懷有難題，無暇派出足夠兵力，反而讓距離清國最近的日本獲得高度參與的機會。日本終於在維新後，第一次被當作帝國主義集團的一員，政壇當中沾沾自喜者大有人在。

為了擴張自己的影響力，並且落實自己篤信的「超然內閣」制度，山縣在國家制度當中規定了「軍部大臣現役武官制」。意思就是陸軍大臣、海軍大臣必須是現役的軍官，這等於是給予軍隊參與內閣組成的否決權，如果總理提出的海、陸相人選不被軍隊同意，內閣就無法組成。山縣的改革確實讓內閣不可能太偏向政黨政治；但同時，也給了軍隊介入政治的理由和藉口。日本會步入第二次世界大戰並遭致毀滅，當年山縣有朋的這個決定影響重大。

但山縣有朋即使強勢，在國會中的鬥爭依然相當辛苦。政策屢屢被質疑，預算經常遭刪減，為了通過預算，山縣一度將議員的歲費從八百圓提高到兩千圓，這種肉桶政治的豬仔行為讓議員都高興的不得了。但這樣的做法也讓山縣遭到輿論的嚴厲批評，如果要選出戰前最不人氣的內閣總理大臣，山縣有朋理當名列前茅。

山縣政權所遇到的這些狀況，都讓過去同為吏黨系統的伊藤博文看在眼裡。因此山縣卸任後，第四次出馬組閣的伊藤博文，做了最重大的決定，他要以新成立的「立憲政友會」總裁的身分出馬。他深深了解，超然內閣、大聯合政府這些不切實際的合作方案都只是理想。時代已經進入政黨政治，要做出強有力的領導，就必須要有強大的政黨作為後盾，自己成立一個多數黨，才是施政順暢的關鍵。伊藤的覺悟，讓日本政治的政黨政治經過幾十年的掙扎，終於確立了下來。

大隈重信

SHIGENOBU OKUMA

1898.6.30－1898.11.8
1914.4.16－1916.10.9

大隈重信與第一個政黨內閣

日本立憲後的第一個政黨內閣，就是一八九八年的大隈重信內閣。大隈重信同時也是被稱為「私學之雄」的早稻田大學的創辦人。那麼，明治時代的日本政治是如何從備受批評的「藩閥政治」走向「政黨政治」？

回顧日本立憲初期的幾次選舉，雖然政黨組織相對鬆散，但是比較偏向自由民權，對政府採取監督立場的「民黨」，在選舉時經常都佔有優勢。

這種現象的原因有二，其一是明治初期的政府，幾乎都掌握在薩長人士手上，出身其他藩的士紳們多半心有不滿，選舉權又因為設下最低納稅基準，多半是士紳階級才有的權利，所以非薩長方的「民黨」，就擁有比較強的基礎。

其二，因為憲政初期，掌握權力的官方對政黨政治頗為感冒，伊藤博文在訪歐考察時，就已經確定了不引進英美制度，而以普魯士制度為參考基準，因此政府方面並沒有針對偏向政府的力量給予支持，反而因為主事者對於「超然內閣」的傾心，也因此支持政府的「吏黨」一方，並沒有得到執政資源大量挹注的優勢。

但「超然內閣」在執行上不斷遇到問題，「民黨」在預算、軍備，甚至政策的杯葛，讓明治初期的幾位首相都頭痛不已，造成政治上的不穩定。為了解決這個問題，兩大在野勢力的領袖大隈重信、板垣退助都經常是受邀入閣的對象。他們和政府之間的矛盾，也經常造成政府的不穩定，像是黑田清隆內閣期間，大隈重信因為溫和主義外交遭到主張激烈民族主義的「國粹主義」者刺殺，他本人也失去了左腿，這起事件造成黑田內閣的總辭。而後來的山縣有朋內閣、伊藤博文內閣，也都曾經邀請與「民黨」關係較佳的前土佐藩後藤象二郎、陸奧宗光入閣。

一八九六年，因為在日清戰爭中獲勝的伊藤博文內閣，無法解決「三國干涉還遼」所造成的民族主義反彈而下台。伊藤一開始想找「自由黨」的板垣退助入閣擔任內相，但引起民黨方的大隈重信，以及對於伊藤越來越偏向政黨政治的立場感到不滿的山縣有朋的反對，第二次伊藤內閣終於崩壞。

接替的第二次松方正義內閣，雖然沒有邀請板垣退助，卻再次邀請了他的競爭者大隈重信入閣擔任外相。此外，還找了大隈所屬「進步黨」的財力支持者，三菱財團的岩崎彌之助擔任日本銀行總裁，進步黨的尾崎行雄擔任外務省次官，在第二次松方內閣之中有了「隈黨」這樣具有實質影響力的小團體，第二次松方內閣也因此被稱為「松隈內閣」。

當時日清戰爭剛剛結束，日本政府的預算從小政府規模，一躍而成大政府規模，一時之間財政入不敷出。對此，松方正義主張繼續擴張軍備，加快增稅步伐；而大隈重信則希望減稅與民休息，兩者的主張存在根本差異，也造成此一「松隈內閣」處於同床異夢的處境。

此外，剛剛開始沒多久的台灣治理問題，「進步黨」這一方和有強大軍方壓力的松方正義這邊也有不同的立場。「進步黨」期待的內地延長主義，將台灣和日本國內一視同仁，並希望給予台灣總督更大的權力，都與統治的政府一方有很大的歧異。最後的結果，就是大隈重信辭去了外相職務，松方轉尋求自由黨的支持，但徒勞無功，第二次松方內閣終於也面臨了不信任案的危機，接任的是第三次伊藤博文內閣。

第三次伊藤博文內閣是日本走向政黨內閣的關鍵時刻。伊藤博文雖然沒有邀請自由黨和進步黨入閣，但私下對自由黨釋出善意，也讓自由黨在一八九八年的第五回總選舉當中成為最大黨，但其實也沒有抵達三分之一的席次。伊藤的如意算盤是與自由黨合作，在國會維持穩定多數，但自由黨並沒有買伊藤的帳，伊藤所提出的加稅計畫，卻遭到國會的否決。

而對經濟產也影響重大的財閥們，也因為選邊的關係，分成了支持野黨的「三菱派」和支持政府的「反三菱派」立場。最後，自由黨與進步黨決定放下競爭的成見，推動「在野大合併」，成立「憲政黨」，伊藤想要組成國會多數的努力再次付諸流水，而一向反對政府介入政黨政治的山縣有朋等人，也因此對伊藤的路線大加質疑，威信盡失的伊藤最後辭去了總理職務。

「憲政黨」的組成，除了過去對立競爭的兩個主要在野黨「自由黨」、「進步黨」之外，其實也有反對地租修正的山縣有朋力量在其中。山縣有朋早因為對政黨政治的不同看法，與伊藤博文分道揚鑣。現在他的力量在「憲政黨」當中，他自己又持著「超然內閣」的想法，強烈反對伊藤博文想要組織親政府政黨，以政黨制政黨的立場。這下過去藩閥政治中主要的人物，都因為各種原因，而無法組閣，明治天皇這下只剩下大隈重信、板垣退助可以選擇。一八九八年六月三十日，被稱為「隈板內閣」的大隈重信內閣成立。

這是史上第一個政黨內閣，也可以說是維新之後第一次政黨輪替。民黨這邊可以說是欣喜若狂，手舞足蹈，東京朝日新聞形容社會氣氛「彷彿是盂蘭盆節和歲尾臘月和新年元旦一下子同時到來」。不過當家很難，「隈板內閣」一上路便面臨陸相、海相是否留任的重大問題。

當時被認為是軍隊實際領導人的山縣有朋，還沒有把陸、海相必須由現役軍人擔任的規定制訂出來。大隈重信一開始想要用自己人出任陸、海相，但在山縣有朋強力介入之下，明治天皇親自慰留了第三次伊藤內閣的陸、海相桂太郎和西鄉從道。這個決定讓大隈重信一開始就無法採行自己想要的縮減軍備、與民休息政策，而必須遵從過去的軍備擴張政策。

然而，政治的風確實是吹向民黨這一方。八月十日舉行的第六次總選舉，「憲政黨」得到百分之八十的席次，全國的政治人物看到風向如此，掀起了加入「憲政黨」的風潮，執政出現的大量職位，也讓輿論對「隈板內閣」有「獵官運動」的批判。當然，憲政黨這麼做，也肇因於在野黨第一次執政，政府其實對於官僚的消極作為無計可施。但這樣的做法，也引起了原先對「憲政黨」採取寬容立場、支持行政官僚的山縣有朋的不滿。

真正壓垮「隈板內閣」的，其實還是源自於大隈重信的舊進步黨和板垣退助的舊自由黨之間的衝突。這兩個主要在野黨的關係長期不睦，現在雖然一時合作，但是雙方對彼此的不信任感非常強烈，這樣的潛在分裂因素，讓反對大隈重信的人有機可乘。

一八九八年，第六屆國會選舉剛剛結束，出身舊進步黨的文部大臣尾崎行雄在演說中，提到對共和主義的看法。雖然尾崎的說法是日本不會走向共和主義，但是自由黨、反大隈重信一派人，仍然執意要說尾崎光是在演講中提到共和主義，就是對天皇制度的不敬，迫使尾崎要為失言而下台。結果尾崎的繼任者當中，總理大隈屬意的是舊進步黨的犬養毅，舊自由黨這邊卻不贊成犬養毅出任文部大臣。

山縣有朋抓住這個機會，要陸相桂太郎和海相西鄉從道辭職。接著，舊自由黨這邊的內務大臣板垣退助等人也紛紛宣布退出內閣。議會方面，國會議長星亨主導之下，憲政黨宣布解散，分成板垣退助主導的憲政黨，和大隈重信領導的憲政本黨。這下「隈板內閣」的兩大領導分道揚鑣，內閣自然也無法存續。這個風風火火的政黨內閣，存續的時間一共只有四個月，甚至還等不到議會召開就倒閣了。

然而，即使組閣的時間只有短短四個月，大隈重信內閣的成立，畢竟是日本走向政黨政治的關鍵時刻，維新之後首次的政黨輪替，也有特殊的意義在。從第二次松方內閣開始，大隈重信就一直給政府壓力，要求要給予言論、集會自由更多的寬限，減少對於新聞自由的限制，讓日本社會對於自由有更高的期待，這也是後來民黨這一派可以成功營造輪替氣氛的原因。同時，勞工運動、社會主義都是在這個時候發端，為後來的風起雲湧打下基礎。

具有社會主義色彩的日本勞工運動，大約是從一八九六年開始，當時留美歸來的高野房太郎以及片山潛，主張當時歐美才剛剛施行的每日八小時勞動制。由於當時日清戰爭剛剛結束，經濟正要開始飛速成長，工廠有大量工人需求，因此工人權益也受到輿論矚目，片山潛甚至以「社會的基督教」作為訴求，希望得到廣大貧民工人的支持，加入兩人所推動的「勞動組合期成會」的人數，也得到快速的成長，旗下分支工會也陸續發動了幾次成功的罷工，工會開始要求政府通過「工廠法」。

工會的主張得到了大隈重信的支持，但是經過多次諮詢，工會方面對政府過於妥協的政策方案顯然不太接受。而「隈板內閣」本身也因為內憂外患，不久之後就下台，日本的勞工和政府之間的對立變得越來越尖銳，罷工頻傳也讓接替大隈重信的第二次山縣有朋內閣，採取了更保守的態度，頒布了「治安維持法」限制工會活動、壓制工會的氣焰。

大隈重信因為眾叛親離，辭去總理大臣職務後，仍然秉持自由主義的信念，回到自己創設的早稻田大學擔任總長職務，但他對政界的影響力還是很大。一九一四年，他再度復出組閣，當時正逢第一次世界大戰，在他的領導下，日本以「英日同盟」為理由出兵佔領德國控制下的中國青島，並向中國提出

「二十一條」，要求繼承德國在山東省的權利，並擴大日本在南滿洲的權利。

由於西方列強都被歐戰牽制，不希望亞洲再起戰端，當時中國執政的袁世凱政府並沒有得到列強太多的援助，但西方輿論對日本的行動仍有批評。日方的「二十一條」被公諸於世後，引起中國國內激烈的民族主義反彈，也引起了著名的「五四運動」，對中國的近代化造成巨大的影響。聰明的袁世凱也利用這樣的反彈，在沒有西方支持的狀況下，一定程度抵抗了日方的要求。

支持自由主義的大隈重信對中國提出了過分的要求，不僅遭到國際輿論的批評，也沒有得到國內政黨的支持，不僅造成外相加藤高明下台，自己也遭到國內反中國的激進民族主義者襲擊，所幸這一次炸彈沒有爆炸。最後，大隈重信因為人氣墜跌，辭去了總理職務。

但大隈重信畢竟是日本自由民權運動的領導者之一，又是出色的教育家，一九二二年過世後，日本政府在東京日比谷公園舉行了「國民葬」，共計三十萬人參與；相比三週後與其亦敵亦友的山縣有朋的「國民葬」僅三萬人參加，人氣超過百倍，山縣有朋的喪禮也因此被譏為「沒有民的國民葬」。

桂太郎

TARO KATSURA

1901.6.2－1906.1.7
1908.7.14－1911.8.30
1912.12.21－1913.2.20

帶領日本打贏日俄戰爭的桂太郎

在安倍晉三打破紀錄前，桂太郎是日本近代史上在位最久的首相，三次組閣期間一共兩千八百六十八天。他的三次組閣都很具傳奇性，第一次組閣時間長達四年，是戰前最穩定的一次內閣，在戰後也只有佐藤榮作和安倍晉三的連續在任期間超過他。而第三次桂太郎內閣，則只有短短六十二天，也是戰前最短命的內閣。更有趣的是，前兩次的桂太郎內閣辭職後，後繼者都是桂太郎本人與元老們一致推薦的西園寺公望。也因此這個渡過明治、大正之交的時代，被稱作「桂園時代」。

第四次伊藤博文內閣是個事實上的政黨內閣，不僅伊藤本人擔任立憲政友會的總裁，內閣閣員除了陸海兩相之外，也全都是政友會成員。但是伊藤組成政黨的決定，並不見容於同為元勳世代的實力者山縣有朋，也因此雙方旅生齟齬，最後伊藤內閣也因為山縣派的不配合而面臨崩壞。原先天皇希望伊藤的兄弟井上馨組閣，但井上也不被山縣一派接受，因此井上屬意的陸相人選桂太郎堅決不受命，最終井上決定放棄組閣的念頭，山縣派於是推舉了桂太郎組閣。

桂太郎出身長州陸軍軍官，維新的「戊辰戰爭」時他是部隊的基層幹部，因為勇敢善戰得到長官提拔。一八七〇年，他獲得前往德國留學的機會，當時日本陸軍主流學習對象是法國，但桂太郎卻被剛剛興起的普魯士軍事教育吸引。留學歸國後，桂太郎致力於將日本陸軍改造成德國模式，並且得到長官賞識，出任駐德大使館武官，輔佐後來成為外相的大使青木周藏吸收許多德國的新知。

桂太郎在德國出色的表現，也讓他得到陸軍大老山縣有朋的注意，躍上陸軍系統的政治舞台，先後出任要職。他也擔任過台灣總督以及陸相職務，不過在其短短四個月的台灣總督任內，其實待在台灣的時間大約只有十天，其他時候重心都放在東京，可以說是最失職的台灣總督之一。

桂太郎內閣是明治維新以來，非元勳世代第一次組閣，桂找來的人選大多都是元勳世代大臣的次官，因此這個內閣團隊被輿論嘲笑是「次官內閣」、「二級內閣」。這種對老人政治信任，對年輕人不抱期待的輿論氣氛，讓組閣時已經五十三歲的桂太郎感到十分不悅。其實，桂太郎任用的官員各個精明幹練，像是外相小村壽太郎，後來在國際談判上的表現一點也不輸伊藤博文、陸奧宗光這些外交老手；再如法相清浦奎吾、海相兒玉源太郎、山本權兵衛，後來也都成為政壇出色閃耀的人物。

桂內閣甫上台就面臨棘手的韓國問題。日清戰爭後，日本已經實質控制韓國，但如果以山縣有朋當年在國會倡言的「利益線」概念來看，清國的衰弱再加上「清俄密約」確立了俄國在滿洲地區的獨佔地位，都大大威脅日本在韓國的利益。此外，俄國軍隊在滿洲對當地居民的野蠻對待，也讓日本人深深憂慮俄國勢力向東方的擴張。也因此，日本想要尋求更多的國際支持，希望在滿洲與俄國人分庭抗禮，阻止俄國人的擴張行動。

此時的全球局勢，國家之間結盟的風潮正逐漸形成。在歐洲，俄國和法國已經結成同盟，巴黎的銀行提供了俄國往西伯利亞開發的鐵路興建融資。此外，在「鐵血宰相」俾斯麥的領導下，統一的德意志也成為法俄之外的新霸權，並積極介入非洲、亞洲島嶼的殖民行動。德國和法俄同盟兩股歐陸力量的崛起，讓長期以來對歐陸政治保持「光榮孤立」的英國倍感壓力。英國長期以來一直相當重視在亞洲的利益，但英國在亞洲的兵力部署不足，長期以來僅靠尼泊爾、印度軍人應變，事實上也非長久之計，英國需要的是一名亞洲的代理人，連續在日清戰爭、八國聯軍當中展現實力的新興國家日本，因此雀屏中選。

一九〇二年，讓國際社會意想不到的「日英同盟」成立，明定日英將確保清國、韓國的主權獨立和領土完整；此外，條約中也載明雙方軍事同盟的關係，以及英國承認日本在韓國有特殊利益。對正面臨瓜分壓力的清國來說，「日英同盟」當然可以解決燃眉之急，這個條約很明顯是針對歐洲各國在瓜分完非洲後，轉向對中國虎視眈眈的局勢，但條約所述，只是對於維持現狀的再確認，清國的領土完整只是為了確保列強的利益不被單一國家獨佔，尤其是俄國從西伯利亞一路往蒙古、滿洲的擴張政策，這下踢到了鐵板。

當時，俄國在滿洲的軍事活動，不僅明目張膽，俄軍的紀律更造成滿洲人民的恐慌。在英日同盟後，由俄國主導，意圖瓜分清國的熱潮算是停了下來，國際社會於是聯手要求俄國從滿洲撤軍。不過，在《交收東三省條約》中約定為期三次的撤軍計劃，俄軍只撤了一期就因故暫停；不僅如此，俄國還開始增強東部防衛的軍力，讓日本感到十分緊張。日本對俄國在滿洲的活動感到芒刺在背，儘管桂太郎仍然要求駐俄公使繼續與俄方談判，希望也達成一個日俄協約，但雙方似乎私下都在為一戰做準備。

八甲田山的行軍慘案就是日軍在為冬季作戰準備的證據。一九〇二年，青森步兵第五聯隊在八甲田山進行雪中行軍訓練時，因為裝備不足和迷路，全隊兩百二十一名官兵中，一百九十九人死亡，這是日本戰前最大的演習事故，事後軍方壓制訊息，一直到戰後，這起不人道的悲慘事件才被揭露。事後看來，「八甲田山事件」也代表日軍正為與俄國打仗企圖做出更多準備。

此外，從日清戰爭一直到日俄戰爭期間，日本也投入大量軍費強化海軍，以六艘大型主力艦、六艘大型巡洋艦，輔以中小型艦艇的「六六艦隊」造艦計畫，正如火如荼進行中。日清戰爭的賠款三億六千萬日元，有兩億日元都投入國防建設中，而其中受惠最多的當屬造艦大國英國，可以說「富國強兵」幾乎成為國民共同的期待。日清戰爭時日軍的軍艦總噸數為六萬噸，到一九〇四年日俄開戰前夕已達二十六萬噸，在全球排名已名列前茅。幕末時勝海舟、阪本龍馬幻想的日本海軍，經過一代一代的努力已成為現實。

是否該與強權俄國開戰？是桂太郎時代政府官員共同的難題。當時俄國並不將日本放在眼裡，幾次對話溝通，俄國人都把日本人當作猴子看待，認為這個東方新興強權只是張牙舞爪，實力其實有限，這樣的態度也讓日本人十分不滿。此外，俄國沙皇尼古拉二世年輕時曾在訪日時在琵琶湖畔的大津被刺，還好有保住性命，登基後握有實權的他對日本實在沒什麼好感，也造成日俄之間對話的困難。

一九〇三年，東亞的天空早就戰雲密佈，元勳伊藤博文、山縣有朋和首相桂太郎、外相小村壽太郎在山縣有朋京都美麗的宅邸「無鄰菴」聚會，除了伊藤博文之外，與會者都認為必須對俄一戰。曾經見識過俄國龐大國力的伊藤博文，認為即便有日英同盟相助，日本也不可能擊敗俄國。然而，情勢不若伊藤所能判斷，日本國內對俄戰爭的呼聲四起，迫使無法在談判中完成「滿韓交換論」期待的伊藤，最終只得同意對俄一戰。

為了準備作戰，爭取國際支持，桂內閣派出老羅斯福總統的同學金子堅太郎為特使前往美國；同時也派出財相高橋是清前往英國爭取貸款。在高橋的努力下，英國貸款給日本的金額，高達日本政府一年歲出的三倍。同時，當時駐俄國的武官明石元二郎（後來也曾經出任台灣總督），看到俄國內政有抗爭帝制的不穩定革命火種，也透過歐洲盟友給予革命份子支持，希望從後方擾亂俄國政治。可以說日本無論在軍事、外交或情報工作上都精銳盡出，希望打贏這場戰爭。

在國內，桂內閣也持續過去日清戰爭中「文明對野蠻」的宣傳方式，將俄國塑造為野蠻國家，賦予對俄戰爭正當性。在這樣的宣傳氣氛中，還有七位東京大學的教授，在政府內主戰派的授意下，寫下「七博士意見書」，要求政府立即對俄開戰。熟知政治內情而且不想打仗的伊藤博文，私下還批評這七位博士連貝加爾湖在哪裡可能都不知道。

不過在舉國對俄作戰的民族主義氣氛中，仍然有反對聲音，比如一向立場偏左的進步媒體《萬朝報》，就為了是否要支持戰爭，發生了反戰的內村鑑三、幸德秋水、堺利彥三人退社事件，而後《萬朝報》才轉向支持戰爭。反戰的三人都是當時日本重要的知識份子，尤其是基督徒內村鑑三，在國際享有聲譽，他的作品《代表的日本人》和《我如何變成基督徒》，都是當時世界認識日本的重要著作，但即使如此，仍然無法阻止日本走向對俄戰爭之路。不過反戰的內村本人，在聽聞日軍戰勝時，還是在家為皇軍獲勝高呼萬歲，連他自己都對這種情緒感到矛盾。

和日清戰爭相比，日俄戰爭的規模不可同日而語，除了海軍已是當年的數倍，陸軍的規模也比當時強大許多。徵兵令的召集，讓民眾正式感受到「國家」、「國民」的存在，過去武士負責打仗的時代已經消逝，這是一個為了戰爭，國家必須全面動員的時代。再加上戰事相當艱苦，犧牲很大，尤其是旅順屢攻不下，三次旅順總攻擊投入了十三萬兵力，有一萬五千四百人戰死，四萬四千人負傷，日軍可以說是損失慘重，負責指揮旅順作戰的第三軍指揮官乃木希典的兩名兒子，都在攻擊當中戰死。其他的陸上會戰中，日軍損失也經常超過萬人，隨著戰事陷入膠著，無論是國內的社會、經濟、稅收和物價都受到戰爭影響，對戰爭的不同聲音也開始出現。

其中最有名的，就是特立獨行的女詩人與謝野晶子，她在《明星》雜誌上發表了「請君勿死」一詩，以「天皇御駕不親征，徒令血流遍荒野，若是天皇思慮密，豈信戰死顯榮耀」，以及「旅順存亡為何物，可知商訓無此條」等詩句，質疑當時輿論倡導的為國犧牲、為皇國興亡赴死，到底值不值得？詩作一發表，也引起了民族主義者的批判，認為與謝野晶子女子之身，不懂國家大事，批評天皇、反戰情緒都極不得體，加上與謝野晶子本身特立獨行，愛情上頗引人非議，因此落得一陣人身攻擊的奚落。與謝野晶子本身雖然多次撰文反駁，認為她只是把一般民眾的心情寫出來，卻頗不被支持戰爭的輿論氣氛所諒解。

在戰爭初期，無論在陸上、海上，日軍一時都佔了優勢，捷報頻傳，讓國內的民族主義情緒為之振奮。不過日軍最大的困境，在於國力不足。經過旅順攻擊以及前後幾場會戰，日軍雖然均戰勝，但犧牲亦非常慘烈，尤其打完最大規模的奉天會戰後，俄軍倉皇撤退，日軍卻因為彈藥不足，根本連追擊的能力都沒有。從前線不斷發來的報告，讓桂太郎比誰都清楚，這場戰爭不能變成持久戰，日軍即使暫時獲勝，但遲早會打不下去，必須要儘快和談。

打仗的目的本來就是為了談判，桂太郎苦惱處於下風的俄軍還會再有補給，但日軍這邊無論是彈藥、輜重、糧食、金錢，甚至兵員，統統用光了。幸運的是，這時海軍在對馬海峽打了一場勝仗，被擊潰的是俄國的「波羅的海艦隊」的三十八艘戰艦，他們繞過大半個地球來到亞洲，卻因為行蹤被猜到，遭到聯合艦隊攔截，因此全軍覆沒。聯合艦隊在「日本海海戰」大破俄軍，讓俄國也覺得這場戰爭必須盡快結束。雙方於是透過美國調解，在英國的樸茨茅斯進行和議。

對桂太郎來說，這場戰爭的起因是滿韓問題，只要把「利益線」的問題處理好，讓俄國不要一天到晚想著東進，日本就安心了。因此在談判中，日本要求俄國承認日本對韓國的優先權，並要求俄軍與日軍必須一起從滿洲撤出，以及對遼東半島的租借權和南滿鐵路的經營權。而割地和賠款方面，日方沒有要求賠款，割地的部分也僅要求樺太（庫頁島）的一半。

據說俄國代表聽到日方的條件，還握拳高呼「我們贏了」。談判出乎意料的順利，但消息傳回日本國內，過去日清戰爭打贏卻被「俄德法三國干涉還遼」的情緒又被激起。「利益線」離人民很遙遠，國家安全也不在民眾的感覺之內，因此民眾無法理解，日清戰爭拿到不少賠款，結果日俄戰爭經歷那麼大的動員和犧牲，死傷無數，最後日本卻一毛賠款也沒拿到，欠了西方國家一屁股債，到底戰爭的意義在哪裡？

群眾聚會的日比谷公園，發生嚴重的燒打事件，寫著「十萬碧血可奈何」的氣球升上了天，憤怒的民眾陸續襲擊了媒體、警局，市街電車和教會也遭到燒毀，民眾還包圍美國大使館，指責負責斡旋和談的老羅斯福總統背棄日本。因為情勢無法控制，騷亂連續發生了好幾天，東京被迫戒嚴，事後逮捕了兩千多人，起訴三百八十餘人。民族主義國家最期待的「國民」，此時化身為暴民，對政府官員喪權辱國的決定憤恨不已，夾雜著戰爭時物價飛騰、經濟不佳的情緒，引發了維新之後最大的民眾抗爭事件，第一次桂太郎內閣也因為無法說服民眾繼續支持，最終被迫下台一鞠躬。

西園寺公望

KINMOCHI SAIONJI

1906.1.7－1908.7.14
1911.8.30－1912.12.21

貴族出身的民主主義者西園寺公望

在日俄戰爭中大捷的桂太郎，因為《樸茨茅斯條約》的和議結果不讓國人滿意，引起首都騷動的「日比谷燒打事件」，而被迫下台後，接下閣揆位置的是一向以開明派、自由派著稱，同情社會主義，長期襄贊伊藤博文的西園寺公望。

西園寺公望出身公家，是德大寺公純的次子，過繼給西園寺師季。德大寺和西園寺兩家，都是公家之極致「五攝家」之次的「九清華」成員，顯見他的血統尊貴。不僅如此，西園寺公望在年輕時，就曾經以「右近衛權中將」的身分，參與了討幕的「戊辰戰爭」，也是明治維新的功臣之一。

維新之後，西園寺因為年紀尚輕，獲得前往法國索邦大學留學的機會。由於家中財力豐厚，西園寺公望在留學期間經常流連於法國上流社會，他和後來成為法國首相，在凡爾賽和會上大出鋒頭的克里蒙梭是好友，和許多當時法國文壇、藝壇的人士也有互動。

這位公子哥是一流品的愛用者，日本酒指定最佳的「灘」產區、葡萄酒非要法國貨、菸捲要抽哈瓦那來的，據說他是最早購買LV的日本人。因為有錢的關係，西園寺也樂於資助同在巴黎的日本同學，參與自由民權運動甚深的中江兆民，就是西園寺留學期間的好友。

因為法文不錯的關係，西園寺公望回國後得到伊藤博文的青睞，參與了伊藤的歐洲憲政考察之旅，成為伊藤博文的得力助手。伊藤幾次組閣期間，他有機會擔任駐奧、德使節，也曾經授命回國參與伊藤內閣。後來伊藤組成政友會，西園寺公望也出力甚深，因此成為伊藤卸任總裁之後眾望所歸的政友會繼任者。

西園寺的個性較為溫和，雖然目睹元老伊藤博文和山縣有朋之間因為對政黨內閣意見不合的齟齬，出任總裁後卻沒有承繼元老間的恩怨。不僅如此，他和「官僚內閣」的堅持者山縣有朋的接班人桂太郎，竟是情投意合的好友。因此，當桂太郎辭去總理職務，第一個想到推薦的繼任者就是西園寺公望。

一九〇六年，第一次西園寺內閣成立，各界對這位能夠拋棄元老恩怨包袱，又傾心自由民主，主張政黨政治的首相抱以高度期待。不過為了與桂太郎政府無縫接軌，西園寺的內閣是一個「混合內閣」，融合了桂太郎時代的官僚，以及西園寺自己政友會的夥伴。這樣的內閣組合，固然有必須的妥協，卻也為後來的倒閣埋下了不安的種子。

第一次西園寺內閣對外面臨的挑戰，是南滿洲的經營。依據《樸茨茅斯條約》，日本有權繼承俄國在南滿洲的權利。西園寺公望組織了半官半民的「南滿鐵道株式會社」，由當時在台灣總督府民政長官職務上表現優異的後藤新平出任。後藤對鐵路經營有高度興趣，他當過鐵道院總裁，也是後來東京車站的主要規劃者，由其擔當滿鐵職務，應該是最佳人選。在西園寺公望的支持下，日本開啟了對滿洲的經營策略。

不過除了對外問題，西園寺內閣的最大挑戰，還是在國內。「日比谷燒打事件」雖然起因於民眾對日本在日俄戰爭中戰勝俄國，但日本在談判中卻未獲得絲毫利益而不滿。但壓垮駱駝的原因，遠遠不僅止於此。整個日俄戰爭固然挑起了人民的民族主義熱情，但戰爭背後艱苦的經濟生活、動員、眾多的戰死者，都嚴重衝擊了當時的社會。不要忘了，日本是日俄戰爭的戰勝方，但這樣一個戰不下去的戰勝國，卻極為少見；因為自知國力不足而急於促成和談的日本，當然無法在談判中佔到太多好處。

為了支應日俄戰爭龐大的開銷，日本政府增加了多項稅收，尤其是對鹽、酒等生活必需品的稅則嚴重衝擊民生，讓大眾被迫承擔高物價的生活。而工廠為了節省支出，發明了勞務承攬，有做有錢、沒做沒錢的制度。這些制度在戰爭時候，因為有大量訂單，加上愛國主義情緒，因此沒有引起工人太大的反彈；但戰爭結束後，正常的勞動體制並未恢復，同時因為訂單減少，工人收入隨之減少，引發工人強烈反彈乃至釀成工運。

另一方面，時代正在進步，機械正在取代人工，工廠的待遇正在變壞；汽車、電車取代了人力車，也造成了新的失業問題。缺乏技術的「雜業階層」正面臨生計的問題，這些被愛國情緒動員起來的民眾，最容易因為小小的原因，而將不滿的情緒投注於無能的政府。

因應這種趨勢而生的，就是社會主義的信仰。原本零星分散的社會主義者們，因為這樣的氣氛而有機會組成政黨，進而參與選舉。而傾心自由民主、同情社會主義的西園寺公望，恰巧在這個時候組成內閣，給予社會主義成長的沃土。一九〇六年，日本社會黨成立，領導的左派人士堺利彥強調自己推動的是「法律允許範圍內的社會主義主張」。擁有結社審批權的西園寺政府內相原敬允准了社會黨的成立。

問題是，因為戰後經濟不振，民生困苦，越來越多的工運抗爭發生，尤其是戰爭時大量供應軍需的兵工廠，工運組織最為活躍。從開挖以來迭有抗爭的足尾銅山，更因為污染問題引發居民暴動，甚至還得動員軍隊鎮壓。原來比較傾向同情社會主義者的西園寺公望和原敬，立場開始有了動搖，轉而開始取締過激的社會主義運動，日本社會黨也被要求解散。

一九〇八年，爆發「赤旗事件」，接近無政府主義傾向的左派人士者拿著紅色的社會主義旗幟，被認為是對天皇制度不敬，又在京都街頭與警方發生激烈衝突。此一衝突成為壓垮西園寺內閣的最後一根稻草，此時原來同情社會主義的西園寺內閣，不僅遭到左派強烈的攻擊，又沒有在另一側得到山縣有朋、桂太郎這邊的官僚系統支持，最後就因為被認為背叛主張，而失去了民心下台一鞠躬。

西園寺辭職後，接下總理職務的當然還是政界的實力者桂太郎，桂太郎一任，便開始處理三件事情。

第一個是韓國問題，滿洲的問題既然已經解決，接下來要處理的就是日本在韓國的利益。當俄國、清國都因為敗給日本，而只得承認日本在韓國的影響力，獨大的日本顯然沒有理由讓韓國繼續維持長期以來「屬國自主」的外交策略。韓國被迫簽署日韓協議，韓國的外交權力掌握在日本手中、軍隊也遭到解散，實質上已形同日本的傀儡。

一九〇九年，為了處理韓國問題而前往哈爾濱的伊藤博文，遭到韓國民族主義者安重根刺殺。伊藤對韓國的態度，一向在日本國內被視為溫和，他的死亡剛好印證了早些年英國人對韓國問題的看法。

英國方面認為，韓國維持獨立唯一的可能，是在俄國、日本和清國三強之間維持均勢。只要三方的任兩方發生衝突，均勢就不可能維持。伊藤想通過維持均勢，再從中獲取韓國利益，他的死亡也剛好象徵均勢在日清、日俄戰爭之後基本已破局。這位對韓策略被日本人認為溫和、被韓國人認為激烈的元老之死，沒有為韓國逐步遭到併吞的困境帶來任何轉變，反而加速了韓國被併吞的腳步。

第二次桂內閣的第二個任務，是挽回即將崩潰的財政。解決財政問題的方法，除了增稅，就只有撙節支出一途，為此，桂太郎推出了一系列從中央到地方的樽節方案。對桂的政策最有意見的是海軍，海軍方面認為，桂應該從其出身的陸軍開始減少支出，撙節日俄戰爭中建立大功的海軍軍費簡直不可思議。而陸軍這邊，因為山縣有朋增加軍備的想法被撙節方案所限制，也對桂太郎有所怨言。這些怨言，也挑戰了第二次桂內閣的正當性。

第三件重要的事情，桂太郎與西園寺公望最大的不同是強力取締「危險思想」。桂太郎覺得西園寺之所以下台，就是因為對左派、自由派太過放縱，等到這些異議者的主張變本加厲，變成危險思想，西園寺又要嚴加取締，因此給人舉棋不定、政府無能的印象。桂太郎剛好很討厭社會主義者，因此對「危險思想」的界定就特別嚴厲，也因此發生了一九一〇年的「大逆事件」。

「大逆事件」是一起政府羅織罪名，誣陷社會主義運動的冤獄事件。起因為政府查獲兩位社會主義運動活躍者持有炸彈，被當局誣指為是為了暗殺天皇，接著引發的一連串對左翼人士搜捕行動。有二十四人因此而遭判死刑，當中包括極為活躍、人氣非凡的社會主義者幸德秋水。炮製這起事件的檢察官，是後來戰爭時期當上總理的平沼騏一郎，其後來當總理時屢屢和元老西園寺公望意見不合，其實兩人的樑子便是從「大逆事件」開始結下的。

因為「大逆事件」的關係，日本社會主義運動大受挫折，僥倖存活下來的左翼人士雖然圖謀再起，但幾乎都和政府妥協，不再敢有過度激烈的反對活動。不過，「大逆事件」為冤獄的消息傳出，在野黨嚴重的反彈，桂太郎的政權自然也無法存續。在桂太郎的安排下，與他「情投意合」的西園寺公望再度出馬組閣。

第二次西園寺公望內閣面對的國際處境，是中國革命。因為清國的衰弱，國內革命事件頻傳，不同派系的革命黨人經歷多次失敗，終於在一九一一年武昌起義事件以及事件後續發展中，推翻了滿清政府，成立了推舉孫中山為臨時大總統的「中華民國政府」。

孫文因為被清國政府通緝，長年在海外流浪，與許多日本人交好，桂太郎、後來當上總理的政友會要人犬養毅，都是他的朋友；孫文本人也多次旅日，拜訪過許多名勝風景。不過，日本這邊雖然有許多同情中國革命的朋友，但朋友歸朋友，政府內部對於可能遭受衝擊的滿洲利益，卻一點也不敢馬乎。元老山縣有朋立刻以局勢不穩為理由，提出增兵滿洲的要求；但西園寺公望以財政困難為理由，拒絕了山縣的要求。這也埋下了後來兩人因為擴軍鬧翻的伏筆。

中國革命的第二年，一九一二年七月二十九日明治天皇駕崩。總理西園寺公望從前一天開始，就因為聽見天皇身體狀況不佳而進宮。第二天召集百官為天皇祈福，但到了下午，天皇還是撒手人寰，西園寺公望為此感到忐忑不安。對日本民眾來說，維新之後被認為是神明一般存在的天皇駕崩，對社會的衝擊很大，而安定人心、穩定政局，不僅是西元寺公望必須處理的事，也是其總理保衛戰的當務之急。

天皇駕崩後不久，授命教育迪宮皇子（後來的裕仁天皇），在日俄戰爭當中指揮旅順總攻擊，被政府尊為「軍神」的乃木希典夫婦留下遺書，為天皇殉死，造成當時社會極大震撼。以現代的角度來看，日俄戰爭證明了乃木希典其實不太會打仗，台灣總督任內的成績也證明了其治理能力也不出色。但他的存在像是一種精神，他有堅持到底、願意犧牲一切的決心，在日俄戰爭中，他的兩名兒子都戰死，也象徵著為了皇國他願意犧牲一切。當其他參謀建議把指揮無方的乃木換掉，天皇只是淡淡的說，換掉乃木，他一定會自殺的，乃木這樣的執拗，一直被戰前的日本政府推崇著，也因此，他的死也被包裝成一種榮耀。

問題是，時代在改變，殉死早已不是武士的文化，政府既要表揚乃木的犧牲，又要宣傳現代精神，就顯得有點尷尬。事實上，整個日本隨著明治維新，經歷了一連串傳統到現代的劇烈變化，四民平等和武士的脈絡、機械化和失業、民族主義和騷亂、富國強兵和稅賦壓力、民主自由和秩序，這一連串震撼下產生的矛盾，不也就和日本政府怎麼看待乃木殉死，有異曲同工之妙嗎？

隨著明治天皇的死，明治維新告一段落，日本帝國的發展，即將邁向下一階段。

第二部　大正時代的總理大臣

TAISHŌ ERA

1912 – 1926

Taishō Era

山本權兵衛

GONNOHYOE YAMAMOTO

1913.2.20－1914.4.16
1923.9.2－1924.1.7

「大正政變」和山本權兵衛

一九一二年明治天皇過世，政壇山雨欲來。當時政壇最具實力的，仍然是元老山縣有朋與其掌握的軍部、官僚，以及曾經兩次組閣，以貴族院為根據地的前首相桂太郎（編按：桂太郎過去是山縣有朋的屬下）。桂太郎固然有能力，但在不留情的當時輿論筆下，山縣有朋與桂太郎的關係，就像是頗受歡迎的夏目漱石小說「少爺」裡頭的校長，和旁邊幫閒的「馬屁精」，如果山縣說一，桂太郎絕對不說二。

天皇過世時，桂太郎人在歐洲，他一聽到消息便立刻兼程返國。山縣和桂太郎有一樣的想法，他們都覺得這種動盪時刻，必須要有強有力的政府領導者，名士派、同情左派，支持自由民主的西園寺公望必然無法堪當重任。

山縣有朋與西園寺公望早有芥蒂，在前一年（編按：一九一一年）的中國辛亥革命時，山縣就主張要增兵滿洲，確保日本利益。但這個提議被西園寺公望以沒錢為理由打了回票，以山縣為首的軍部官僚自然十分不悅。這次因為天皇過世的關係，山縣有朋舊事重提，要擔任陸軍大臣的上原勇作再次提出陸軍增設兩個師團，因應國際情勢變動的要求，再次遭到西園寺公望拒絕。上原勇作在山縣有朋授意下，動作不斷，先跳過內閣，直接向天皇提出「帷幄上奏」，接著又提出辭呈。

在第二次山縣有朋內閣時訂下的「軍部大臣現役武官制」，這時發揮了山縣想要的功效。上原勇作辭職，陸軍又消極不配合提出接任的陸相人選，西園寺公望內閣找不到陸軍大臣，等於是被迫倒閣。接任閣揆的，當然還是山縣最中意，剛剛回到日本，已經組閣兩次的桂太郎。

這件事情當然引起西園寺這邊的政友會極大的不滿。當時偏向自由的民間輿論，都認為這是山縣有朋和軍隊在惡搞西園寺公望，在這樣背景下組成的第三次桂太郎內閣，一開始就沒有得到民間的支持。東京商業會議所的商人，是桂太郎政府最大的反對者，他們甚至串聯全國生意人，結成「增師反對實業團」。接著是串連起來的反對者組合而成的「第一次擁護憲政大會」，還有新聞記者、報刊業者，他們一致認為桂太郎組閣，是藩閥壟斷、毀憲亂政的行為。這就是「第一次護憲運動」。

桂太郎並不是不知道問題所在，他決定成立新政黨，與反對他的「政友會」分庭抗禮。元老山縣有朋一向是最反對政黨政治的人，當年他和伊藤博文鬧翻，就是因為伊藤決定組成政友會。但現在，山縣有朋和桂太郎也不得不承認，政黨政治將會是未來的主流，為了穩定政局，必須要有與「政友會」、以及早先和「政友會」對立，自由派組成的「立憲國民黨」互相牽制的政黨。這樣看來，變成國會裡面的兩個主要政黨都反對桂太郎內閣，這個內閣的正當性自然飽受質疑。為了爭取協商的機會，桂太郎也決定延後議會召開的時間，看看能否事緩則圓。

問題是，得到民意支持的政友會和國民黨組成的「憲政擁護聯合會」當然不會退讓。「政友會」當中立場最激烈的尾崎行雄向桂太郎提出彈劾，桂太郎則威脅要解散國會，行政部門與國會之間的衝突越發激烈。

一九一三年二月十日，不支持內閣的民眾包圍國會，歡迎「立憲派」的「政友會」和「國民黨」議員，攻擊支持桂內閣的官僚派議員，數度引起警方出面保護議員、排除騷亂。受到警方鎮壓刺激的民眾越發憤怒，砸毀親桂的報社，燒毀警局、交番，以及二十六輛電車。警方也因此強力鎮壓，最後此事變成五十三人死傷的暴動事件。當時，「政友會」的實際領導者原敬在日記上寫下：「他（桂太郎）要是還不辭職的話，差不多要發生革命了」。二月十一日，桂太郎下定決心辭職，結束這起五十三天內閣的鬧劇。這起事件，也就是「大正政變」。

不過接下來組閣的並不是西園寺公望，也不是政友會的實力人物原敬，組閣的是「海軍之父」山本權兵衛。山本權兵衛出身薩摩，參加過戊辰戰爭，明治之後他依照薩摩軍人的培訓邏輯，加入海軍兵學寮（後來的海軍兵學校），從基層軍官幹起，一生都在海軍發展。日清戰爭到日俄戰爭這段日本海軍發展最蓬勃的時期，山本權兵衛就是在任的海軍大臣，也因此有「陸軍山縣、海軍山本」這樣的說法。

山本權兵衛最大的軼事與其夫人有關。他的夫人登喜子，早先曾經是品川一帶的遊女，有一天遇上當時是少尉軍官、年少氣盛的恩客山本。山本對登喜子一見鐘情，帶了兄弟去把登喜子搶出來。後來妓院找上門，兄弟們又湊了錢幫登喜子贖身，山本權兵衛也娶了登喜子為妻。由於山本夫婦感情不錯，這段往事也成為民間八卦熱愛的話題，明治、大正時代若有類似到妓院搶親、贖身的行動，常常會讓人再次想起這段佳話。

讓海軍出身的薩摩軍人組閣，算是長州人山縣有朋、桂太郎的小小退讓。政壇對桂太郎不滿的氣氛稍緩後，山本也出面與一向比較偏執政團隊這邊的「政友會」協調。經過討論，山本決定擴大山縣有朋留下的「軍部大臣現役武官制」，讓退役將領也能夠出任，這樣便可減少軍方對內閣的干預。也因為這個退讓，「政友會」終於決定再次回到執政團隊裡，原敬答應出任第一次山本內閣的內相。不過，原敬的決定也引起黨內比較偏向自由派的尾崎行雄等人的不滿，他們決定退出「政友會」，改與長期在野的「國民黨」合作，組成「憲政擁護會」，對時政展開激烈的批判。

國會的壓力對經歷過戰爭的山本權兵衛而言從來都不是問題，但他上任不久便遇到更麻煩的事。一九一四年一月二十三日，德國媒體刊登新聞，爆料指出西門子公司長期行賄日本海軍，此事引起國會反對黨議員的重視，並提出質詢；接著，檢調也立即對收賄問題展開搜索，並有海軍官員遭到檢方拘捕，甚至海軍大臣齋藤實本人也牽涉其中，最後是靠著天皇的保護而免於被調查。西門子的醜聞，讓海軍出身的山本非常尷尬，民間開始盛傳：「想起海軍就想起山本，想起山本就想起賄賂」這一類的打油詩。

在野黨國民黨掌握機會，提出彈劾案；東京、大阪也有抗議海軍，揚言「薩摩藩廢絕」、「海軍肅清」的集會。對日本民眾來說，日俄戰爭以來，縮衣節食就是為了富國強兵。稅費裡甚至還存在「海軍建設費」的款項，現在辛苦納稅的錢統統進了官員的口袋，怎麼不讓人生氣？最後，山本權兵衛內閣不敵輿論壓力，決定總辭。多年後，山本才有機會再度組閣，但那已經是一九二三年關東大地震之後，社會因為亟待振興，再次期待軍人強力執政的氣氛之後的事了。

不過，「西門子事件」當中，山縣有朋的態度最耐人尋味。經過山縣有朋同意才組閣的山本權兵衛雖然也是軍人，但薩摩人和長州人長期以來一海一陸，管理界線清楚，一向井水不犯河水。現在山本權兵衛為了讓內閣順利運作，向政友會屈服，對「軍部大臣現役武官制」退讓，不啻為打臉山縣的舉動。因此，也有說法認為，「西門子事件」會鬧大，最後搞到山本權兵衛內閣總辭，也和山縣有朋有關。無論他是按兵不動、推波助瀾，還是落井下石；總之，山縣有朋之所以不人氣，除了民間不喜歡他的長州藩閥形象，應該也和不管政治人物上台、下台，他都要參一腳有關吧。

大隈重信

GONNOHYOE OKUMA

1898.6.30－1898.11.8
1914.4.16－1916.10.9

世界大戰下的第二次大隈重信內閣

山本權兵衛因為「西門子事件」下台後，經過元老會議討論，決定請出具有聲望的在野領袖大隈重信再次出馬組閣。距離大隈不光彩、匆匆下台的第一次組閣已經過了十六年。這十六年間，大隈因為早稻田大學的興辦，以優秀的教育家形象行走江湖，這一次組閣顯得志在必得、成熟許多。

大隈觀察政局，覺得國內的自由氣氛濃厚，民心士氣高昂，決定要在國內辦一個「萬國博覽會」。在此之前，日本已經參加過許多次國際博覽會，國內也辦過博覽會，但因為明治時代的官僚多半保守，想要學習西洋知識，又怕洋貨席捲，影響國內正在發展的產業，因此先前的博覽會都是以國內為主。這個「大正博覽會」可以說是日本史上第一個萬國博覽會，政府也用盡全力宣傳佈展。

一個充滿自信的博覽會，這種事非得是大隈重信內閣才辦得出來，在大隈之前組閣的山本權兵衛、桂太郎都是軍人出身，本身的民望都不高，思想也偏向保守，支持國內保護主義。他們眼看社會越發多元，連想到的卻只有秩序的崩潰、社會的動盪，不可能用正面的想法激勵自由多元的空氣。只有自由派出身的大隈重信，才會想到要把這種多元化為支持進步的動力。

不過這位自由民主的支持者，也有其矛盾與困難，大隈重信一上台就面臨第一次世界大戰的挑戰，大隈所面臨的國際和國內處境，和十九世紀的英國首相們頗有幾分類似。這是一個由自由民主的信仰者所領導的帝國，帝國的社會內部對於自由的企求，以及對外的民族主義擴張情緒，兩種價值必然相衝突；更巧合的是，當時英日之間有同盟協議，一方作戰時，另一方必須作為攻守同盟，讓這兩個帝國更有惺惺相惜之感。

「英日同盟」是大隈重信出兵山東的理由，當時青島由德軍佔領，日軍以歐洲戰場上英德兩國是衝突方為由，引「英日同盟」規約，向山東以及數個德軍佔領的太平洋島嶼出兵。中國當然氣得跳腳，西方在打仗，中國當然不希望戰場延伸到亞洲來，日軍卻在中國的地盤上興兵，引起中國方面極大的不滿。

不過當時中國的內部並不統一，政治領袖們對參戰的結盟對象意見分歧：南方的孫文主張與日本合作，希望給予日本一些甜頭；而北洋政府則傾向不捲入戰爭，指責日本出兵山東違反國際法。但事實上，北洋政府最大的困境是陸軍總長段祺瑞兩手一攤，表示眼下中國尚未準備好對日本開戰。

日本不僅僅要求繼承德國在山東的權利，更在第二年透過特使向中國北洋政府的總統袁世凱提出二十一條秘密要求，以此作為中日建立合作關係的條件。事實上，日本人打的算盤有點像是和中國建立兄弟同盟，一起對抗西方帝國主義。

問題是，這二十一條要求非常過分，如果稱作「兄弟」，那比較強勢的哥哥簡直佔盡了便宜，說是侵略也不為過。日本不僅僅要求繼承德國在山東的特權，還要確立滿洲、蒙古的勢力範圍，第五號關於整個中國的部分，甚至要求中方聘用日本人為經濟、政治顧問、中日合辦警察、向日本軍購或者兩國合資設廠生產武器等，根本就是要中國把一部分的主權和經濟特權統統讓渡給日本。

在第五號當中，日本甚至要求在長江流域鋪設鐵路的特權，這顯然踩到一直把長江下游當作勢力範圍的英國的底線，也難怪日本一直要求中方守密。一個自由民主的信仰者所領導的政府，向鄰國提出如此過分的要求，簡直匪夷所思。

不過久歷政壇的袁世凱並不是省油的燈，他透過還未展露頭角的青年外交官，也是其英文秘書的顧維鈞，將「二十一條」的秘密協議洩露給英美，引起國際社會極大反彈，也讓整個中國輿論震動，更引起衝擊中國知識分子多年的「五四運動」。

袁世凱再利用這樣的壓力，拖延與日方的談判，最後透過種種外交手段，讓日方自行在部分條文上退讓，二十一條當中的第五號最後不了了之，中國只答應了十六條，而且袁世凱其實言而無信，拖拖拉拉並不執行。像是警察顧問，他採取了顧而不問；租地買地，他也讓日方空有權利而找不到地。事實上，袁世凱充分利用這些不合作舉動，讓中國的損傷降到最低。

五月九日，亦即中國接受最後通牒的那一日，袁世凱飽受輿論壓力，訂定該日為「國恥紀念日」，算是中國的排日根源，而日方也視中國的言而無信為無賴行為，兩國間修好的機會似乎越來越渺茫。

大隈重信一向以外交家、自由民主的倡議者自居，與中國朝野的要員關係也堪稱良好，結果為了「二十一條」把自己弄得灰頭土臉，聲望掃地，還因為和袁世凱鬧翻，轉而支持南方孫文的「中華革命黨」而因此介入中國內戰，和北洋政府關係弄的很僵，結果只好增加海陸軍編制，這下連日本國內輿論都覺得大隈莫名其妙，導致其名聲掃地，就這樣摸摸鼻子下台了。

寺內正義

MASATAKE TERAUCHI

1916.10.9－1918.9.29

多災多難的寺內正義內閣

經過元老們，尤其是山縣有朋主導的討論，接下大隈爛攤子的是陸軍出身的朝鮮總督寺內正毅。寺內是長州出身的軍人，年輕時和閑院宮親王一起留學法國，在陸軍頗受拔擢，當過陸軍大學校長，也出任桂太郎內閣的陸軍大臣。寺內正毅的右手在西南戰爭時受過傷，因此常常把右手背在後面不讓人看見。

山縣有朋是不相信政黨的人，他認為大隈重信做不好，關鍵都是因為被政黨綁架，他要寺內正毅想辦法在不依靠政黨的狀況下組成「超然內閣」。寺內雖然被認為是傀儡，但做事實在可靠，敵對的尾崎行雄曾說寺內「思慮周密」並非沒有道理。他的內閣，在政治上同時得到元老、軍方、原敬的政友會、加藤高明的同志會，還有犬養毅的國民黨支持，說他是「舉國一致內閣」也不過分。

雖然政治關係做足，但媒體卻很看不起山縣有朋這種垂簾聽政的做法，由於大隈重信時期埋下的自由之根漸漸茁壯，當時的輿論越來越發達，「大正民主」越來越有個樣子，現在還在經營的評論雜誌《中央公論》就是當時由吉野造作等人創辦的批評性刊物。吉野造作一直以批判政府的角度出發，是當時公認有影響力的知識份子，他對政府沒一句好話，也造成輿論的風向不利於政府。

因為這樣的氣氛，寺內內閣被知識圈、輿論界貶的一文不值，不僅被批評是「藩閥內閣」，大家還為他取了一個「比利肯內閣」（ビリケン內閣、Billiken）的綽號。一方面嘲笑寺內正毅本人頭兒尖尖，活像幸運之神「比利肯」，一方面也是「ビリケン內閣」發音和「非立憲（ひりっけん）內閣」相似。簡單來說，會有這個綽號就是因為知識圈、輿論圈覺得寺內正毅組閣根本不合憲。

然而，即使大家認為寺內正毅是山縣有朋的跟班，寺內本身的能力其實並不差。在總理任內，他推動多項改革，軍人出身的他對軍人當然特別好，當時的軍人大多出身自窮困農村，因此他提出多項政策提高軍人的待遇，也把日俄戰爭時開始推動的軍需動員制度化，並編列足夠經費用於國民教育。

如果是承平時期，寺內正毅應該會受到歡迎，然而其處於一個內憂外患的時代。軍人出身的他，可以在最傾向自由派，給予社會最大開放空間的大隈重信之後出任總理，也是因為大老們相信內憂外患當中需要魄力的關係。

在外交上，第一次世界大戰方酣，日本已介入遠東戰場，後續與中國、俄國間的協調還在進行中。麻煩的是，俄國內部發生推翻沙皇的革命，革命陣營內部的紅軍、白軍之間發生內戰，協約國諸國深恐列寧主導的布爾什維克黨紅軍勢力擴大，約定支持白軍，出兵干涉俄國革命。

遠東戰場這邊，經過激烈的爭論，英、法、美、義、中、日最後都決定派兵前往西伯利亞，其中日本派兵七萬兩千人，遠超過各國約定的上限一萬兩千人，出兵的理由是「保護僑民」、「防範赤禍」，但實際的理由大家都很清楚，就是要擴張滿蒙的利益線。

其中值得一提的是中國，當時中國向日本借了一大筆錢，以提議者西原龜三為名，稱作「西原借款」，兩國也簽訂《日華共同防敵軍事協定》，並以此派遣一千兩百名士兵前往西伯利亞作戰。由於貸款條件相當優厚，北洋政府總理段祺瑞很快就答應了日方的條件。

據說當時的代理總統馮國璋對段祺瑞提出質疑，段祺瑞私下告訴馮國璋，他一開始就沒有打算還這筆錢，答應日方的條件實質上也都可以應付了事。想當然爾，只派出一千兩百人去西伯利亞，應該也是應付而已。「西原借款」這筆爛帳，最後當然沒還，這也成為日後釀成中日之間誤會越深、衝突越烈的原因之一。

在冰天雪地的西伯利亞，各國在了解紅軍佔優勢的情勢不可逆，且協約國在歐洲的戰事，因為美國參戰而扭危為安後，紛紛決定撤軍，只有日本堅持不撤。這支部隊在西伯利亞戰事不順，軍人不知道為何而戰、為誰而戰，士氣非常低落，但日本直到一九二二年的華盛頓會議上，才向國際表達撤兵的意願。日本總計派兵七萬三千人，戰死三千五百人。

不過國外的事情畢竟很遠，寺內正毅施政上最大的難題，主要在連續的大型災害襲來導致國內政經情勢不穩。一九一七年，停泊在橫須賀軍港的「筑波號」發生爆炸，七十三人死亡，同年發生的大型災難還有造成五十人死亡的「松島炭坑火災」、米澤大火、造成一千三百人行蹤不明的東日本暴風雨、三百六十一人死亡的福岡桐野礦災。接連的天災人禍，讓寺內內閣窮於應付。

不僅如此，物價上漲（尤其是民生必需品的米價持續上漲）也讓寺內倍感煩惱。一九一八年夏天，富山縣魚津發生民眾搶米暴動，憤怒的群眾攻擊米商、富豪和警署。這個騷動很快地傳染到各地，五十天內全國發生三百六十八起類似暴動。被稱作「女當家」（お家さん）、「第一女社長」的「鈴木商店」經營者─鈴木米（鈴木よね），當時他們在神戶的總店就遭到暴民攻擊。這一連串的暴力攻擊行動，被稱作「米騷動」。

為了壓制暴行，寺內正毅緊縮言論自由的程度，要求媒體不得報導這些燒打事件，也造成已經享受過自由甜頭媒體的反彈。有媒體用開天窗諷刺寺內，也有媒體人公開痛罵政府緊縮言論自由。再加上後來政府動用軍隊彈壓暴動，並要求媒體不得負面報導，全國新聞記者組織了「寺內內閣彈劾全國大會」。此時，寺內最大的靠山山縣有朋也透露了對寺內辭職的看法，寺內正毅最後就在抗議聲中辭去了內閣職務，第二年他就過世了，享年六十七歲。

附帶一提，造成寺內內閣倒台的「米騷動」，也是一件衝擊台灣近代史的事，除了殖民地米價被內地的價格哄抬，造成民眾的經濟壓力之外，日本政府也開始期待能從一年兩穫的殖民地台灣獲得更多的米穀。

一九二一年，磯永吉、末永仁兩位專家，在陽明山竹子湖成功試驗出新品種的「蓬萊米」，一九二六年開始廣泛種植。從此台灣的米穀種植，開始從自給自足的「再來米」，轉為出口的「蓬萊米」。蓬萊米雖然收購價格高，但成本也比較高，讓貧農生計陷入困難，再加上後來政府鼓勵種植甘蔗，整個經濟體制開始偏向掠奪性的殖民地經濟，這些後來影響台灣的中大轉折，大約就是從「米騷動」之後開始的。

原敬

TAKASHI HARA

1918.9.29－1921.11.4

內政與外交自相矛盾的原敬內閣

一九一八年的「米騷動」導致被輿論恥笑為「非立憲內閣」的寺內正毅下台後，元老們本來想要再一次邀請西園寺公望組閣，但被西園寺拒絕。說話舉足輕重的西園寺公望，表達了希望能夠讓年輕一輩出來擔當政權的期待，於是長期襄助西園寺的「政友會」總裁原敬便雀屏中選。

原敬是第一位出身平民的首相，雖然來自武家，但所在的「南部藩」（現今岩手縣盛岡一帶）在幕末時代，是明治政府的反對方「奧羽越同盟」的一員，亦即擁幕的「朝敵」一方。原敬的執政，算是明治政府第一次有出身「朝敵」，未曾在維新當中有任何功績因緣者出任首相，在當時引起非常大的話題。

維新的時候，原敬年紀還小，但家道中落是事實，教育的過程都是靠自己苦學，先考進司法省學校，畢業後成為報社記者，因為文筆犀利、能力極佳，一路當上《大東日報》的主筆，後來又加入外務省，成為官僚的一員。

無論當記者，或者當官僚，原敬的表現都很出色，短短幾年，他就在外務省當上次官，甚至出任朝鮮全權公使。然而他卻在這個官僚生涯的高峰點決定辭職，轉任大阪每日新聞社的總編輯、社長。在他的領導下，大阪《每日新聞》業務蒸蒸日上，和大阪《朝日新聞》成為關西媒體雙雄，極具影響力。換跑道到新聞界這段時間，他也充分發揮官場時累積的人脈，和關西的財界有很深的來往。

更令人驚訝的，是他在帶領《每日新聞》攀上高峰後，又帶著聲望和社會資本重回政界，成為伊藤博文成立的「政友會」幹事長，出任第四次伊藤博文內閣的遞信大臣，並且在參選故鄉盛岡的眾議員選舉當中八連霸，成為西園寺公望、山本權兵衛內閣的要角。

原敬在政壇的大恩人是西園寺公望，西園寺出身名士，不太管事，大大小小的事情幾乎都委由擔任內相、掌握政友會機器的原敬襄助。但對政治參與甚深，自然也很容易捲進高層糾紛，由於當時的元老山縣有朋對政黨政治感冒，也不喜歡西園寺、原敬對於左派、自由派較寬容的態度，原敬在政壇的浮沉也因此與西園寺公望緊密相連。

米騷動之時，原敬感受到組閣的機會到了，於是在政治上做出選擇，在米騷動最激烈的時候，他身為國會領袖，沒有帶領政黨出來和寺內正毅唱反調，反而回到故鄉盛岡去。盛岡是蕎麥麵的重要產地，據說當地流行的小小碗「木碗蕎麥麵」就是原敬的最愛。不過原敬回到故鄉當然不是只為了吃蕎麥麵，他顯然是已經知悉米騷動造成的失控必然會被鎮壓，如果此時明哲保身，調整他和宮內、內閣、元老的關係，接下來必然有機會輪到他組閣。

一九一八年九月二十七日，原敬奉召進宮，得到組閣的指示，他決定組成一個除了陸相、海相、外相三個職務之外，完全由政友會組成的內閣。這個決定當然引起山縣有朋的反彈，但原敬不為所動。他認為政黨政治代表著責任，如果三百八十一席當中掌握兩百五十席的多數還不能完全執政、完全負責，還要屈就於官僚的壓力，那眾所期盼的改革怎麼可能成功？也由於山縣之前力推的「舉國一致內閣」寺內正毅很不受歡迎，山縣最後只能向被輿論稱為「平民宰相」的原敬屈服。

原敬內閣在內政上推動四項重大改革，分別是大量增設中、高等學校的「教育設施擴充」；以鐵道院升格鐵道省為中心、輔以大量公路建設推動的「交通機關整備」；以都市計畫為核心，推動「產業和通商貿易振興」；還有為了拉攏海陸軍，實現長期以來軍隊期待增兵案的「國防充實」四大政綱。

同時，為了平息米騷動以來的民怨，他也修改選舉辦法，把選舉資格從納稅十元的男性，降到納稅三元的男性皆可投票，讓投票人數從一百四十三萬增加到兩百八十六萬人，同時引入有利大黨的小選區制，此舉也造成政友會在次年大選大獲全勝，原敬也成為「力的政治家」。

不過，普選是一個無法回頭的路，門檻一但降低，一定會越來越低。政友會從伊藤博文開始，對民主的態度就採取部分而非全面開放的穩健態度，原敬降低了門檻，結果引來了更激烈的「大眾普選運動」，貧窮的男子、女性參政的聲音紛紛出現。另外，數百年來備受歧視的「部落民」問題，也在原敬時代逐步緩和。經濟上資本主義的擴張，以及原敬相對放任的態度，確實引來社會更多元的發展。

大眾所歡迎的《貧乏物語》作者、京都大學教授河上肇，決定離開學校，創辦了《社會問題研究》雜誌，集結左派、自由派學者發表文章、批評時政。各種因為「大逆事件」羅織幸德秋水死刑以來稍微沉寂的左翼力量，此時再度因為原敬的放任態度而活躍起來，「冬之時代」過去了，《改造雜誌》、《社會主義研究》、《國家社會主義》、《解放》等雜誌紛紛成立，類似政黨的組合「日本社會主義同盟」也跟著成立，國內也發動了第一次勞動節遊行。

同時，第一次世界大戰以來的「成金景氣」，雖然因為米騷動而稍有減緩，但社會、經濟建設不斷進步也是事實。激進份子談論政治，一般民眾則沉浸在消費文化、流行文化的氣氛當中，百貨公司、香菸、娛樂活動、消費文化興起。「可爾必思」就是消費文化的典型代表，這個大正八年上市，至今歷久不衰的產品，當時以酸酸甜甜的「初戀的滋味」廣告詞，席捲日本各地。

在東京市，民眾搭電車上班，去三越百貨逛街，爭論到底日本第一美女是松井須磨子還是旭松齋天勝。大阪也不遑多讓，一直到現在還大受歡迎的寶塚開始營業，百貨公司如雨後春筍般林立，甚至還開放穿鞋入場，讓逛百貨成為都市人休息日的一大娛樂。

當時訪問日本的美國學者杜威（John Dewey）觀察到社會、政治的現象，樂觀的撰文認為，「向議會而不是天皇負責」的原敬政權，代表「日本將穩步走向民主。沒有血腥悲慘的巨變，變化也會來臨」。

儘管在內政上採取比較自由開放的態度，原敬政權還是有一個深層矛盾，就是在帝國與民主主義之間，日本該何去何從？

在原敬內閣任內，最重要的國際事務就是巴黎和會的召開。日本派駐和會的全權代表，是原敬的恩人西園寺公望，亦即主導和會的法國總理克里蒙梭的好友。和會除了處理歐洲問題外，原先大家不是很在意的亞洲問題，也引發了重大爭執，儘管不是主要參戰國，但中國和日本兩國為了山東問題爭執不休。在和會前，日本已經向中國提出「二十一條要求」，日本方面顯然認為中國已經接受日本在山東的特權，因此要求把條文的部分內容拿上和會處理。

中國則好不容易有機會在國際場合要求列強伸張正義，自然抵死不承認二十一條。中國和會代表顧維鈞在和會上剴切陳詞，要求日本撤出山東，並且提出恢復中國主權完整的要求，嚴正駁斥當初被迫簽下的二十一條。可是由於中國是弱國，提出的要求雖然理想，但與列強的世界並不相容，因此並不十分接納中國的要求。可是列強從顧維鈞的指控中，明確感受到日本對中國的二十一條要求確實稍嫌過分，甚且可能侵害列強在中國的均等機會，尤其是滿蒙利益的部分，和會上諸國都暗示日方要知所進退。

當時的美國總統威爾遜，過去是普林斯頓大學校長，具有濃厚的理想主義色彩，其主張的「民族自決」，後來引發了亞洲社會很大的衝擊。不僅僅是中國民族主義抬頭，朝鮮獨立運動，甚至後來日本一手主導的滿洲國，其實都是威爾遜自決主張下的產物，儘管這些民族主義興起的原因各異，也不一定言之成理。

巴黎和會中列強對山東問題的裁決，引起了中國社會極大的不滿，「五四運動」隨之興起，學生不僅抗爭，還燒毀親日官員的官邸。除了民族主義的反日、反霸權訴求，年輕學生對中國自身民主、科學的現代化要求期待，也帶給中國政治極大的震撼，為中國近代史劃下轉戾點。由於國內的壓力，中國代表顧維鈞最終並未簽署要求中國在山東問題上退讓的《凡爾賽和約》，讓和約少了中國的角色，也為日後中日衝突埋下伏筆。

就在原敬為了和會傷腦筋的同時，朝鮮也爆發了追求獨立的「三一運動」，事件肇因於退位的高宗皇帝突然死亡，外界四處謠傳是因為日本人毒殺，此事引起韓國人非常大的不滿。三月一號，學生在京城宣讀《獨立宣言書》，正式宣佈朝鮮獨立，引起日本軍警的逮捕行動。但朝鮮人想獨立的心願太強，三月二日後，事件開始向全國擴散，到五月為止，總計高達兩百萬人次參與反日示威，為了穩固統治，日本決定派兵鎮壓。

日本的鎮壓手段極為殘忍，事後統計，朝鮮人死亡七千五百零九人，傷者一萬五千八百四十九人，被逮捕者四萬六千三百零六人。這些數據，也讓受到「三一運動」刺激，在上海組成流亡政府的李承晚注意，並將此事拿到巴黎和會上，對日本提出嚴厲的控訴。儘管在現實上，指控日本的效果有限，但國際輿論同情朝鮮人，卻也讓一向主張自由民主的原敬政權臉上無光。

不過在日本國內，日朝之間的民族衝突其實很劇烈，日本人並不喜歡朝鮮人，媒體多用「鮮人」這樣的蔑視字，認為朝鮮人是「劣等民」，把「三一運動」講述成「暴動」，因此「三一運動」對原敬內閣的政治基礎並未造成很大的衝擊。

只是「三一運動」對原敬本人確實造成了衝擊，他決定改變長期以來相當高壓的日本殖民方針，廢除「武官總督制」是優先考慮的方向。只是原敬向來是一個妥協主義者，他沒有真的把武官換掉，但讓相對陸軍來說比較開明的海軍大將齋藤實出任總督，全力培養朝鮮的親日階層，並在任官、貿易、教育上，都給朝鮮人比過去更好的待遇，改變過去的「武斷政治」為「文化政治」。

這個廢除「武官總督制」的期待，倒是在治理相對容易的台灣落實了。一九一九年，第八任台灣總督田健治郎就是一位出身遞信省的文官，他任內推動「內地延長主義」，把殖民地看作內地的延伸，一定程度減少了過去武官總督嚴厲的習氣，讓台灣也跟著短暫感染了「大正民主」的氣氛。

一九二〇年底，皇太子妃候選人九彌宮家因為被懷疑有眼盲疾病，引起西園寺公望、山縣有朋等元老干預，山縣有朋希望解除婚約，卻遭到皇室拒絕。當時左派之外，也相當活躍的國粹主義者對山縣有朋感到不滿，也不欣賞原敬事事妥協的作風，對原敬政權多有批判，外界也開始盛傳右翼份子想暗殺首相的傳聞。

同時，連續多起高官賄賂事件也讓原敬政權受到極大的輿論壓力，尤其是滿鐵副社長以超過市場價格購買煤礦、船隻，並以此為條件要求廠商向「政友會」捐款，引起輿論對政友會的反感。不久之後，又爆發了十七位東京市議員涉入包庇明治神宮參道偷工減料。不僅是「政友會」涉案，後來連反對黨「憲政會」總裁加藤高明也捲入賄款疑雲，讓民眾對當下政治的貪腐氣氛感到極端不滿。

一九二一年十一月，原敬首相準備前往近畿開會，在東京車站丸之內南口一帶，遭到十九歲的右翼青年中岡洋一持短刀刺殺。短刀刺入原敬的右胸，原敬隨即失去意識，成為第一位在任內被刺殺的總理大臣。中岡受審時，表示他刺殺原敬是因為深感原敬違背人民的期待，只在意政黨利益卻忘了國家利益。

中岡到底是自發行動，還是背後有利益集團指使，並沒有被追查出來，不過中岡的指控，原敬本人想必不可能接受。他一定覺得，比起揮刀刺殺首相成為烈士，在綁手綁腳的泥沼中匍匐前進地執政是更加困難的事，因此他的苦和忍，像中岡這種莽撞覺青怎麼可能理解。

原敬是一位嚴謹的人，有撰寫日記的習慣，這些日記也成為後世史家理解明治、大正歷史的重要參考資料。原敬在死前曾在日記上留下遺言，表示死後不接受爵位、勳表，也因此留下「平民宰相」、「無爵宰相」的美名。

高橋是清

KORE KIYO TAKAHASHI

1921.11.13－1922.6.12

華盛頓體制與高橋是清內閣

《凡爾賽和約》簽署後，世界的和平看似大致底定，但世界局勢仍潛藏著巨大危機，高額的賠償超過了戰敗國的負荷、保護主義的興起讓經濟危機蠢蠢欲動，「國際聯盟」雖然成立了，但主導的新興強權美國卻沒有加入，以至於「國際聯盟」無法成為各國多邊協商的舞台，雙邊協定依然是當時國際局勢的主流。

一九一七年，日本外務大臣石井菊次郎和美國國務卿藍辛（Robert Lansing）簽下協定，確保中國門戶開放，美日同享均等權利，但美國承認日本因為地理因素，在中國擁有部分特權。日本滿心以為這樣的協定確保了日方在滿蒙的特殊利益，也因為這個協定再加上早先的「英日同盟」，讓日本在凡爾賽會議中順利繼承了德國在中國的勢力。

但「凡爾賽體制」畢竟是以歐洲為中心的和約，對於亞洲地區的著墨不多，當列強再一次把眼光移向亞洲時，便需要再針對亞洲區域的均衡作出協調。成為列強領袖的美國，因為本身並未參與國際聯盟，因此主動要求召開華盛頓會議，針對太平洋地區勢力範圍、各國海軍軍備，以及中國問題做出更細緻的討論。

華盛頓會議在備受愛戴的「平民首相」原敬被刺殺後一週召開，倉促接任的首相是原敬內閣的大藏大臣高橋是清。高橋的專長是財政，從第一次山本權兵衛內閣開始，他曾七次擔任大藏大臣，可以說是松方正義過世後，日本財政的領導者。由於高橋內閣是原敬被刺之後倉促成立，因此同為「政友會」組成的高橋內閣，留任了大多數原敬內閣的閣員。

高橋是清的人生可以說是「波瀾萬丈」，他出身仙台藩的下級武士之子，十一歲到橫濱學英文，十三歲時在橫濱外國人活動的「異人館」當服務生，用相當有限的英文求生，也因此進步頗多。十四歲時他得到千載難逢的機會，獲得藩裡的支持到美國留學。

不過在西岸的奧克蘭，高橋因為遇人不淑，被當作奴隸對待，一面讀書一邊當人家的僕人，日子過得不是很好。直到明治維新後，才在當時亟需懂英語人才的日本領事館幫助下返回日本，那時高橋十六歲。

他回到日本後，在「開成學校」擔任英語教師，由於年輕氣盛、經歷豐富，而且學校的待遇還算不錯，因此高橋很多時間都流連花街，後來索性辭去教職，在餐廳彈三味線過日子。高橋這樣不受拘束的人生並不久，因為大家都知道他英語好，很快又拿到其他學校的聘書，最後進入東京大學預備學校擔任英文老師。看過《坂上之雲》的人應該都有印象，高橋當過正岡子規和秋山真之的英文老師，就是在這個時候。

高橋是清一上台就面臨「華盛頓會議」的挑戰，他把這項重責大任交給續任的原敬內閣外相內田康哉。內田一向主張好好與被認為是下一個強權的美國維持友善關係，因此這場由美國人主導的會議，內田再三強調了「國際合作」的重要性，並強調這個方針與帝國利益一致。

為了讓談判順利，高橋內閣派出了特命全權大臣，當時的駐美大使幣原重喜郎、海軍大將加藤友三郎，以及末代將軍慶喜的兒子，亦即貴族院議長德川家達等人出席，務必要在合作方針下，建立太平洋區域的新秩序。

會議進行得相當順利，日英美法四國，首先簽訂了《四國條約》，確保太平洋地區島嶼必須「維持現狀」；同時以此為理由，中止了有攻守同盟約定的「英日同盟」。

接下來，為了符合「戰後」的情勢，加上戰爭所造成各國無力負擔軍備競賽，因此達成了美英日海軍總噸位「五：五：三」的裁軍共識。這個裁軍會議是「華盛頓會議」的重頭戲，也是高橋必須派出和日俄戰爭英雄東鄉平八郎、山本權兵衛並列海軍領袖人物的海相加藤友三郎出席的原因。高橋很清楚，軍方的事情只有軍方搞得定，加藤友三郎很清楚世界局勢在變，也知道連續多年征戰，政府財政已經油盡燈枯，裁軍確實有其必要。高橋當時並不知道，這次裁軍在軍人心中留下的印象，埋下了他多年後在「二二六事件」中被刺殺的原因。

華盛頓會議還確認了一件事，就是除了美、日、英、法、義五個主要國家外，荷蘭、葡萄牙、比利時和中國也談成了《九國公約》，公約再一次確認了殖民主義的晚近者美國，對中國問題積極倡議的「門戶開放政策」。

由於條約確保了中國的主權獨立和領土完整，日本滿心以為已經擁有的滿蒙特權正式遭到列強扼殺。同時，在中國方面的堅持下，日方最終答應撤出山東、正式放棄「二十一條」對整個中國的主張，沒有簽署《凡爾賽和約》的中國，終於在華盛頓會議上對日本扳回一城。至此，無論是凡爾賽體制、藍辛-石井協定，還有英日同盟，現在都結束了。

在談判上，日本在華盛頓會議中可以說是全盤皆輸，高橋的領導也受到了挑戰。內閣當中被認為最有機會繼任的內相床次竹二郎認為，高橋在外交上過於軟弱，內政也拿不出什麼新招，尤其後來東京工業學校等五校升格大學的事，引起政友會內部嚴重衝突，再加上執政團隊內部針對財政、社會秩序、共產黨的處置態度，都有不同意見，「政友會」內部爭執甚至到床次決定要脫黨行動。

高橋是清是「波瀾萬丈」之人，他對於權力看得很淡，很多人以禪宗意象的「達摩首相」為他的暱稱。當首相對高橋來說只是個偶然，他真的有興趣的事情只有財政。既然政友會內部陷於紛亂，於是高橋便以閣議不統一為理由，辭去了內閣總理大臣的職務。只是接下總理任務的並不是造反的床次，而是心心念念於完成裁軍任務的海軍大臣加藤友三郎。

這下原敬好不容易建立起的政黨內閣體制，又因為「政友會」內部的紛亂而回到軍人組閣的年代。至於壓垮高橋的最後一根稻草床次本人，在這次內閣改組中甚至沒有被列入候選名單中。床次一生都是內閣當中的實力者，但永遠都是呼聲最高卻沒當上首相的「萬年首相候補」，反而是無心權力的高橋後來又在政友會再次復出的時代裡，當了好幾屆內閣的大藏大臣，直到一九三六年的「二二六事件」被刺殺為止。

加藤友三郎

TOMOSABURO KATO

1922.6.12－1923.8.24

過勞死的加藤友三郎

加藤友三郎接任閣揆的過程，並不是那麼一帆風順。高橋下台之後，僅存的兩位元老松方正義和西園寺公望，對首相人選各有所屬，最後出現了加藤友三郎和在野的「憲政會」領袖加藤高明這兩位都姓加藤的首相候選人。

基於以下原因，元老們最後選擇了加藤友三郎：第一，海軍出身的加藤友三郎本身就是「華盛頓會議」的參與者，他來執行會議結論的軍縮議題，是最適合的人選；第二，加藤高明過去在大隈重信內閣時太積極參與中國事務，被推翻的「二十一條」處處有他的身影，他能不能執行「華盛頓會議」的規定，令人懷疑；第三，就是「政友會」寧願和沒有政黨的加藤友三郎合作，也不願意讓在議會裡與他們拚得你死我活的在野黨「憲政會」執政。

也因此，在這三個原因加持下勝出的加藤友三郎內閣，又被稱作逆轉勝組閣的「逆轉內閣」，或者意指「政友會」用盡最後氣力全面助燃的「殘燭內閣」，也有人說這種政友會支持的「舉國一致內閣」，應該是非常態組閣的「變態內閣」。

加藤友三郎是廣島藩的下級藩士子弟，他沉默寡言，是苦幹實幹型的人物。加藤是海軍兵學校第七屆學生，以第二名的優異成績畢業，後來他又成為第一屆海軍大學校的畢業生，因為成績優異，曾經獲選赴英留學。早年的海軍兵學校是明星學校，無論伙食、待遇、學術，都集全國精英光環於一身。司馬遼太郎小說《坂上之雲》的主角秋山真之，就是放棄就讀東京帝大，轉投效海軍兵學校的代表性人物，秋山其實就是加藤的屬下。

加藤友三郎一直在海軍服務，並參與了日清戰爭、日俄戰爭等兩場形塑近代日本的重要戰爭。日清戰爭時加藤擔任戰艦「吉野」的砲術長，在戰爭中表現出色，而日俄戰爭決勝關鍵的「對馬海戰」一役，加藤友三郎則擔任聯合艦隊參謀長，與司令官東鄉平八郎一起站在旗艦「三笠」艦橋上督軍，只是參謀通常比較不起眼，因此大家都只記得東鄉大將的名字。

日俄戰爭後，立下大功的加藤歷經多次升遷，在第二次大隈重信內閣時出任海軍大臣，並持續在寺內正毅、原敬、高橋是清三任內閣當中持續擔當海相重任，成為海軍的代表性人物。加藤友三郎也是高橋內閣參與「華盛頓會議」的重要角色，由他來推動會議結論，當然是最佳人選。

因此，裁軍終於在加藤的手上啟動，先是海軍自己停止執行戰艦、巡洋艦各八艘的「八八艦隊」，停止新增艦艇、淘汰舊艦艇。因為海軍自斷胳膊，接著被裁軍的陸軍面對裁軍，也無話可說。

主導陸軍裁軍計畫的，是陸軍大臣山梨半造，他採取縮短服役時間、裁撤陸軍幼校等方式，並且依照現代戰爭需求編成了機槍隊、重砲隊、航空隊，幫陸軍減少大約五個師團的兵力，也完成曠日費時的西伯利亞撤軍。「山梨裁軍」是日本第一次的裁軍運動，因為加藤和山梨攜手合作，減少的經費雖然不多，但確實讓日本國防的現代化進程「減肥」不少。

但山梨的裁軍，核心考量放在華盛頓會議的結論，以及軍隊現代化等兩大課題上，財政並非加藤和山梨關注的重點，也因此，在野的「憲政會」和「國民黨」最大的期待，亦即廢除軍部大臣武官制並沒有被納入討論中。對軍方來說，放寬非現役武官可以擔任海陸相已經是最大讓步，軍方不可能接受沒有軍人背景的人來領導軍隊的改革。這點，海軍出身的加藤友三郎再清楚不過，他自始自終都覺得在野黨只會空想。

除了裁軍外，加藤友三郎內閣也面臨了許多內政的壓力。經濟當然是最大的問題，當時正是全球關稅壁壘興起的時候，各國的保護主義關稅造成了貿易流動的停滯。

在日本國內，經濟不佳，社會逐漸開放，也讓原敬內閣以來蓬勃發展的社會主義運動更加興盛。農民組合、勞工運動、乃至於立即被宣布非法的日本共產黨，都是這個時期出現的抗爭團體。另外，長期遭差別待遇，從事喪葬、屠宰等城市必要但邊緣產業的「特殊部落民」平權運動，也在「全國水平社」的倡議下，引起社會的討論，到底應該採取融合的態度，還是徹底終止歧視，也成為輿論的議題；沖繩、北海道的愛奴人，甚至殖民地台灣、朝鮮對於歧視的抗爭，也漸漸浮上檯面。

加藤友三郎雖然不是政黨出身，但是面對堆積如山的政治問題，他沉著冷靜，一一處理、解決，據說可以好幾天不講話的他，每天苦幹實幹，「惦惦吃三碗公」的政治能力頗受讚譽，無論在內政或外交上都有傑出的表現，也因此被盛讚為「海軍出身的政治家」，同時也是大正時代被認為能幹、傑出的首相之一。

只是身材瘦小的加藤，一直受腸胃病的宿疾所苦，偏偏他又喜歡喝酒，有「酒豪」美名。面對如麻國事，他只當了一年多的首相，就因為大腸癌而病倒，成為第一位在任內過勞病死的首相，真的變成

「殘燭內閣」。最慘的是，雖然首相暫時由外相內田康哉代理，但加藤才過世八天，就發生了慘絕人寰的關東大地震，內田隨即在第二天提出總辭，也讓災難中的日本，首度面臨「首相不在」的領導挑戰。

山本權兵衛

GONNOHYOE YAMAMOTO

1913.2.20－1914.4.16
1923.9.2－1924.1.7

關東大震災與第二次山本權兵衛內閣始末

一九二三年九月一日，近午十一點五十八分，發生了「關東大震災」，震央所在地的小田原一帶房屋八、九成全毀，橫濱市關內一帶的紅磚煉瓦建築亦幾乎遭殃；此外，伊豆大島、房總半島、鎌倉發生海嘯，無數房屋遭到沖毀。

而在東京市內，遇到的最大問題不是房屋震毀或海嘯，而是火災。由於地震當時正是午飯時間，引發的火勢遂一發三天，造成重大傷亡。累計全國有十萬四千六百餘人死亡或失蹤、房屋全毀、半毀十七萬五千戶，燒毀者三十八萬一千戶，受災者一共達到三百四十萬人。這可以說是史上未見的巨大災難。

因為重大災害的關係，整個關東地區的通訊幾乎癱瘓，電話不通、新聞媒體也無法出版，全國廣播還要等兩年才會出現。著名地標像是上野公園的西鄉隆盛像、鎌倉大佛，身上都貼滿了尋人啟事。受災者都期待以重大地標上的告示，期待與家人再相見。在沒有正確訊息的狀況下，全國到處流傳著可怕的訊息到處肆虐，像是「政友會總裁高橋是清被壓死了」、「授命組閣的山本權兵衛被暗殺了」之類假消息，弄的人心惶惶。

另外，一向緊張的日本人與朝鮮人之間的衝突，在這種災難時刻顯得特別尖銳。「火是朝鮮人放的」、「不逞朝鮮人趁火打劫」這樣的假訊息到處傳遞，為了維持地區治安，許多日本人組成社區保安隊，看到朝鮮人就加以毆打施暴。甚且，應該要在此時負責治安維持的軍隊和警察，反而是這些謠言的傳遞者。他們不僅以戒嚴為由，趁機監控本來就被政府討厭的朝鮮意見領袖，把他們抓起來伺機迫害；還趁機用意圖不軌的理由，追捕一向被政府視為眼中釘的「無政府主義」者、社會主義者。

「龜戶事件」就是最血淋淋的案例，警察追殺社會主義者，說他們煽動朝鮮人作亂，接著就在未經法庭處置的程序下把嫌疑犯交給軍方處決。此外，頗有名氣的無政府主義者大杉榮、伊藤野枝夫婦和六歲的外甥被捕後，居然遭到憲兵大尉甘粕正彥虐殺致死。

雖然事後甘粕遭到判刑十年，但政府顯然不覺得甘粕做了不應該的事。甘粕特赦出獄後在軍隊的安排下，先到法國留學，後來又前往滿洲國發展，據說滿洲國皇帝溥儀能夠逃到長春新京，就是甘粕一手安排。甘粕後來不僅出任過滿洲國民政部警務司長，還當過滿洲映畫協會理事長，李香蘭就是甘粕一手培養的明星。

總之，「關東大震災」的慘況和後續發展，讓人覺得當時的日本根本無政府。事實上，地震當天的日本真的是無政府。

頗能幹的首相加藤友三郎在任內的一九二三年八月二十四日病死後，首相一職雖然暫時由外相內田康哉代理，但是到底誰來繼任首相，政府高層並沒有共識。多數黨「政友會」說多數黨組閣是「憲政常道」，在野黨「憲政會」則說政黨輪替是「憲政常道」，因此出現了完全矛盾的兩種「憲政常道」主張。

擁有組閣建議權的元老西園寺公望因此非常不高興，乾脆把兩個主要政黨都排除在組閣建議之外，推薦了曾經短暫組閣，但因為「西門子事件」下台的海軍大老山本權兵衛第二次組閣。

西園寺的理由有三：第一，既然主要政黨都只想執政，想必在選舉前讓任何一黨執政，都不能讓選舉公平舉辦。第二，他討厭第二次大隈重信政權時的「二十一條」外相加藤高明過度威逼中國的外交政策，這個理由在當初推舉加藤友三郎時就存在了，現在依然不變。第三，由政治人物和官僚共同組成的政友會內部，在原敬被刺殺之後就一團混亂，被認為是「政治組」的「黨人派」總裁高橋是清，就是因為壓不住「官僚組」的床次竹二郎才辭去首相職務，但嚷嚷要退黨的床次沒有真的退黨，卻也無法打倒高橋，因此政友會內部根本鬥得一塌糊塗，讓高橋組閣，只會重演上一次高橋內閣的悲劇。

不過，山本權兵衛並未變成真正的公約數，八月二十八日，接受推薦的山本權兵衛召集了三大主要政黨的領袖「政友會」的高橋是清、「憲政會」的加藤高明和「國民黨」的犬養毅，結果並沒有談出什麼所以然來，山本自己根本覺得這次不可能組成內閣了。而推薦他的西園寺公望，也在八月三十一日失望的告訴友人，自己推薦山本權兵衛沒有錯，有錯的是沒有能力組閣的多數黨「政友會」；他還說如果推薦山本有錯，他願意切腹自殺。

眼見組閣不成，九月一日卻發生了「關東大戰災」，這種緊要關頭人民不可能容忍無政府，因此山本權兵衛只好趕鴨子上架，匆匆在九月二日組成內閣。原來條件一大堆，要求要入閣才願意支持山本的「政友會」因為地震的關係，不敢再開出條件，決定無條件支持山本；第二大黨的「憲政會」也表示自己願意維持「好意的中立」，支持第二次山本內閣。可是事實上，兩大政黨的支持度早就因為各謀私利而跌到谷底，民眾早就對這樣的政黨政治不抱期望了。

本來根本組不了閣的山本權兵衛，因為震災的關係，一舉跳脫黨派的壓力，組成了「舉國一致內閣」。除了其原先的薩摩人士人馬外，內閣也邀請了革新派政治家「國民黨」的犬養毅，還有在政治圈頗孚人望的後藤新平加入，擔任內相的後藤新平還出任「復興院總裁」，負責重建業務。輿論一時給山本權兵衛相當高的評價，認為蟄伏十年的山本，必定能為災難中的日本帶來革新的魄力。不過主要政黨的墮落，海軍出身的山本能夠打破「憲政常道」再次出馬，事實上也為後來日本軍部力量抬頭種下了禍因。

在震災當中，認為地震是因為日本太自由、太重視享樂主義的「天譴論」也開始流行，讓倡議重新提振國民精神的山本權兵衛有了天時、地利和人和。照理來說，第二次山本內閣的政務應該將順利推動，不過山本並沒有把首相的工作做好。

在他的內閣中相當活躍的後藤新平和犬養毅，試圖要在既有政黨結構中做出突破，組織新政黨的任務幾經波折最終失敗，兩人在內閣中的地位也一落千丈。而在議會審查的過程中，因為組黨事件得罪許多人的後藤新平主持的「復興院」計畫，遭到嚴重的挑戰，不僅被批評疊床架屋，還被認為組織複雜、責任不明。已經忘記地震痛楚的兩大政黨磨刀霍霍。

議會開始後，「政友會」首先統整腳步，以田中義一組閣為目標，對山本內閣開出第一槍，他們以不理會帝國議會對復興院的修正意見為理由，對內相後藤新平提出彈劾。最後雖然沒有成功，但是議會狠狠地把復興院預算大幅削減百分之八十八，山本權兵衛內閣因此元氣大傷，山本也萌生退意。

過沒幾天，十二月二十七日，攝政裕仁在「虎之門」一帶遭到無政府主義者難波大助襲擊。雖然攝政本身沒有受傷，但這個史上第一次皇室遭到襲擊的事件，變成壓垮山本內閣的最後一根稻草。脆弱的山本內閣因為「虎之門事件」下台一鞠躬，本來想要用軍人的魄力和「舉國一致內閣」重建信任的日本政府，雖然短暫的試圖從震災中找到振作機會，卻再一次被政黨惡鬥擊垮。

清浦奎吾

KEIGO KIYOURA

1924.1.7－1924.6.11

清浦奎吾與第二次護憲運動

第二次山本權兵衛內閣因「虎之門事件」下台一鞠躬後，接著組閣的依然不是第一大黨的黨揆加藤高明。負責推薦閣揆的西園寺公望，選擇了來自貴族院，沒有民意基礎的清浦奎吾擔任首相。

清浦奎吾是官僚出身，雖然不是長州人，但走的是山縣有朋的保守路線。無論是對新聞自由施壓、對人身自由限制、擴張警察權力的幾次法規修改，他都參與甚深，後來也當上司法大臣的位子，被稱作是山縣身旁的「四天王」之一。

一九一四年，第一次山本權兵衛內閣因為「西門子事件」下台時，「大命降下」要負責組閣的就是清浦奎吾，只是當時海軍醜聞實在太多，清浦想要刪除海軍一部分預算來平息民怨，但因為「軍部現役武官制」而可以倒閣的海軍卻不同意。海軍領袖加藤友三郎拒絕出任清浦內閣的海相，導致清浦奎吾最後只好拜辭大命，還說出「只聞得到鰻魚香味，卻吃不到」這類的話語。於是，清浦奎吾這次失敗的組閣便被民間傳為笑柄，稱作「鰻香內閣」，意指「看得到，吃不到」。

也許是老天爺的安排，大命第二次降到清浦奎吾身上，居然又是接了山本權兵衛的後手。但時局已經有過許多變化，「大正民主」經歷了原敬、高橋是清組閣的努力，已經成為民間主要的思潮。此外，幾個主要政黨各有盤算，沒有人要加入清浦的內閣陣營。清浦沒辦法，只好從他出身的貴族院找人，因此組成了一個除了陸相、海相、外相之外，全部都由貴族院議員組成的「特權內閣」。

清浦這個舉動引發了眾怒。被排除在閣僚門外，過去勢不兩立的三大政黨「憲政會」、「政友會」和「國民黨」改組而成的「革新俱樂部」結盟起來，組成「護憲三派」，推動政黨內閣的成立。一九二三年一月三十一日，眾議院會議才剛剛開始，就因為暴徒闖入而停會，清浦奎吾同時宣布解散眾議院。「護憲三派」的支持群眾不滿清浦的決定，包圍了議會，與警方發生衝突。「打倒清浦內閣」的簡單口號，讓過去各自盤算的政黨目標突然一致了起來。即將到來的大選變成了政壇的「關原之戰」，到底是政黨主義勝還是官僚主義勝？專制主義勝還是立憲主義勝？成為一時的話題。

不過老實說，與第一次護憲運動相較，第二次護憲運動的聲勢比較小，政治圈的人幾乎都覺得，對清浦奎吾這麼脆弱的內閣，根本沒有必要大動干戈。此外，一向親政府的「政友會」分裂，支持清浦和反對清浦兩派鬥爭，也讓群眾運動顯得只是在幫政黨內部的政治鬥爭撐腰。

五月的大選中，支持清浦奎吾，從「政友會」分裂出來的「政友本黨」落居第二，而以「憲政會」領銜的「護憲三派」大獲全勝。清浦奎吾在完成了皇太子大婚的任務之後，決定辭去總理職務，任期一共只有短短五個月。負責推薦首相人選的元老西園寺公望，只能推選一向討厭的「憲政會」總裁加藤高明。於是，日本第一個在總選舉中成為第一大黨的「第一黨黨首首相」終於誕生了。

加藤高明

TAKAAKI KATO

1924.6.11－1926.1.28

再度回到政黨政治軌道的加藤高明內閣

加藤高明是第一位因為身為第一大黨黨首而授命組閣的首相。這個「第一黨黨首」組閣的規則，從他開始持續了好幾年，一直到一九三二年犬養毅首相在「五一五事件」被激進軍人殺死，換上海軍大將齋藤實組閣為止。這段時間可以說是比較符合民主常道的政治安排，但不幸的是，這同時也是日本政黨政治開始衰退的時代。政黨領袖組閣來來去去，想得不是國家未來，而是只想在波動的局面下保住政權，是以政治逐漸腐化衰敗。

加藤高明畢業自東京帝國大學，他是第一位東大畢業的首相。在他之前的首相，除了接受現代化教育的軍人外，都是從非正規學校畢業的。加藤從東大畢業後，得到三菱企業的支持，赴英國留學，歸國後娶了創辦人岩崎彌太郎的女兒，成為三菱企業的東床快婿。他初入政界走的是外交路線，大隈重信擔任黑田清隆內閣外相的時代，他是外務省參事，協助參與條約改正的事宜，只是明治初期，日本內政不穩定，國家也不夠強大，條約改正事宜處處碰壁，加藤也決定轉往三菱企業更需要的金融圈發展。

後來日本越來越強大，成為列強之一，加藤再一次離開金融官僚的圈子，回到外交圈打拚。他是外交圈內有名的「親英派」，先後擔任駐英公使、大使的職務，推動日英同盟。隨後，他又參與政治，選上議員，並且協助老長官大隈重信與伊藤博文再次攜手。其後一度轉戰新聞圈，擔任《東京日日新聞》的社長，直到大正二年回到政界擔任第二次西園寺公望內閣、第三次桂太郎內閣的外相。

不過加藤真正發揮，是在第二次大隈重信內閣時。當時他擔任副總理兼外相，在他的主導下，大隈重信對中國提出「二十一條」，因為中國的反彈，「二十一條」不僅造成國際社會的反彈，更掀起中國內部的反日氣氛。這樣魯莽的要求，也讓當初提拔加藤、現在變成元老的西園寺公望轉變態度，加藤高明也因此錯過了好幾次的組閣機會。

清浦奎吾下台後，加藤高明終於得到西園寺公望的推薦當上首相。這當然不是西園寺決定接受政黨政治，而是因為和西園寺同為元老的松方正義過世了，元老只剩下西園寺一人，西園寺決心扮演好這個最後元老的角色。他認為，憑著個人公正無私的選擇適合的首相，不如建立一套規則，以免他死後，有其他的野心家想要利用元老職務來為所欲為。讓總選舉中的「第一黨黨首」組閣，就不會再引起爭議，這就是西園寺的想法。

加藤高明內閣的陣容相當華麗，閣員當中後來出任首相的就有四位，分別是大藏大臣濱口雄幸、內務大臣若槻禮次郎、遞信大臣犬養毅和外務大臣幣原喜重郎；如果再加上曾任首相的農商務大臣高橋是清，這個內閣一次集滿六位前後首相，陣容可謂十分堅強，媒體也稱之為「人材內閣」。

「人材內閣」上台要推動兩項任務，第一是推動二十五歲以上成年男子普選，這是「護憲三派」得到民眾支持的原因。在一九二八年立法通過普選之前，日本已經經歷三次選舉法的改正，投票的納稅門檻也從十五元降到三元，但完全沒有經濟門檻的「普通選舉」，卻是第一次。有投票權的人從三百二十八萬，一口氣提高到一千兩百四十萬；儘管如此，普選權還是只限定在男性，女性並沒有被允許投票，這也引起了進步女性的不滿，覺得國家怎麼沒有把女性也視為「國民」的一員。

但加藤內閣想推動的第二項任務，是推動與普選的民主精神相違背的，亦即推動「治安維持法」。這是因應日本與完成革命的蘇聯建交而來的法令，由於日本政府相當憂慮國內蓬勃的社會主義運動得到蘇聯第三國際支持，因此在法令中明定針對「變革國體以及否定私有財產制度」的結社非法，參與者可處十年以下徒刑及監禁。此外，也藉著皇室的敕令，宣布「治安維持法」將同步在沒有實施普選的殖民地台灣、朝鮮推動。

「治安維持法」和「普通選舉權法」兩個精神自相矛盾的法令同時通過，讓加藤高明內閣被媒體強力抨擊。加藤為了同時推動兩項法案，還協商把一開始政府認定的三十歲普選門坎，降到後來通過的二十五歲，得到輿論「八方美人」（八面玲瓏）的負評。但這也意味著民主推動之初，政府對於自由和管制之間的棘手與矛盾。此外，即便是支持民主憲政的內閣，也一樣將殖民地視為二等國民，這也凸顯了整個大正時代的政治主旋律：「民主主義和帝國主義之間的拉鋸」。

由於矛盾實在太多，加藤高明內閣很快就面臨分崩離析。「政友會」總裁高橋是清將黨交給保守但擁有實力的軍人田中義一，「革新俱樂部」的犬養毅突然宣布引退，部分黨籍議員改加入「政友會」，此外，與加藤同屬「憲政會」的藏相濱口雄幸的稅改方案，遭到「政友會」的反對。這些行動都導致了加藤高明權力的弱化，最後他的閣員紛紛辭職，造成了內閣的崩解。

只是，負責推薦閣揆的元老西園寺公望幾經考慮，還是請雖然政治上面對困境，但人氣不減的加藤高明，再一次組成只有「憲政會」一黨的少數內閣。只是加藤高明因為內憂外患，當了沒幾個月就因為肺炎病倒。他在議會詢答時面如土色，引起大家對首相健康的憂慮，結果沒隔幾天，他就在另一次議會詢答時心臟麻痺過世，繼當年與他競爭首相結果獲勝的加藤友三郎之後，成為第二位任內過勞死的首相。不過國際媒體對他評價不錯，他最熱愛的英國《泰晤士報》，就以「以高明政治手腕共獻國家的大正新日本典型的政治家過世」來哀悼他。

第三部　戰前昭和的總理大臣

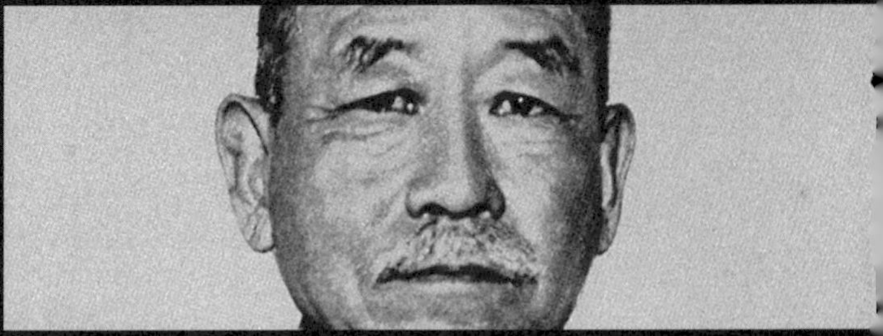

SHŌWA ERA

1926 – 1945

Shōwa Era

若槻禮次郎

REIJIRO WAKATSUKI

1926.1.30－1927.4.20
1931.4.14－1931.12.13

金融風暴與第一次若槻禮次郎內閣

若槻禮次郎第一次當上首相是五十九歲那年，因為原來的首相加藤高明過勞，由他代理首相職務，後來加藤病死，若槻就名正言順接掌政權當上首相。能夠代理首相、接掌政權，若槻在政治圈當然也不是省油的燈。

他是東京帝國大學法科的第一名畢業生，一畢業就進入大藏省工作，在大藏省經歷各種歷練之後，終於在第三次桂太郎內閣、第二次大隈重信內閣當中擔任大藏大臣，又在「護憲三派」勝選之後擔任加藤高明內閣的內務大臣，可以說是飽經歷練的實力政治家。

只是政治上要成功，靠的不僅僅是能力，還要有幾分運氣。若槻禮次郎首次擔任內閣總理大臣的時間並不長，大多數的政策都是蕭規曹隨，政績上也沒有什麼特殊之處。他既然繼承了加藤的政策，當然也繼承了加藤的政治處境。加藤的政治處境相當危殆，第二次組閣之時，「護憲三派」本身就充滿嫌隙，他所屬的「憲政會」算是少數執政，政局並不穩定。這樣的情況，若槻也得概括承受。

若槻內閣遇到的第一個難題，是才剛上任不久，身體一向不好的大正天皇就過世了。由攝政宮裕仁親王繼位，改年號為「昭和」（編按：「昭和」之名出自《堯典》，「百姓昭明，萬邦和諧」）。當然，昭和期間的日本，無論是國內政治還是國際處境，一點也不和諧。

新皇才剛剛上任，全球不景氣的風波就延燒到日本。當時的日本尚未從關東大地震的災害中復原，無數企業因為地震的關係陷入經營困難，政府發出「震災手形」，認可市場上部分債務可以延後償還，許多企業趁機把舊債務歸責到地震上，因此「震災手形」雖然舒緩了市場一時的燃眉之急，卻埋下金融秩序混亂的地雷，展延一但到期，許多收不到債的銀行便面臨了困境。

一九二七年三月十七日，國會為了討論「震災手形」砲聲隆隆，若槻內閣的藏相片岡直溫卻在詢答時一時口快，講出「東京渡邊銀行將在今日中午倒閉」的話，引發全國擠兌大恐慌。雖然渡邊銀行在政府拯救之下，當天擠兌勉強過了關，但隨之而來的恐慌傳染到全國各地，也確實引起多家銀行倒閉，牽連了整個市場的不景氣，片岡也因此被掛上「失言藏相」的綽號。

銀行擠兌危機當中，最嚴重的問題就是規模超大，擁有殖民地特許樟腦生意的「鈴木商店」倒閉。鈴木商店的老闆是有「日本第一女社長」美名的鈴木米。她在丈夫過世後，和手下金子直吉攜手，因為經營得當，再加上一次大戰後的「成金景氣」，把公司經營到可以與三井、三菱比拚的規模，並且拿到樟腦的特許權，「鈴木商店」因此與台灣銀行有千絲萬縷、不可告人各種金錢、情感的聯繫。

不過，「鈴木商店」在「米騷動」時曾遭重創，本店被暴民打砸搶燒毀，從此經營上就有點不振，接著又遇到關東大地震和金融恐慌，怎樣努力都欲振乏力，終於在金融恐慌期間，因為支撐不住而宣布倒閉。

鈴木商店倒閉，第一個倒楣的就是關係最密切的「台灣銀行」。因為看好樟腦貿易的關係，台灣銀行總貸出的七億借款，幾乎有一半是借給「鈴木商店」的。由於「台灣銀行」倒閉與否，不僅關係全國金融秩序，更關係著日本到底有沒有能力治理殖民地的面子。因此，若槻禮次郎卯足全勁要解決這個問題，不僅組成調查小組要查台銀與鈴木商店的往來，更提出延遲支付的寬限，還決定特別立法，讓日銀能夠放款救台銀。

只是這個救台銀的政策，最後遭到國會否決，台灣銀行只好宣布停業三週，若槻禮次郎內閣也因此下台一鞠躬。不過，其實國會否決的是脆弱而無法解決金融恐慌的若槻禮次郎少數內閣，而不是政策本身，因此國會改選後，以多數黨領袖之姿接任的「政友會」田中義一內閣甫上台，一模一樣的台灣銀行的紓困就順利通過了。

在若槻內閣下台之前，有一張「奇怪」的照片在國會流傳，那是被逮捕的無政府主義者朴烈，在訊問室抱著他的妻子金子文子的相片。輿論似乎認為意圖推翻天皇體制的朴烈夫妻沒有遭到判死，代表了若槻禮次郎的無能。殊不知朴烈的無期徒刑判決，其實來自天皇本身透露過「他們也沒做什麼」這樣寬厚處置的意圖。

若槻可能覺得苦，但他不能說，於是這位在內政上一籌莫展，外交上持續加藤高明「協調外交」，屈從英美列強路線的首相，最後就是因為被認為在內政和外交上都不夠強硬，無法應付時代的變化，而敗給了軍人出身、強硬而擁有實力的政友會總裁田中義一。田中首相將帶領日本走向「全國總動員」的戰爭體制，徹底脫離大正時代自由而鬆散的民主氣氛。

田中義一

GIICHI TANAKA

1927.4.20－1929.7.2

顧人怨的田中義一

要講起顧人怨，昭和時代最顧人怨的內閣總理大臣，田中義一一定榜上有名。而且不只是日本人討厭他，中國人也非常討厭他。

第一次若槻禮次郎下台後，大命果然降下到呼聲最高，以逸待勞的「政友會」總裁田中義一身上。出身長州的田中義一，畢業自陸軍大學校，被認為是陸軍大老山縣有朋認真栽培的軍隊領導人之一。他是第一個從參謀轉職為聯隊長的陸軍軍官，過去參謀被認為高人一等，自有升遷管道。但田中顯然認為，沒有帶兵經驗的參謀，不可能成為好參謀，因此他經過長官同意自請調職，成為部隊主官，並將參謀、主官輪替的概念帶進陸軍。

秉持認真肯拚的精神，田中一路從基層幹起，後來出人頭地，在陸軍系統中出類拔萃，當過好幾任內閣的陸軍大臣，後來更離開陸軍投身政界。他曾經說起這個投身政治的選擇，是在參與日清、日俄兩次戰爭沒有死之後的覺悟。一九二五年，他從高橋是清手中接下「政友會」總裁的位置，在加藤高明內閣變成少數內閣、搖搖欲墜之際，成為首相的熱門人選。

田中內閣的成立，據說和天皇本身的意向有關。在田中之前，所有首相的「大命降下」，都是元老的意思。在元老只剩下西園寺公望之後，加藤高明、若槻禮次郎的任命，都是西園寺一個人的決定。但是隨著年輕的昭和天皇繼位，以牧野伸顯為領袖的宮內勢力，開始介入了首相的挑選過程。田中之所以組閣，也是牧野這邊經過天皇同意，再去諮詢西園寺意見的結果。簡單來說，田中義一正面臨了過去多位首相從來沒遇到過的問題，就是年輕的天皇決心要涉入政治。

此外，過去幾任政府過於軟弱的協調外交，以及對左翼政黨採取的寬容政策，也面臨了質疑。過去執政黨「憲政會」的加藤高明、若槻禮次郎內閣，任用國際主義者幣原喜重郎擔任外相，持續推動協調主義外交，對和平採取歡迎與讚頌之義，對於中國方面，尤其支持美英門戶開放、不干涉中國內政的理念。但田中顯然認為這樣的外交過於軟弱。

田中看到美英蘇三國在中國互相奪取獨佔利益，並把日本當做假想敵；他也看見中國國內吳佩孚、孫傳芳、張作霖、馮玉祥等大小軍閥割據的情況，正因為得到蘇聯支持的蔣介石接掌廣東政權而發生改變。同時，共產黨的崛起也讓田中對東亞局勢感到憂慮。對田中來說，東亞的現狀正被各方打破，幣原外交已經走到窮途末路。

為了處理對中問題，他召開「東方會議」，邀請日本參與東亞政策的人物們共聚一堂。雖然大家同意滿蒙特權的維繫，但方法各異，造成「東方會議」盍各言爾志，做出的決議和田中義一的想像頗有落差，各方唯一的共識，就是務必阻止共產主義在東亞的擴張。結論無法落實，田中自行其是，推動他想推動的中國政策，結果只是加深了外務省、軍方對田中的失望。

不只是外交，田中也對國內問題感到憂慮。金融風暴帶來的銀行擠兌問題還沒解決，因為鈴木商店倒閉而面臨倒債困境的台灣銀行還有待紓困。日本國內因為民主、多元的氣氛，讓左翼、無政府力量的聲音越來越大。從先前的虎之門事件，到後來的樸烈事件，乃至於合法、非法的左翼政黨紛紛誕生，讓保守的田中對於國內的政治氣氛感到憂心。

面對內憂外患，一掃財政憂慮、產業立國、教育改善、地方分權、對支（中國）問題解決，這幾個目標成為方才組閣的田中內閣的施政方針。

由於對田中的不信任，在野的「憲政會」與拒絕和田中合作的「政友本黨」領袖床次竹二郎走到一起，成立了「民政黨」，變成第一大黨，矢言奪回政權。為解決問題，田中選了適當的時機解散國會，重新選舉，這場選舉也是加藤高明放寬男子普選權以來，第一次的全國性普選。

為了勝選，田中內閣的內相鈴木喜三郎採取了近乎清黨的動作，一方面把有政友本黨傾向的地方官員、不聽話的警察局長全部換掉，一方面也在第一次普選前的政見會上，以不敬為名，禁止無產傾向政黨的發言，引發包括「民政黨」在內其他政黨的嚴重抗議，認為田中內閣之舉，有違普選乃為促進民主的倡議。

政治的氣氛正在改變。大正時代的民主自由風氣，正因為田中上台而逐漸緊縮。第一次普選的結果，政友會拿到兩百一十七席，民政黨拿到兩百一十六席，無產政黨拿到八席，政友會驚險獲勝。

從少數黨逆勢求勝的田中，得到了多數的支持，決心持續強硬政策，推動加藤高明時代制定的「治安維持法」，在三月十五日當天，解散日本共產黨，並且逮捕多位左翼人士。他也利用行政命令，把「治安維持法」的最高刑罰改為死刑，再要求國會追認，反對田中這種舉措的無產政黨議員山本宣治，在議會質詢的當晚，遭到右翼份子暗殺，造成一時的風聲鶴唳。

不只是內政；外交上，田中也面臨很大的壓力，以強硬的態度解決中國問題，是其當務之急。他自己兼任外相，大膽起用年輕有活力的森恪出任外務省次官，積極扭轉過去對中國的不干涉主義。當時的中國，自稱繼承孫中山遺志的蔣介石正揮軍北伐，雖然爭戰辛苦，但南方政府的國民革命軍一路北進，北方軍閥合組的「安國軍」似乎不是對手。

不過，攻克武漢之後，國民政府本身發生分裂，與共產黨合作不愉快的蔣介石，為了取得英美支持，在南京、上海一帶結合杜月笙的「青幫」，採取清黨行動，和武漢以汪兆民為首的國民黨左翼以及共產黨鬧翻，是為「寧漢分裂」，整個北伐事業也因此暫停下來。

由於南方政權的國民黨內部分裂，軍隊的實質領袖蔣介石宣佈下野，回到浙江隱居，並宣稱欲利用這段時間出國走走。事實上，蔣介石去了一趟日本，見了當時在日本的宋美齡父親，並提出婚約要求。同時，蔣介石也利用機會，和當年孫文在日本的友人們見面，其中也包括當時的首相田中義一。

蔣和田中的會面，中日兩方的紀錄有一些落差，不過大致的過程，就是田中勸蔣介石守住長江不要北上；蔣介石則表達希望田中不要支持北洋政府當權者張作霖的立場。兩人相持不下，最終不歡而散，但也因此互相理解了對方的想法，之後蔣介石也在日記上對田中數落了一番。

蔣介石下野後不久，國民黨高層們就發現，沒有蔣介石就無法募款、也借不到錢，沒有錢的話，國民革命軍連軍餉都發不出來，遑論北伐了。這樣的慌亂讓國民黨內部再一次團結，勸退了反蔣力量，促成了不喜歡蘇聯、看破共產黨、也不喜歡蔣介石的汪兆民流亡。「寧漢分裂」結束，蘇聯特使鮑羅廷、羅易逃亡，失去政權的共產黨改採暴動路線。南京方面的國民政府取得正朔，迎回蔣介石復出。

蔣重新掌權，第一件事就是結合西北方面的馮玉祥和閻錫山，繼續北伐，對北洋政府的張作霖採取威脅態勢。瞭解蔣介石無意受限於長江天險的田中，決定以保護僑民的名義出兵山東，企圖牽制蔣向北進軍，為營造有利於日方的北洋政府安排拖延時間。

甚且，為了對蔣介石的國民政府軍造成足夠威嚇，田中政權徹底打破長期以來或者真心、或者假裝的對中國內政不干涉政策，三度出兵山東。五月三日，日軍甚至砲擊濟南，並且殺害了國民政府的濟南談判代表蔡公時，造成六千多人死傷的慘案，史稱「濟南事件」，這個事件也讓中國民族主義從先前的排英，再次轉回排日。

田中義一與蔣介石對立的立場明確化，固然讓蔣介石在日記上再三痛罵日本為倭寇；但蔣很清楚，此時裝備不齊的國民革命軍，若與日軍作戰，不僅不會勝利，還會拖延北伐成功的機會，甚至造成全中國的兵災。

蔣從情報網得悉，日方各種勢力，對張作霖的態度也很分歧。於是大膽猜測支持張作霖政府的田中，會要求張作霖出關。知曉日方戰略後，蔣在日記上不斷提醒自己務必忍辱負重，除了將濟南事件訴諸國際聯盟之外，也要求國民革命軍與日軍和議，繞過濟南。蔣的主張在中國高漲的民族主義情緒中承受了很大的壓力，尤其是剛與蔣翻臉的中國共產黨，藉機批評講只注意內鬥，不顧外患。但蔣介石很清楚，在力不如人的狀況下，忍耐和承擔是執政者必要的條件。

蔣介石果然猜中了田中的意圖。儘管日本軍方和政界意見不一，田中仍然決意堅心支持張作霖。田中清楚蔣的意圖，也瞭解蔣介石遇到壓力必定忍讓的個性。日本方面除了滿蒙特權外，對中國的內政並沒有干涉的餘力，田中於是決定勸張作霖出關，保持國民政府統治範圍之外的獨立地位，以維持日方在滿蒙的特權，未來再另作打算。

但田中義一顯然沒有考慮到，駐紮在中國東北的關東軍，可能採取與他的策略不同的措施。關東軍長期和張作霖打交道，非常清楚這對父子儘管長期接受日方支援，但他們無疑是民族主義者，一點也沒有親日感情。此外，張作霖為了與蔣介石作戰，濫發貨幣造成滿洲地區金融秩序混亂，讓關東軍非常頭痛，早就三番兩次建議田中放棄張作霖，但田中並不聽從。

對關東軍來說，放棄不可靠的張作霖父子，培養新的東北領袖才是正道。既然田中義一不聽勸，關東軍只好自己動手，直接剷除張作霖，培養新的親日政權。於是，在參謀河本大作的精心策劃下，關東軍決心剷除張作霖，擁戴其親日部署楊宇霆。一九二八年六月四日，關東軍在奉天附近的皇姑屯安下炸藥，炸死了北返的張作霖，準備另立政權。

張作霖被炸死後，日方做賊心虛，隱晦案情，稱之為「滿洲某重大事件」。案發之後，中方想當然耳，民族情緒大漲。張作霖的兒子張學良接到父親傷重的訊息，立刻放棄北京，打扮成伙房兵搭火車逃回奉天。他並沒有屈從於關東軍合作的要求，反而設局殺害了親日的楊宇霆，並和蔣介石的國民政府聯繫和平談判，在維持勢力範圍的概念下，讓東北易幟，國民政府完成了形式上的統一。

而田中這一邊，也因為計劃被打亂，滿洲情勢大變，而顯得腳步淩亂。關東軍的不受控制，讓陸軍出身的田中大受打擊。他一開始決定採取強硬態度，決心嚴懲滋事幹部；但事情的發展出乎田中意料，不僅軍方不支持這位軍人出身內閣的嚴厲態度，連閣員們也不支持田中懲處關東軍的想法。面臨倒閣風險，田中最後決定讓步，依照關東軍的意思，把肇事責任歸因給南京政權的特務。

問題是，不久前田中才因為決心嚴懲不聽話的陸軍官員而向天皇提出報告。此時提出的懲處方案卻對關東軍的責任隻字不提，顯有包庇。長期以來以牧野伸顯為核心的宮內力量對田中用人、施政的不滿一次爆發。天皇本人甚至質疑田中的報告前後不一，在田中辯解之時，還落下「不用再說了」的狠話拂袖而去。天皇對關東軍引發的「滿洲某重大事件」報告的不滿，也敲響了田中內閣的喪鐘。

田中是軍人，對天皇的尊敬比其他人更多，此刻被天皇洗臉，令其一時之間不知所措；回到官邸冷靜下來，再收集閣議後，田中決心再一次入宮報告。但侍衛長鈴木貫太郎卻告訴他：「我可以幫你通報，但應該沒有用。」鈴木的一句話，讓田中決心依照天皇的意念，辭去總理職務。沒想到田中的強硬外交最後踢到的鐵板，竟然是年輕又想要干預政事的天皇。

昭和天皇在戰後的獨白錄中，曾回憶起這段往事，只表示當時「年輕氣盛」，並沒有提及讓田中辭職，自己涉入政治；其實這是當年他和宮內人士一起規劃出來的策略，目的就是為了讓天皇實際影響政治，擺脫大正以來天皇統而不治的慣例。

田中辭去首相職務，回到故鄉山口縣的萩市，在這裡度過一段輕鬆的時光。但也許是過去積勞成疾，一九二九年九月二十九日，竟然心臟病發過世。他所帶領扭轉一向軟弱的對中政策改革，因為遭到反對和人亡政息之故，最後也不了了之。

田中死後三個月，南京的《時事月報》，刊登了一篇名為《田中奏摺》的文書，以田中口吻，敘述對中國的侵略主張，尤其是「欲征服支那，必先征服滿蒙。欲征服世界，必先征服支那」的句子，引起中國知識份子、甚至希望中國門戶開放的西方列強很大的憤慨。

這份《田中奏摺》後來廣為流傳，讓田中成為日本侵略中國的代表性人物。只是根據各方研究，這份文書不僅上奏過程有誤，不符合日本政府的慣例；內文也僅有中文，並無日文原文，因此到現在都還有真偽之爭。日方一口咬定是贗品，中方則依然有人認定這是真的。

只是，文書即使為偽，恐怕也是中國方面的知情人士，以田中在「東方會議」以及後續的政治主張寫成，奏摺的內容，和後來日本侵華戰爭的行動相近，並且受到歐美許多同情中國的學者、記者，像是寫下《紅星照耀中國》（Red Star Over China）的史諾（Edgar Snow）所引用。因此，也有日本學者認為，重點不是文書的真偽，而是如何從文書當中，砍除歷史研究的荊棘。

與中國方面許多政治人物都曾交往、甚至有些感情不錯的田中義一本人，就這樣承受起中文世界的歷史罵名，被認定是這份奏摺的起草者。而且他已經死了，因此也無從辯解。儘管日本外務省再三要求中國方面澄清，但在已經惡劣到極限的中日關係中，中國政府當然是打個哈哈，顧左右而言他。想一想，如果奏摺是假的，這種為了政治目的而發動的假新聞攻擊，也算是找到一個祖先了。

OSACHI HAMAGUCHI
濱口雄幸

1929.7.2－1930.11.14
1931.3.10－1931.4.14

獅子宰相濱口雄幸

田中義一因為失去天皇信任請辭後，元老西園寺公望推舉了在野黨的領袖濱口雄幸出馬組閣。濱口雄幸出身土佐的武士家庭，爸媽本來以為會生女孩，決定取名「於幸」，結果卻生了男孩，所以就在幸前面加上了雄，改叫雄幸。雄幸生來就繼承土佐人酒豪的特質，不過他不愛說話，個性又固執，少年時應該也是個難搞的小孩。

濱口從東京帝大畢業後，進入大藏省服務，做事非常認真，可以說是拚命三郎，因此官運還不錯。長期以來，政治上都站在反政友會的自由派這邊，當過大隈重信的大藏省次官，還有加藤高明、若槻禮次郎內閣的大藏大臣，後來接下了「立憲民政黨」的總裁。「健全財政，世界協調」是他最重要的理念，也是西園寺推薦他組閣的原因。

濱口甫一上台，面對的就是財政的黑洞。他找來老友井上準之助幫忙，要推動金解禁制度，讓日本回到全球金本位制度當中。他對井上說，現在日本是非常時期，接任這個位子就得全力以赴，搏命改革。井上在財政界也算是身經百戰，當年關東大地震後的財政重整，擔當大任的人就是他。

不幸的是，濱口與井上這次的任務更加困難。一九二九年，華爾街發生了金融風暴，隨之而來的是世界經濟大恐慌，市場走向大蕭條，衰退的出口、暴跌的日圓價格、大量的失業人口，讓濱口與井上一個頭五個大。

尤其在農村地帶，失業造成了大量返鄉人潮，而農產價格的低落，又讓這些離開都市的人連在鄉村生活也無以為繼。許多農家婦女只好賣身為妓，支應一家人的生活。

不過戮力從公的濱口和井上，還是全力投入經濟景氣的復甦，尤其是濱口雄幸，他不僅巡迴全國進行精神講話、接受專訪，成為第一個直接面對公眾的首相外；政策上以共體時艱為名，強力推動撙節支出，年度總預算削減百分之五，官員薪資削減百分之一，均獲得國民的熱烈歡迎。

一九三〇年的眾議院大選中，濱口領導的「立憲民政黨」大獲全勝，領先第二名的政友會九十九個席次，濱口內閣在政治上度過了經濟危機。

不過削減支出、官員減俸這些做法，雖然得到民眾歡迎，卻引起當時崛起中，越來越不受控的軍方的反對。尤其濱口重新啟用了被田中義一批評軟弱，一向主張協調、談判，對中國態度比較溫和的幣原喜重郎為外相，回到「協調外交」的老路，也引來軍方、右翼人士對濱口內閣很大的不滿。

濱口與軍方的衝突點，發生在一九三〇年的《倫敦海軍條約》，當時擔任全權大使，被派往倫敦開會的，是濱口的好友若槻禮次郎。若槻認為自己已經和海軍大臣財部彪談好，因為世界經濟大恐慌的關係，各國都想撙節軍費支出，因此只要倫敦會議談判結果不要太離譜太欺負人，就勉強接受各國對海軍艦隊噸數的比例分配，算是對國內、外都有個交代。

結果海軍顯然不接受，甚至一分為二。海軍大臣財部彪是海軍元老山本權兵衛的女婿，以他為首的海軍軍政部門對簽約持正面態度；但負責作戰的軍令部門卻抵死不從，軍令部長加藤寬治大將甚至晉見天皇，要求天皇出面當不合理裁軍的公道伯。天皇當然覺得很錯愕，就在加藤晉見之前，內閣總理大臣濱口雄幸才說軍縮已經得到包括海軍同意，結果海軍居然有兩種意見。

在野黨這時逮到機會，強烈攻擊濱口首相的做法是「統帥權干犯」，直指天皇擁有指揮軍隊的統帥權，輪不到首相干涉。雖然事後在野黨也承認這些說法都只是為了扳倒濱口內閣的說詞，但是因為他們的攻擊，在市街上「統帥權干犯」已經變成流行語。海軍的老臣像是東鄉平八郎、岡田啟介等人，這時也都紛紛站在反對條約這邊，東鄉還批評財部去談判帶著夫人是「打仗帶女人」，也引起一陣輿論風波。

天皇和宮內大臣牧野伸顯等人，看起來是比較支持條約派這方，也因此《倫敦海軍條約》終於簽署。不過由於海軍大老們的意見是要財部出來負責，因此事後被認為是海軍「明智派」的財部一派人馬紛紛辭職。據說後來在偷襲珍珠港時威震四方的山本五十六也興起辭意，是因為友人力勸才決定留在軍隊當中。不過，這起「統帥權干犯」事件，確實讓日本海軍的組成從勢力均衡，變成強硬派主導。

不景氣和裁軍，造成了日本政治很大的轉變。大正以來左派、自由派雖然受到壓制，但基本上是成長的，此時卻面臨了法西斯的挑戰。這些右翼極端份子認為，日本會這麼亂，經濟被不景氣衝擊、國家失去榮譽、社會陷入混亂，就是因為太自由了；他們認為現在世界局勢非常險峻，白人、西方帝國主義者正想盡辦法把黑手伸入遠東，日本再不振作，再繼續陷入政黨惡鬥的漩渦當中，必然會被西方消滅。

法西斯主義者開始結社，尤其透過軍隊的系統，結成了「櫻會」等右翼組織。他們把日本沉淪的罪魁禍首，指向陷在經濟恐慌、軍心浮動危機中的濱口雄幸身上。一九三〇年十一月十四日，一位叫做佐鄉屋留雄的年輕人，趁著濱口準備搭乘在東京車站、當時剛開通的東海道「燕子」特急列車時，以三公尺的近距離向濱口開槍，濱口身受重傷緊急送醫治療。

受傷的濱口仍然掛心政情，在醫院辦公，每次有人去看他，他都說自己戮力從公，被刺殺是「男兒本願」，他有勇氣承擔。問題是他的身體看起來並沒有辦法承擔，不知道是什麼原因，傷口發生了感染。好不容易稍稍復原，濱口覺得代理首相幣原喜重郎應該撐不住議會的強力攻擊，決定親上火線，不過很快又再次倒下。他只好找來好友若槻禮次郎，表示自己不行了，希望若槻出來承擔組閣的責任，不久之後濱口就撒手人寰了。

濱口死後不久，他的好朋友井上準之助也在一九三二年的選舉活動中，遭到右翼組織「血盟團」成員小沼正的刺殺而死於非命。這一對就任時視死如歸的好友，最後還真的都死於非命。

其實，像佐鄉屋留雄、小沼正這樣的年輕人，昭和初期特別多，尤其在軍隊裡面，法西斯力量蔓延的特別快速。濱口雄幸被刺，也預告日本的政治即將發生巨大轉變。首先，是恐怖行動開始了，不同意者可以斬殺的「天誅」氣氛再次復興，讓之後好幾年的政治人物陷入人人自危的氣氛；再者，是軍方越來越不受控制，從關東軍自行其是炸死張作霖，一直到海軍為了《倫敦海軍條約》而分裂，都意味著軍隊的力量在右翼崛起的氣氛中佔據重要角色，也將日本一步步帶往戰爭之路。

若槻禮次郎

REIJIRO WAKATSUKI

1926.1.30－1927.4.20
1931.4.14－1931.12.13

戰雲陰影下的第二次若槻禮次郎內閣

濱口雄幸被刺殺後，內閣總理的職務暫時由外相幣原喜重郎代理，但是幣原對壓力承受的能力遠遠不如濱口，濱口又是剛強堅毅之人，一度想要復出視事，只是傷口幾度感染，身體狀況相當衰弱，實在不能擔負首相重責。國事如麻，濱口只得找來曾經組閣的老友若槻禮次郎接下民政黨總裁的重任，受命組閣。

若槻禮次郎第一次組閣，是因為加藤高明首相病死，第二次接下首相，是因為濱口雄幸被刺殺，兩次組閣都是臨危授命，也算是史上第一人。若槻的國際、國內經驗都相當豐富，他也是《倫敦海軍條約》的全權代表，濱口顯然認為，讓一向主張協調外交的若槻組閣，可以壓制軍方越發囂張的氣焰，確保和平主義的路線不會改變。

但是若槻所繼承的，除了協調主義的外交路線外，還有因為世界經濟大恐慌而造成的不景氣。都市的狀況不好，農村的情況更糟，住在鳥取的漫畫家水木茂就在《昭和史》漫畫中，提到兒時鄰居被賣到出海漁船上燒飯，遇到風暴不明不白地死去，海灘上也經常沖來自殺者遺體的往事。

受金融風暴衝擊最烈的，是日本的東北地方農村。不僅野有餓殍，許多農家為了生存，也只好將女眷逼良為娼。當時的軍隊組成，仍然以維新諸藩，尤其是長州藩陸軍、薩摩藩海軍為主要構成人脈。許多其他地方出身的青年軍官心生不滿，法西斯主義橫行，軍隊裡面也人心浮動。天皇還因此多次召見當時的陸軍大臣南次郎，要求整肅軍紀。

事實上，若槻內閣也多次面臨政變的挑戰。第一次是陸軍年輕軍官打算趁著國會開議，一舉包圍國會，推舉前陸軍大臣宇垣一成組閣；另一次也是年輕軍官們打算推舉能言善道的陸軍大臣荒木貞夫組閣。不過若槻運氣不錯，兩次政變都在行動前就被破獲而流產，事後因為未遂的理由，懲處都很輕微。軍隊固然情有可原，但這些輕微的判決，確實也助長了軍紀的敗壞。

當時，中日韓之間的衝突引信已被點燃。朝鮮方面對於日本的併吞憤憤不平，但被派往中國東北開發的朝鮮工人，又受到中國軍警力量的壓制，因此對中國的東北當局也心生怨恨。日本人與中國人長期以來累積的衝突更不用說，而且自從張作霖被炸死以來，其留下的東北軍就和關東軍勢同水火，經常爆發零星衝突，日本軍人中村震太郎就是在假扮成中國農民偵查時，被東北軍查獲，未經判決當場處死，引發日本輿論很大的憤怒。

日本在中國東北的活動，是源自於對滿蒙擁有特權以維持生命線的想像。獲得南滿鐵路的特權後，日本派駐了關東軍作為鐵道守備兵的角色，讓張學良的軍隊有如芒刺在背。當時，張學良雖然易幟歸屬蔣介石的國民政府，但卻擁有東北的實際統治權；國民政府雖然維持形式上的統一，但實際上並沒有能耐管理東北；此外，蔣介石當時一心只想剿共，根本不想在羽翼未豐時與日方發生衝突。滿洲事變就在這種背景下發生了。

若槻禮次郎接替內閣後，軍方首先發出了增加預算的要求，但若槻並沒有輕易答應。不氣餒的軍方決定採取行動。關東軍的參謀們，訂定了作戰計畫，打算在一九三一年的九月下旬發動突襲，將越來越傾向抗日立場的中國東北軍閥張學良趕出東北。

東京方面得悉這樣的消息，覺得不可為之，開始醞釀阻止關東軍擅自行動。關東軍方面則先下手為強，在九月十八日當晚，將南滿鐵路柳條湖一段炸毀，接著誣指是東北軍所為，立即發動作戰，佔領張學良部隊營區，並隨即在三天內佔領奉天。

由於關東軍在人數上明顯居於劣勢，因此要求駐韓部隊派兵支援，駐韓部隊指揮官林銑十郎立即把部隊派駐鴨綠江畔，擺出隨時進逼姿態。接著，他居然在沒有得到命令的狀況下，自行判斷渡河，武力上有優勢的日本軍隊，隨即以迅雷不及掩耳之勢，連續攻擊哈爾濱、長春、錦州，一舉將張學良的部隊壓迫到長城關內。

中國當時的情勢相當複雜，想要反攻的張學良需要蔣介石的支援，但蔣當時把所有的兵力都拿去剿共，並不想與日本發生衝突。此外，名義上統一中國的蔣介石，權力也不斷被不服氣的軍閥們挑戰著。對蔣來說，東北從來都不受控制，是張學良的東北，不是蔣介石的東北，即使失去也不可惜。但對張學良來說，東北是他的家、他的老巢，失去東北的他不僅痛，軍隊更失去了根據地。這也是後來蔣張關係陷入緊張的原因。

場景回到日本，若槻禮次郎在九月十九日接獲陸軍大臣報告，講到前一天關東軍發動攻擊後，立即發出了不要擴大戰事的命令。但關東軍顯然把首相的指示當作耳邊風；不僅如此，駐韓部隊也沒有理會首相的指示，開始渡江。若槻禮次郎在得知駐韓部隊行動後，作出了「這樣也沒辦法了」的嘆息，決定撥出駐韓部隊的預算。於是，戰爭在若槻不擴大的指示下不斷擴大，整個滿洲在三個月內落入日本手中。為了讓國際輿論站在日本這邊，日方開始慫恿滿清末代皇帝溥儀出面建立政權，希望把滿洲事變導向民族自決的浪潮中。

犬養毅

TSUYOSHI INUKAI

1931.12.13－1932.5.16

遭到刺殺的犬養毅和政黨政治

第一次若槻禮次郎內閣下台，便是因為被認為軟弱。現在，內閣根本無法控制軍隊，閣議也不統一，第二次若槻禮次郎內閣只好下台一鞠躬。元老西元寺公望這一次推薦的，是政友會的新總裁犬養毅。犬養毅本來並不是政友會的人，他是大隈重信的民黨系統出身，後來組成了國民黨，和民政黨、立憲政友會一起組成了「護憲三派」，被輿論捧為「憲政之神」。護憲三派合併後，他才加入了立憲政友會，在田中義一之後出任總裁，因緣際會當上了首相。

犬養毅個子非常小，目光炯炯有神，看起來老，但總是精神奕奕。他是備中國（岡山）的商人之子，出身自福澤諭吉創辦的慶應義塾大學，因為文筆不錯，很早就投入新聞記者的志業，在西南戰爭中擔任戰地記者。由於表現優秀，很快就在記者圈展露頭角，從政之後連續當選十八屆議員，是相當驚人的紀錄，以「毒舌」聞名。

犬養毅也是日本政壇罕見的中國專家，年輕時曾經很熱血的為了辛亥革命，在中國奔走，不僅與孫中山關係密切，與中國南北各方政府人士也多有往來。不過命運的諷刺，就在於這位「中國通」組閣後面臨的第一個挑戰，就是滿洲問題。

由於中國內部情勢的複雜，內部政權林立，受到國際承認的蔣介石國民政府在利害上，始終傾向不要引發全面戰爭。問題是滿洲被佔領，中國國內的反日情緒非常高漲，必須要有一個宣洩的出口，才不會危及蔣政權的正當性。在中國這邊，蔣幾經考慮，決定採取告洋狀路線，一狀告上國際聯盟。

日本方面，則因為對中國民族主義的不滿，以及軍方連戰皆捷所帶來的民族主義情緒，輿論幾乎都一面倒傾向支持軍方。偶而的負面報導，還會引來軍方的抗議，民間興起強烈的愛國主義氣氛，讓比較同情中國，希望採取兩造談判路線的犬養毅施政非常困難。

中國選擇告上國際聯盟，正中日本軍部的下懷，由於國聯的會議曠日廢時，日軍因此得到充裕的時間持續對中國進逼，不斷擴大戰果，甚至發動了熱河作戰，並著手準備成立滿洲國。

一九三二年，「李頓調查團」組成，先到日本晃了一圈，才前往滿洲。

中國方面，也不是所有人都支持蔣介石的決定，被認為是外交權威的顧維鈞就認為日方的條件並不差，兩國應該直接談判。但蔣介石顯然有他的政治考量，他認為中國軍備落後，沒有太多籌碼可以與日本爭執，如果談的結果不盡如人意，為了《二十一條》與日本人力爭的袁世凱殷鑑在前，明明盡力維護國權，卻還要被指控漢奸。與其如此，不如讓國際聯盟拖拉一陣子，讓他有多一點時間可以做政權的內部鞏固。

由於關東軍連戰皆捷，輕易地佔領滿洲，又得到國內輿論的支持，日本軍方開始有點得意忘形。除了攻擊熱河之外，更在上海挑起了新的戰端。軍方的盤算是，在上海因為保護僑民為理由發動局部戰爭，戰勝之後謹守不擴大戰果，有助於國際社會相信日本在滿洲的作為也會適可而止。這樣的主張，也得到政府的同意。

問題是被挑起的民族情緒不太可能快速冷卻，日方在一九三二年一月二十八日在上海挑起衝突，不僅直接和蔣的嫡系部隊衝突，更讓英法租界陷入不安。本來想要贏得國際同情的謹守戰果策略，反而是越幫越忙。不僅如此，日本國內的民族主義者更覺得豈有此理，天底下豈有戰勝卻不追擊這種道理？於是越發認為此舉乃是政府軟弱的象徵，犬養毅的施政這下變得舉步維艱。

一九三二年三月，日方準備成熟，趁著李頓爵士還沒有啟動調查，搶先一步挾持清廢帝溥儀成立了「滿洲國」，並且發表了《建國宣言》，宣佈要在滿族的老地盤上，建立一個滿、漢、蒙古、朝鮮、日本五族共和的「王道樂土」。蔣介石聞訊大怒，犬養的談判路線真正走入了死胡同。只是，蔣介石除了大怒之外，也沒有什麼可以做的事情，訴諸國聯的結果必是鄉愿的結果，蔣介石應該也心知肚明。

一九三二年「李頓調查團」為了滿洲問題啟動調查期間，又發生了一件大事，就是五月十五日，首相犬養毅在自宅遭到襲擊，死於非命。

事實上，一九三〇年代的日本政局相當不穩定。軍隊的基層軍官多半來自農村，農村受到不景氣的衝擊，已經陷入野有餓殍的窘境，有一種「水吞百姓」的說法，意指百姓什麼都沒得吃，只好喝水的絕境。政黨政治當中，「政友會」和「民政黨」兩個主要政黨輪來輪去，政權不斷替換，問題卻始終無法解決。浪漫的大正民主時代留下的遺產，看起來在昭和時代百無一用，法西斯的力量正一步一步在崛起。

一九三一年，軍方發動了兩次流產政變，但都提前被破獲。一九三二年，以日蓮宗僧侶井上日召為主的「血盟團」以清君側為號召，連續對朝中重臣、商界大老發動天誅暗殺。前大藏大臣井上準之助、三井財閥的領導人團琢磨都遭到血盟團暗殺，震驚全國。

五月十五日，這股恐怖暗殺的風潮捲進了總理府。幾位年輕的海軍軍官，因為認為政府對滿洲問題三心二意，對上海事變錯失良機。明知大恐慌帶來的問題可以用戰爭景氣提振，卻又對戰爭採取猶疑不決的立場，讓日本一次又一次錯過壯大的機會，因此決定發動政變，鎖定幾位「君側之奸」發動暗殺。這些海軍軍官在動手的途中，還在路上廣發檄文——（我們為什麼這樣做）。

被狙擊的是元老西園寺公望、內大臣牧野伸顯、侍從長鈴木貫太郎，以及首相犬養毅等人。不過幾人都幸運逃過一劫，要不然就是刺殺者來襲時剛好不在家，要不然就是丟進去的手榴彈沒爆炸。只有首相犬養毅運氣比較壞，事發當時他正在家裡吃晚餐，幾位年輕軍人闖進來，犬養聽到吵鬧聲，跑出來看，只說了一句「有話好好說」，就被覺得「問答無用」（說了也沒用）的軍官開槍殺死。

一國首相被刺，當然是天大地大的事，但當時的輿論卻顯然偏向同情行刺的年輕軍官們，這代表了民眾對政治有著強烈的不滿。犬養毅是一個民主主義者，他一生都在為民主深化而努力，即使在任內，他和夫人依然都在為婦人參政權而奔走，希望能夠把普選權落實到不分性別。只是這個夢想，隨著他的死而消逝，一直要到一九四五年後的非戰憲法，才將婦女參政權納入。

可以說，民主主義者犬養毅所面對的時代，需要妥協、退讓、折衝的民主，並不是一條受到大眾歡迎的路。大家想要的，是立即解決問題的魄力與效率，這剛好也是民主制度本身難以提供的。

遇到這個問題的不只是日本，遙遠一點的義大利、德國，甚至是遲遲以同樣理由實施「訓政」，不願意還權於民的中國蔣介石國民政府，都一樣對「民主失靈」篤信不疑。法西斯正在崛起，人民對政治嚴重的不滿，大家覺得政府對從內政到外交的危機束手無策，只會對婦女參政權這種當時連女性本身也不在意，無關痛癢的議題著力，顯然是把力氣用錯地方，因此才會給極右翼成長的空間。

幾位海軍軍官受到悲劇英雄般的歌頌，海軍的元老東鄉平八郎、加藤寬治大將，都說了一些同情軍人的話。東鄉表示「這些人的志向大家都明瞭」；加藤寬治甚至說了「應該我們這一代做，結果卻是你們來做」之類的不當言論。透過報導，更形成了支持暗殺者的氣氛，也讓法院後來選擇輕判。

看起來，歷史所滾動的方向，正朝著中日之間勢不可免的衝突路徑前進，無論是內政上、外交上，日本的政情都在產生質變，鄰近的中國則因為民族主義情緒的興起，而顯得有點難以收拾。雙方雖然選擇在國際聯盟對抗，但也都深知國際聯盟並沒有解決問題的能力。

此外，逃過一劫的西園寺公望、牧野伸顯等人，此時開始顯得意興闌珊，西園寺甚至一改過去幾年讓政黨輪流組閣的建議，無視於犬養毅的「立憲民政黨」才剛剛在選戰中大獲全勝，決意提名海軍出身的開明派將領齋藤實出任首相，睽違多年後，再一次組成「舉國一致內閣」。現在，隨著亞洲天空上密佈的戰雲，日本的政黨政治正式敲響了喪鐘。

齋藤實

MAKOTO SAITO

1932.5.26－1934.7.8

孤立主義下的齋藤實內閣

犬養毅被刺前夕，他所領導的「政友會」才在選舉中大獲全勝，取得三〇三席的絕對優勢。首相被刺，繼任人選理當從政友會挑選，負責推薦人選的元老西園寺公望最初傾向呼聲最高的司法大臣鈴木喜三郎。不過這個想法，卻被陸軍大臣荒木貞夫推翻。

當時軍方勢力正在擴大，西園寺深知如果陸軍反對，內閣勢必流產，因此幾經考慮，決定選擇穩重踏實、經驗豐富的前海軍大臣齋藤實。齋藤來自東北岩手縣，據說年輕時體力驚人，一週只要睡一次覺就夠了。他一輩子都在海軍打滾，從海軍兵學校畢業之後，歷任駐美武官、艦長、海軍次官等職務，最後當了五屆內閣的海軍大臣。他作風開明，和文人政府的默契不錯，配合度也高，很受到敬重。

齋藤還當過朝鮮總督，他一改過去總督嚴厲的態度，採取一連串較為溫和的施政方針，雖然一度遭到未遂的暗殺，但與其他總督相比，齋藤算是在漫長的韓國殖民期間內，治理比較溫和、上手的總督之一。

西園寺當然知道陸軍不喜歡齋藤，問題是當時因為滿洲、上海連續戰勝，陸軍氣焰甚高，需要有一位來自軍方的人選來制衡陸軍。此外，「五一五事件」由海軍的年輕將校所發動，也意味著法西斯的想法在海軍也相當流行。因此需要一個能夠壓制海軍、被陸軍接受，又可以號召主要政黨組成「舉國一致內閣」的首相。在這樣的背景下，老將齋藤實就成為各方的公約數。

但是，接受大命降下的齋藤深感從原敬以來，好不容易建立起的政黨內閣制度，一時要改變並不容易。既然內閣要「舉國一致」，就應該找兩個主要政黨的人一起組閣。因此他的閣員當中，有三位「政友會」成員，兩位「民政黨」成員。施政方針的演講中，齋藤提出「眾心一致、難局打開、國力充實」的未來方向。

問題是齋藤的難局很大，滿洲國留下的滿手爛攤子正等待他處理。不受控的關東軍別說是政府，連陸軍本身都控制不了。犬養毅內閣之所以選擇比較支持關東軍策略的荒木貞夫當陸相，就是因為原先反對日軍在東北亂搞的陸軍大臣南次郎、參謀總長金谷範三根本控制不了關東軍的年輕參謀們。犬養毅換上一向說的比唱的好聽的荒木貞夫，就是因為他與關東軍的關係較佳。可以說整個日本政府，現在幾乎都被關東軍牽著鼻子走。

一九三二年一月，還是犬養毅執政的時候，美國國務卿史汀生（Henry Lewis Stimson）已經宣示了「不承認主義」，不承認日本對中國主權的侵害行動。雖然是說泛指不贊成任何變動中國現狀的做法，但實際上當然是針對日本在滿洲國的軍事行動而來。但日本政府並沒有因此而讓步，一九三二年六月，帝國議會通過承認滿洲國，日本成為當時全世界唯一承認滿洲國的國家。十二月，國際聯盟召開特別大會，針對《李頓報告書》進行審議和討論。

《李頓報告書》的內容坦白說，對日本並不是很壞，不僅對日本在滿洲的特殊利益沒有否認，更僅要求日本撤軍，不要侵犯宗主國中國的主權。然而，日本國內的民族主義氣氛已經冒出頭，右翼思想不僅在軍隊橫行，在民間也很受歡迎。此外，滿洲國的問題也因為宣傳之故，得到國內民意的認可，不僅認為日本應該要給不守信用的中國人教訓，更應該支持非漢族的滿洲人依照民族獨立的理想，另立「王道樂土」的國家。此時若同意撤軍，就會被國內民意認為是受迫於列強壓力。

這時的日本國內，開始有各種國聯無用論，應該維持「光榮孤立」的民粹言論出現，尤其當時列強之一的美國遲遲未加入國際聯盟，也成為日本覺得國聯沒什麼用的藉口之一。被派作全權代表出席國聯大會的松岡洋右，其實傾向與國聯妥協。他拉攏英國，希望組成一個包含美蘇兩國在內的新調查團，但這個主張被齋藤內閣拒絕。外相內田康哉覺得，只要美蘇參與了這場渾水，中國絕對不會接受日中談判的條件。松岡後來又請英國提出了日中直接談判的建議，但內田覺得時機已過，也否決了松岡的建議。

松岡在寫回國內的信件中，提出了「政治潔癖」的批評，認為如果因為不做任何妥協，最後導致日本退出國聯，絕對是不智之舉。但松岡沒有說服齋藤內閣的成員，最後在國聯以四十二票對日本一票，通過撤軍要求後，松岡唸了長長的告別演說，宣佈日本退出國際聯盟。

松岡顯然沒有感受到日本國內民族主義興起的氣氛，因此他無法領略齋藤實和內田康哉的壓力。事實上，松岡洋右對退出國聯的結果很難過；退出國聯後，他心情不太好，找藉口在美國置留了一段期間，直到發現國內輿論居然支持退出國聯，甚至把他捧成日本的英雄，才決定趕快回到日本。

退出國聯對日本民族主義的興起，起到推波助瀾的作用。當時日本的國內輿論深深感覺到，日本其實是被西方列強所欺負的。日本想要幫滿洲人復興滿洲，結成防共聯盟，目的也是為了中日親善友好。中國的蔣介石明顯親英美，缺乏亞洲人獨立自主的信念。因此，日本國內輿論反而在退出國際聯盟後，越來越亢奮，右翼主張、民族主義，更是在媒體的慫恿下越來越流行，軍隊的地位也大大提升。

在這樣的氣氛下，即使是左翼、工人運動份子，也得面對民族主義的挑戰。到底在戰爭中，要支持政府抵抗西方列強？還是譴責軍隊侵略鄰邦？一向自命進步有想法的左翼份子們，自己也陷入爭論，最後分崩離析，運動徹底失敗。

這時，莫斯科的第三國際也介入日本共產黨的發展，讓日本政府相當警覺，開始對外國介入的共產革命推動進行掃蕩。由於許多左翼領袖被抓，剩下的左翼份子開始沉不住氣，有許多脫序行為。比如一九三二年的「大森銀行搶匪事件」，三名搶匪搶走三萬元現金，五天之後落網，被認為和走投無路的左派份子有關。這些脫序行為又更給了政府掃蕩的理由。以《蟹工船》一書聞名的左翼作家小林多喜二，便是在這時遭到逮捕，最後在獄中被虐殺。

軍國主義的力量更伸入學界，像是京都大學自由派的刑法教授瀧川幸辰，就因為批評政府，教科書遭到禁賣，教職也被文部省直接取消，還引起一向以自由文明的京都大學法學院教授集體辭職抗議。另外一位遭到迫害的，是以「天皇機關說」聞名的東大教授、貴族院議員美濃部達吉，認為天皇也只是政府裡面的一個機關，這和政府倡導的萬世一系「國體說」明顯悖論，美濃部最後丟了議員職務。

一九三三年，還有一起莫名其妙的「GoStop事件」，凸顯了軍隊的橫暴。陸軍一名士兵在大阪街頭闖紅燈，被員警攔下，本來只是兩人吵架，卻引發了軍方與警方的嚴重衝突。警方認為軍人在地方上要遵守警方的指揮，社會秩序才不會亂掉；軍方卻莫名其妙覺得自己是天皇的軍隊，有類似「治外法權」的優越性，員警怎麼可以管東管西。

此事軍警雙方互不相讓，甚至驚動天皇，最後軍警雙方當事人登報握手言和，讓本來支持軍方與員警對抗的陸相荒木貞夫灰頭土臉，懲處了多位手下。雖然軍方看起來輸了，但軍人那種高人一等、不受法律管束的想法，實屬莫名其妙，這也意味著日本越來越朝向軍國的方向前進，「GoStop事件」只能算是民間的最後抵抗。

另外，軍隊本身也發生了激烈的鬥爭，右翼的「皇道派」，和比較在意制度的當權者「統制派」，在軍事戰略、軍政業務上都發生激烈的衝突。雙方在滿洲問題、對中國或者對蘇聯戰略問題、軍隊的領導制度等議題都存在激烈爭辯，在爭辯當中，也各自拉幫結派，形成派系。最後，取得軍隊領導權的「統制派」領袖、軍務局長永田鐵山，因為撤換了「皇道派」的教育總監真崎慎三郎而被刺殺。讓軍隊的氣氛也為之丕變。

明明是被選出來帶領國家的齋藤內閣，最後好像也是被民族主義追著跑。日本國內的孤立主義、民族主義興起，左翼被掃蕩，法西斯到處崛起。齋藤內閣被自由派覺屬於右派，卻被右派覺得是自由派，國家前途如風中殘燭，施政走起來搖搖擺擺。最後因為一起炮製的冤案「帝人事件」（帝國人造絹糸株式會社）而倒台。

這起事件起源於內閣大臣被懷疑從帝人那邊收取不當利益。結果從帝人社長、大藏省次官、銀行局長、台灣銀行頭取（總裁之意）、商工相、鐵道相等十六位大官遭到起訴，相關人等一百人以上遭到收押，齋藤內閣也因此以不堪負荷為由，總辭下台。

但最離譜的是，「帝人事件」最後被認為是捏造的冤案，一百多人無一人被判有罪。據說此事是當時擔任樞密院副議長，被檢察體系稱為「老闆」（ボス），曾經炮製「大逆事件」，讓才氣縱橫的左翼作家幸得秋水冤死的平沼騏一郎所策劃，意在整倒齋藤內閣，讓自己更上一層樓。

齋藤下台之後，右翼分子還是沒有放過這位因為穩健，而被認為阻礙國家發展的老閣揆，在一年後的「二二六事件」中，被認為親英美的齋藤，被列為首要攻擊對象的「君側之奸」之一，最後被闖入家門的年輕軍人們以手槍、機槍掃射，身中四十七槍，死於非命。

岡田啟介

KEISUKE OKADA

1934.7.8－1936.3.9

無力阻止戰爭的岡田啟介內閣

　　齋藤實因為羅織入罪的「帝人事件」下台後，接掌政權的是他的海相岡田啟介。岡田是齋藤海軍的晚輩，兩人的個性很類似，在政治上都被認為有調和鼎鼐的能力。一九三〇年倫敦軍縮會議上，岡田啟介擔任軍事參議官的角色，周旋於政府、反對裁軍的海軍軍令部和同意裁軍的海軍省之間，當時事件能夠順利落幕，岡田功不可沒。

　　正因為這樣的能力，在齋藤的「舉國一致內閣」下台後，國際情況未變的狀態下，找一個能夠控制海軍、調和陸軍，得到政黨支持的內閣總理大臣，元老西園寺公望自然會想到讓背景和齋藤接近的岡田出面組閣。

不過，岡田組閣也不輕鬆。最大政黨政友會的領袖鈴木喜三郎自己組不了閣，也表態反對支持岡田內閣。因此，被岡田延攬的三位政友會閣員，被鈴木開除了黨籍。岡田的內閣陣容，便只好由少數黨和官僚組成。

官僚方面，岡田在組閣過程中也面臨了難題，被徵詢出任陸軍大臣的林銑十郎，也就是「滿洲事變」時不待命令，自行越境的那位朝鮮軍指揮官，開出了改革滿洲政府組織的要求。而與岡田同輩的海軍大臣大角岑生，則要求岡田必須放棄《華盛頓軍縮條約》。為了順利組閣，岡田也只能答應了陸海軍的條件，可以說陸海軍雖然還維持著退役武官出任陸海相的表像，但實際上已經嚴重的干預了內閣的組織。

岡田啟介組閣之後，向民眾打出安定牌，「綱紀肅正、生活安定、國際親善、財政確立、滿洲國的發展促進」等項目，是他施政的主軸。問題是像「國際親善」這樣的主張，在日本退出國聯、孤立主義興起，內閣閣員又強力要求退出《華盛頓軍縮條約》的壓力下，實在很難達成。

此外，在日本國內，社會經濟的壓力也非常大。導致齋藤內閣下台的「帝人事件」雖然是欲加之罪，但爆發的過程，卻加深了民眾對政治的厭惡。而從關東大地震之後一直遲遲無法振興的日本農村，悲慘的情況遲遲無法改善。軍隊當中，來自農村的年輕士官兵，與長久以來掌握權力的「統制派」之間，衝突一直難以化解。

來自農村的年輕士官兵，讀了當時火紅的右翼學者北一輝的《日本改造法案大綱》，對北一輝憂國憂民，認為國家被官僚、資本家掌握，政治家們只維護自己利益，卻不顧人民死活的批判深受感動。軍隊裡面像是「櫻會」之類的右翼組織正在擴散，這些被稱為「皇道派」的年輕軍官，一次又一次的發動流產政變，雖然每次都失敗，卻得到了部分陸軍高層，以及輿論的暗助，讓各式各樣的政變計畫始終不停歇。

另外，佔了國會多數的在野黨「政友會」，對岡田內閣的刁難，以及對右翼勢力成長的推波助瀾，說是「政黨惡鬥」絕對不為過。東京帝國大學的學者美濃部達吉，因為提出了「天皇機關說」，被認為是對國體不敬，不僅失去教職，還被迫辭去貴族院議員的職務，辭職後還遭到暴力攻擊。可以說日本內部從大正時代崛起的左翼運動正全面退潮，取而代之的是右翼的法西斯主義，儘管當時這些右翼人士可能還不知道法西斯是什麼。

一九三六年二月二十五日，一向很少下雪的東京下起大雪，向來歌舞昇平的銀座大街顯得有點混亂，但仍難掩繁華。

前首相、後來擔任內閣大臣的齋藤實和天皇的前侍從武官長，也是被天皇視同父親的鈴木貫太郎接受美國大使邀請，飽餐一頓之後在官邸看了電影；首相岡田啟介在自己的官邸宴請民政黨的重要人士，慶祝民政黨終於在大選中扳倒了與岡田內閣作對的政友會，成為國會第一大黨。

在附近的軍營裡，一場危機正在進行當中。二月二十六日凌晨四點，年輕軍官們發起行動，兵分多路，分別襲擊了岡田啟介首相官邸、鈴木貫太郎侍從長官邸、齋藤實內大臣官邸、高橋是清藏相官邸、渡邊錠太郎陸軍教育總監官邸、在湯河原度假的牧野伸顯前內大臣，以及陸相官邸、警視廳和陸軍省參謀本部。由於動員部隊超過千人，已經不算是恐怖攻擊，而是貨真價實的軍事政變。

其中齋藤實、高橋是清和渡邊錠太郎當場被擊斃，牧野伸顯逃走，鈴木貫太郎受到重傷，據說鈴木差一點就死掉，是因為夫人衝到政變軍指揮官前面阻止了致命的一槍。政變軍指揮官安藤輝三大尉，過去曾經拿著改革計畫拜見過鈴木，雖然遭到鈴木拒絕，但他對鈴木仍然充滿崇敬，因此他最後沒有開槍，僅要求起事部隊向鈴木敬禮之後退出了官邸。

運氣最好的是首相岡田啟介，因為妹夫衝進官邸救人時被誤認為首相，當場擊斃，岡田因此僥倖逃過一劫，被女傭藏在衣櫃裡面。岡田有一位聰明的秘書迫水久常，他也是岡田的女婿。在迫水想盡辦法的安排下，岡田順利躲藏在謁靈的人士當中離開了官邸，奔赴宮內朝見天皇。

由於警視聽遭到攻擊，警方遭到癱瘓，東京一時遭到政變部隊控制，部隊衝進陸相川島義之的官邸，向陸相表明此舉乃鏟除「君側之奸」的天誅義舉，並且把自己的行動比喻為「昭和維新」。陸相川島有點猶豫，一時不知道自己該怎麼做，當時陸軍雖然仍然是「統制派」掌握，但因為代表性人物永田鐵山的死，「統制派」氣焰確實稍減，像是川島本人，就是沒有明顯派系的陸軍人物，他自己也陷入了長考，不知道該怎麼處理這椿棘手的政變後續。

二月二十六日清晨，政變部隊以山王飯店為中心，開始對宮內、內閣和陸軍的遊說行動。侍從長本庄繁也是猶豫的一員，他和荒木貞夫都是滿洲事變以來陸軍一系列行動的主導者，他們都同情政變者，也很清楚農村的貧窮問題，導致充滿農民子弟的陸軍基層本身就是未爆彈。但是官已經當的那麼大，他們當然更清楚決定政變成功與否的關鍵，還是在於天皇的態度。

陸相川島和侍從長本庄繁覲見天皇，報告了事態的狀況。一向寡言的天皇這時卻告訴他們：「襲擊國之重臣，不可原諒。」本庄很清楚，天皇意指襲擊他視之如父的鈴木貫太郎，大大地踩了天皇的紅線，依照本庄詳細記載的日記，天皇甚至說出了「難道要我自己帶著近衛師團去平亂」之類的氣話。

雖然本庄、荒木、川島等人都同情政變軍，但既然聖意已定，他們該站在哪一邊自己當然很清楚。荒木等人開始嘗試與政變部隊談判，希望他們放下武器歸建。同時，支援政府的部隊也分別從甲府等地開入東京，海軍艦隊也駛入了東京灣，因為被認為「君側之奸」的岡田啟介、齋藤實和鈴木貫太郎都是海軍，讓海軍對此次政變可以說是群情激憤，政變部隊沒有得到一呼百應的支援，反而陷入了不利之勢。

首相岡田啟介死裡逃生，面見天皇之後雖然和不願卸下代理首相職務的內務大臣後藤文夫有點不愉快，但天皇也已經確認，叫他把事情搞定之後才可以辭職，於是政治的局勢也已經穩定了下來。二月二十八日，政變兩天之後，政府軍發布命令，稱政變部隊為「叛軍」，要求他們立即歸建，既往不咎，如果採取抵抗，則格殺勿論。

政變部隊陷入一團混亂，政變領袖們不敢相信政府最後居然會採取鎮壓態勢來面對這些想要改革的青年軍官，也無法接受他們期待的荒木貞夫等人明明是同情政變方，卻採取了先搖擺，後撇清的敵對態度。但總之，政變的發動者最後決定放棄行動，讓部隊歸建，叛軍部隊一個一個放下武器，離開了山王飯店。於是，一個天大地大的政變，最後只有七位重臣死亡，對峙的兩批部隊一槍未發的結束了亂事。

事後，領導政變部隊的青年軍官有的切腹，有些遭到處死，也有些被判處有期或無期徒刑，而影響他們甚深的北一輝和弟子西田稅被判處死刑。政變部隊雖然歸建，但很快就因為中日戰爭的發生被調往戰場，大多數的參與者都沒能夠活著回來。大難不死的岡田啟介，在事變之後已身心俱疲為由，辭去了總理職務。不過一項受到尊重的岡田，和重傷未死的鈴木貫太郎，在後來的歷史當中，還有很重要的角色等著他們去扮演。

KOKI HIROTA

廣田弘毅

1936.3.9－1937.2.2

從抵抗到順服軍方的廣田弘毅

岡田啟介在「二二六事件」大難不死後，便以身心俱疲為由，辭去了總理職務，元老西園寺公望相中的組閣人選是人氣頗高的貴族院議長近衛文磨，但近衛以身體不佳為由，婉拒了組閣邀請，西園寺想來想去，找來了從齋藤實一直到岡田啟介兩任內閣，都擔任外相、主導日本強硬外交政策的廣田弘毅來組閣。

外相組閣不稀奇，過去像是加藤高明便是外相組閣，但廣田弘毅是第一個外務省官僚出身的首相，他的出線也代表了外務省作為日本政府的菁英部門，是被肯定的。

不過西園寺找廣田來組閣，本意是希望外務省親英美的外交路線，可以稍微壓下不斷膨脹的軍方氣焰。只是事與願違，幾位自由主義傾向的閣員，都被軍方強烈反對，包括廣田外務省同期的吉田茂，也因為被認為立場親英美，軍方強力反對，而無法出任外相，廣田只好自己兼任。

陸軍還對廣田提出要求，希望陸軍大臣職務恢復過去的「現役武官制」。廣田因為需要軍方的支持只好退讓；這個退讓，再一次讓軍方擁有可以主導閣議的機會。最後出任陸相的是寺內壽一，海相則是永野修身，這些人都是「二二六事件」當中，以強硬立場平息政變的軍人，因此在內閣中聲音都特別大。

廣田雖然主張「庶政一新」，但事實上就是讓軍隊可以對政治指指點點而已，像是海軍推出的「國策大綱」，後來就變成廣田內閣的「國策之基準」和「帝國外交方針」，將過去幾次裁軍協議的主張都推翻了，日本海軍往南方前進，陸軍啟動了對蘇聯作戰的準備，並且獲得政府大量預算的支持，快速地向軍國化前進。

這段期間，日本在國際和國內遇到三件大事。第一個是一九三六年十一月，日本與德國簽訂了《日獨（德）防共協定》，約定從歐亞兩地，共同防禦蘇聯共產主義的擴張。

當時日中之間的衝突已一觸即發，只是中華民國的當權者蔣介石反共立場相當鮮明。德國一方面軍售中國，並且幫中國訓練軍隊；一方面又和日本簽訂防共協定。似乎有意促使日本和中國建立防共關係，只是當時中國國內反日的聲音非常大，美名「長征」而事實是在逃亡的中國共產黨軍隊，不斷倡議國共必須停止內戰，共同抗日，也得到民間強烈的迴響。

一九三六年十二月，蔣介石在西安遭到部屬張學良、楊虎城叛變，強迫蔣和共產黨領袖之一的周恩來談判，達成國共聯合抗日的共識。蔣雖然覺得張學良是被共產黨慫恿，但自己身家性命不保，也只能和周恩來虛與委蛇。周恩來的考慮很簡單，他認為現階段不能除掉國內唯一有統一實力的政治人物蔣介石，不然國民黨一但陷入分裂，更不可能與共產黨全面合作，剛剛逃到延安的共軍就必須面臨遭到剿滅的命運。此時此刻，能夠一聲令下，救共產黨免於滅亡的，只有共產黨的宿敵蔣介石一人而已。

蔣介石最後在國內多人奔波協調後獲得釋放，雖然釋放後他馬上逮捕張學良，並開始和共產黨就「國共合作」議題討價還價，但是國共合作抗日已經成為國內的共識，蔣也不便再採取強硬的反對立場。於是，日本開始得面對一個決心抗日的中國政府，和對日本人從東北、內蒙到華北不斷進逼，已經忍無可忍的中國民族主義情緒。

廣田內閣除了面對外交的壓力外，也面對了國內的治理壓力。軍方勢力的擴大，導致了《不穩文書臨時取締法》、《思想犯保護觀察法》這些壓制自由民主聲音的法律在國會通過。許多民間自主的講座、論壇遭到檢舉、取締，連國會裡議員對軍方的質疑也遭軍方反彈，社會的法西斯氣氛越來越明顯。

在這種壓力下，發生了駭人聽聞的「阿部定事件」。一位貌美的煙花女阿部定，因為想要取得絕對的愛，在做愛時絞死了相好的情人石田吉藏，並割下情人的陰莖與睪丸，在屍體上刺上「僅有定吉兩人」。這起事件發生之後，阿部定遭到警方逮捕，卻不知道是什麼原因，在媒體公開時嫣然一笑，她的美貌一時和犯下的驚駭罪行並列為輿論最熱門話題，連國會議員開會時都議論紛紛。

「阿部定事件」後來再三成為電影、小說的熱門話題，但這起事件和其後社會的大規模議論，也凸顯了當時日本社會的保守和苦悶，好像因為阿部定而找到了出口。

只是，軍隊所創造的嚴肅氣氛，並沒有因為阿部定事件而真正得到紓解，在國會當中，政友會議員濱田國松質疑陸軍大臣寺內壽一干政，寺內反唇相譏，兩人吵到互相要對方去切腹。這段「腹切問答」當中，寺內壽一覺得廣田弘毅沒有挺他，氣到決定要辭職。又由於「現役武官制」的關係，陸軍內部意見一致，就是要搞垮廣田內閣，於是廣田就因為「閣議不統一」的理由下台一鞠躬，軍方再一次擁有了可以搞垮內閣的能耐。

一路被軍人牽著鼻子走的廣田弘毅，任外相時的影響力顯然大於任首相時，他下台後又擔任了第一次近衛文麿內閣的外相，不過戰敗後，廣田也因為促成戰爭、壓制自由的理由，而成為唯一在東京大審中被判處死刑的文人A級戰犯，他在法庭上並沒有為自己辯護，不過在上絞刑台前，他就病死了。

林銑十郎

SENJURO HAYASHI

1937.2.2－1937.6.4

跑龍套的林銑十郎

廣田下台後，負責推薦組閣人選的元老西園寺公望，還是覺得軍方的氣焰實在過高，於是找來了陸軍出身的大老宇垣一成組閣。宇垣最有名的政績就是裁軍，他從清浦奎吾、加藤高明一直到第一次若槻禮次郎內閣，都擔任陸軍大臣。他當大臣的時候，正是第一次世界大戰結束不久，對當時的宇垣來說，為日本建立一支現代化軍隊是當前要務。

說宇垣是「裁軍」其實有點不公平，他確實削減了陸軍四個師團的兵力，但他把省下來的錢，投入了戰車隊、高射砲隊和航空隊，並且因應世界趨勢，成立了化武部門，同時幫軍人更新裝備。與其說宇垣是裁軍，還不如說他是用裁軍的名義，在重整軍備、強化戰力。

問題是宇垣確實刪減了軍隊的員額，而且為了對內閣和民意有所交代，軍隊的經費也確實是減少了，宇垣因此慘遭軍人厭惡，現在要叫他組閣，軍方反彈當然最激烈。由於「現役武官制」的關係，軍方握有內閣是否能夠組成的同意權，只要現役軍人不答應出任陸相，內閣就組不起來，於是雖然宇垣經歷了一番努力，但他的內閣終究還是流產了。

得到軍方同意的組閣人選，是軍人出身，有著漂亮鬍子的林銑十郎，也就是「滿洲事變」時擅自率兵越境的朝鮮軍指揮官。當時內閣的命令是不要擴大事端，但林銑十郎卻擅自率兵渡過鴨綠江，成為關東軍擴大戰線的重要力量。這樣的行為本應受軍法審判，但因為作戰勝利，軍方氣焰高張，林銑十郎擅自行動的行為，因而被解釋為「具有決斷力」，實在是歷史的諷刺。

林銑十郎出身加賀藩的首府金澤，是武士之子，但他並沒有像被稱為「加賀宰相」的戰國大名前田利家那樣備受敬重。相反的，林銑十郎短短四個月的首相任內，並沒有什麼卓越政績。當了首相之後的他個性優柔寡斷，遇事總猶豫不決，真不知道當年哪來的勇氣擅自率兵渡江。

軍隊之所以同意他組閣，是因為他沒有涉入軍隊的「皇道派」、「統制派」之爭，但他立場比較傾向「統制派」也是不爭的事實。由這樣一位不涉鬥爭，又符合軍方主流立場的軍人組閣，軍方自然沒什麼意見。問題是，政府的組成也不是單靠軍方就好，國會內部對林銑十郎的意見就很多，他的內閣因此沒有太多來自國會政黨的支持，因為人才實在不夠，很多閣員都是兼任，他自己就兼任了外務大臣和文部大臣兩職，被民間譏笑為「兩人三腳內閣」。

林銑十郎對處處找麻煩的國會心存不滿，他任用了結城豐太郎為大藏大臣，對軍方的預算要求言聽計從。而獲得越來越多預算的軍方，實力越發強大，引來了國會很大的不滿。林銑十郎明明就是個猶豫不決的人，此時卻莽撞的決定要解散國會，就在三月底總預算剛剛通過，國會休會前夕，突然無預警宣布國會解散，引此輿論大反彈，他的內閣被恥笑是「吃飽就跑內閣」。

結果國會改選，林銑十郎討厭的兩大黨當中，「民政黨」得到一百七十九席、「政友會」得到一百七十五席，連左派的「社會大眾黨」都從原來的二十席變成三十七席，政府這邊可以說是一敗塗地。面對這樣的壓力，內閣自然不可能存續下去，於是這位有著漂亮鬍子的首相，最後就以「一事無成銑十郎」的渾名，成為日中全面開戰前，一位純粹只負責跑龍套的首相。

近衛文麿

FUMIMARO KONOE

1937.6.4－1939.1.5
1940.7.22－1941.7.18
1941.7.18－1941.10.18

日中全面戰爭下的近衛文麿內閣

林銑十郎下台後，之前一直逃避組閣的近衛文麿，終於抵不過來自四方的壓力出面組閣。近衛這個姓，是專屬於貴族的姓，很長一段時間以來，近衛家居輔佐皇室的「五攝家」（近衛家、九條家、鷹司家、一條家、二條家）之首。

因此，近衛這個姓幾乎可以說是和皇室一樣尊貴，據說如果有人對近衛文麿說要進宮，近衛都會回答說：「那請幫我和天皇請個安。」對於非貴族出身的人來說，皇室何等尊貴，豈能輕易問候？但是近衛對這件事沒有感覺，因為在維新之前，五攝家幾乎可以說是和皇室平起平坐的近臣。

近衛文麿組閣時四十五歲，與前幾任總理相比，算是文質彬彬且年輕，口條也很不錯，在民間頗孚眾望。他是近衛家數代以來唯一的嫡長子，出生時他的父親欣喜若狂，但對這個兒子過度保護，造成他的個性軟弱。出身貴族的近衛文麿，畢業自學風自由的京都大學，年輕時受到左傾的教授河上肇影響，寫過一些親近社會弱勢的文章，讓人感覺到他也懂一點自由民主的精神（至少與那些軍人相形之下）。

由於內閣頗孚人望，組成相對簡單。不僅「立憲民政黨」和「立憲政友會」兩大政黨都採取支持態度；軍方、官僚也都支持內閣組成。這個「舉國一致內閣」可以說是備受期待。近衛希望自己的內閣可以就「國際正義」的議題，來幫日本討個公道，他也強調日本不是一個好戰的國家，希望就現狀維持、和平解決的方向，來處理一觸即發的對中戰爭問題。

只是，這個追求真正和平的政府，卻因為一連串原因不明的失誤，讓日本和中國之間捲入全面戰爭的烽火裡。一九三七年七月七日晚上，駐華北日軍在河北宛平演習，聽到一陣槍聲，事後發現有一名士兵失蹤，於是展開搜索。事實上，士兵失蹤也是烏龍，因為該名士兵其實只是跑去路邊上廁所，問題是不知道什麼原因，下情並沒有上達，於是那名失蹤的士兵也跟在大部隊裡搜索自己。

日軍演習後的搜索行動，和中國軍起了衝突。儘管無論是從東京或南京來的消息，都是要求戰火不擴大。問題是前線衝突的中國軍和日本軍都耐不住性子，讓無論是私下的停火默契，或者簽署的停戰協議如同廢紙，日中戰爭就在衝突的盧溝橋一帶全面爆發，結果當然是裝備比較精良的日軍大獲全勝。

接著兩國又在上海一帶衝突。事情的起因來自中國的排日情緒，在華北的通州一帶，日本居民約八百人遭到中國軍隊虐殺，引起日本極大憤怒。後來又因為上海租界衝突，被派去虹橋機場觀察中方動態的日本軍人大山勇夫，遭到中國機場防衛軍殺害，引起日方的不滿，連一向被認為開明的海軍大臣米內光政也非常憤怒。日中雙方就不擴大衝突的協商無效，兩軍在上海衝突。這是日中兩軍第一次大規模會戰，戰事中互有勝敗，但這場戰爭事實上意味著日中全面戰爭終於爆發。

當時近衛文麿內閣的想法，是「對中一擊論」，但他們顯然低估了中國人的戰鬥能力和反抗決心，認為憑著軍力優勢，三個月內可以讓中國屈服，這個說法被中方詮釋成「三月亡華」，激起了中國國內非常大的憤慨。事實上，近衛文麿根本不想滅掉中國，他所期待的是一個配合度高一點的中國，但這個期待，顯然太低估了蔣介石的能力，和中國面臨國之將亡的民族主義情感。

因應日中之間的戰事，日本啟動《國家總動員法》的機制，藉由天皇的名義，賦予內閣極大，甚至可以超越憲法的權力，來因應戰事。同時，也大量徵調部隊前往中國。又由於過於低估中國的實力，且當時蘇聯的動態未臻明確，因此日軍不敢動用關東軍等主力部隊，對中作戰的多屬臨時徵集的後備部隊。此外，為了降低補給的壓力，日軍採取了現地徵集物資的做法。缺乏紀律的後備部隊加上現地徵集物資，又在戰爭當中，軍紀可以說是一場糊塗。

由於淞滬會戰實在打得又臭又長，日軍在終於獲勝之後，決定繼續壓迫中國首都南京，這也是後來中國這邊所稱的「南京大屠殺」。儘管今日史家對於死亡人數仍然有很大的爭議，但以日方確實軍紀不佳，以及南京確實傷亡慘重來看，中方的指控並非空穴來風。

只是首都雖然陷落，中國卻沒有屈服，蔣介石帶著整個政府搬到重慶去。日方一面作戰，一面透過與日中兩國皆親善的德國駐中國大使陶德曼，想和蔣和解。事實上，日中雙方都想要趕快結束戰爭，問題是日方在戰爭中接連獲勝，軍方希望中國賠款，中方卻覺得為什麼要為侵略戰爭賠款？這不符合國際正義。最後陶德曼也沒能夠成功化解雙方的衝突。

一直解決不了中國問題的近衛內閣，只好改變策略，宣佈「不以南京國民政府為對手」，推出「東亞新秩序聲明」，扶植親日的汪精衛（兆銘）政權。新秩序當然讓既得利益的歐美諸國跳腳，就這樣，已經退出國聯、又退出了《華盛頓軍縮條約》的日本，再一次挑戰了世界既有的秩序。而不以蔣介石為對手的談判，則意味著對蔣介石政府的作戰要繼續沒完沒了地打下去，日中戰爭於是成為「泥沼化」的戰爭。至此，三個月內讓中國屈服的豪語，成為一派胡言。

平沼騏一郎

KIICHIRO HIRANUMA

1939.1.5－1939.8.30

阿部信行

NOBUYUKI ABE

1939.8.30－1940.1.16

陷入戰爭泥沼的平沼騏一郎和阿部信行

近衛文麿組閣之後，發現光憑人氣解決不了中國問題；又因為到底要不要和德國、義大利結盟的問題，內閣一再被想加入的軍方威嚇。公子哥出身的他，生氣又挫折，決定不幹了，辭掉了內閣總理大臣的位子。

接任的是樞密院議長平沼騏一郎。平沼是檢察官出身，是一名堅定的反共產黨、反猶太主義者，最有名的兩件豐功偉業，就是炮製了「大逆事件」處死了左派異議份子幸德秋水等人，以及雷聲大雨點小的「帝人事件」，搞垮了齋藤實內閣。

這兩起事件一個塑造了他明星檢察官的形象，讓他得到長官垂愛；另外一件則攸關政治鬥爭，只是最後功敗垂成。平沼很不受負責推薦首相的西園寺公望垂愛，西園寺本身傾向自由派，對平沼這種投機的右翼分子非常不齒，是以平沼始終沒有得到降下的大命。但這一次近衛卸職，西園寺卻以年事已高為理由，表示沒有意見，平沼終於有機會組閣大顯身手一番。

平沼內閣一上台的施政主軸，就是解決中國問題。由於近衛下台並沒有什麼政治問題，純粹是他自己不想幹，因此平沼內閣的五個主要職務，外相、法相、陸相、海相、文相，都是近衛內閣留任，他自己也只是與近衛交換了樞密院議長的位子而已。

外交上，讓近衛內閣最後解散的日德義同盟問題，到了平沼手中，依然意見分歧。海相米內光政覺得不需要與歐洲變化莫測的政局瞎攪和，陸相板垣征四郎則和過去一樣，覺得跟著富國強兵戰力強的德軍準沒錯，平沼的閣議依然不一，多次召開「五相會議」，卻遲遲無法擬定方略，被民間譏為「今天也五升，明天也五升（音同五相），成不了意見統一的內閣」，讓平沼非常頭大。

平沼本身並不太喜歡英美，內閣當中也展開了親英美和反英美派之間的鬥爭，首當其衝的就是海相米內光政。當時日本境內因為日中戰爭遲遲未解，被認為是英國、美國對中國持續支持之故，於是有了反英美的氣氛，但英國畢竟是日本海軍的模仿對象，因此氣氛變成海相米內光政、次官山本五十六和軍務局長井上成美的「海軍左派三羽烏」和國內民族主義的對抗。

在內政上，平沼全面落實《國家總動員法》的空白授權，他最擅長的就是威權管治，因此在他任內，不只遊樂場所全面提早關門、學生要有髮禁；並且強勢管制電影，建立腳本事前審查制度，要求演員、導演登記制度；以及干預新聞自由，強迫刊登政府要求的「正確訊息」。

這時候，諾門罕戰爭爆發了。在滿洲的關東軍因為國界問題，和蘇聯、附庸國蒙古的部隊開戰。戰爭由一開始僅僅是牧羊人的國界糾紛，變成日蘇兩國大規模的會戰。東京方面依然給出了不要擴大戰事的命令，問題是前線的正規軍關東軍好不容易有剿匪之外的戰爭可以打，當然要拚命立下功勳，才不會輸給那些徵集來中國戰場的雜牌軍。

然而，蘇聯的火砲、戰車、飛機的威力都比日本更強。史達林為了威嚇日方向蘇聯攻擊，派出了大量的部隊支援諾門罕，導致裝備相對落後的日軍死傷慘重。但由於日軍英勇作戰，經常肉身搏戰車，也讓蘇聯在作戰中遭受極大損失，雙方在衝突八個月後，終於議和。

日軍戰死八千四百四十人，有八千八百六十四人受傷，蘇軍戰死七千四百七十四人，一萬五千二百五十一人受傷。嚴格來講，日方也不算敗戰，但此戰日方毫無利益可言，甚至被看破手腳，完全顯示出日軍火砲、戰車裝備落後的弱點。

戰爭期間，發生了更奇怪的事情，就是希特勒和史達林簽署了《德蘇互不侵犯條約》。原來日本與德國攻守同盟，就是為了反共，現在德國與蘇聯友好，誰要在西側戰場反共？這讓日本人相當震撼。在國內，輿論和議會對於平沼內閣的非難接踵而至，平沼卻說：「歐洲的天地實在複雜怪奇」。這個矢志想要解決中國問題的內閣，沒有解決問題，卻因為沒有看到新問題而下台，也是一件糗事。

接替平沼的是陸軍出身的阿部信行將軍，他出身金澤，綽號為「木炭內閣」。做事情非常努力，但不太會使用技巧。小說《官僚之夏》當中有一位認真努力的「木炭自動車」人物，典故便是出自阿部信行。

只是所有人聽到接任的是阿部，反應都是「阿部是誰？」阿部就是這樣的人。他是一位優秀的軍人，在軍隊當中也不參與政治，即使「皇道派」和「統制派」已經爭得你死我活，阿部也沒有參與。這樣的立場，得到陸軍的青睞，因此他擊敗了宇垣一成、荒木貞夫，甚至前首相林銑十郎等陸軍人物，成為大家都可以接受的新總理。

由於阿部是陸軍所推薦，因此在他的組閣過程中，天皇也一反常態，批示了「美英協調繼續、陸相由首相自選、內務和司法項要慎選」等意見，等於實際參與了組閣過程和政治。這種未曾有過的事，一方面顯露了天皇對軍方的不信任，一方面也顯示了阿部本人注定是跑龍套的角色。

阿部內閣還是無法解決海軍反對與德國、義大利同盟的問題，海軍次官山本五十六雖然沒有接任海相，還被外放去當聯合艦隊司令官，但接掌海相的吉田善吾，立場和米內、山本一致，山本還宣稱：「不管誰當海相，海軍的立場都一樣。」

外交解決不了，阿部還得面對國內經濟的難題。由於中國戰場陷入泥沼，軍需優先也影響了民眾的生活。此時，歐洲發生了德國侵略波蘭、捷克的戰爭，美國對越來越不合作的日本，貿易上也採取不友善的態度。國際局勢的變化，造成了物價騰貴，民怨四起。

政府又因為總動員法，要求民眾要把家裡的鐵器交出來製作大砲、武器，還規定了每個月的一號是「興亞奉公日」，日本國內確實開始有了戰爭的氣氛。原來以為會帶來的戰爭景氣，此時卻帶來了種種不便，也讓這個沒人氣內閣的支持度受到很大的影響。

最後，這個短命的不人氣內閣只組成了短短一百四十天，根本什麼都還沒開始做，就被逼著下台。當國會通過對內閣的不信任案時，阿部本來想要解散國會，以做最後掙扎。沒想到內閣中的海陸相，突然都冒出來要阿部辭職，阿部知道軍方不支持，就代表大勢已去，最終只得辭去首相職務，結束不到半年的短命內閣生涯。不過組閣歷時這麼短，過幾年大家提起阿部信行的時候，反應應該還是「阿部是誰？」吧。

米內光政

MITSUMASA YONAI

1940.1.16－1940.7.22

被陸軍搞跨的米內光政

阿部下台之後，接掌內閣的是被認為是海軍「理智三人組」的米內光政，他的任務是盡快讓日本脫離戰爭的泥沼，並且避免捲入世界戰火當中。

在國內一直頗有人氣的米內，是第一位接掌首相職務的現役海軍大將。但他認為，首相不管怎樣都應該是文官，因此他申請退伍，改以備役之姿出任首相職務；這個舉動也得到國會和民間的歡迎。

海軍出身的米內喜歡穿白色軍裝，他頭髮烏黑，身材挺拔帥氣，頗有女人緣。據說二二六事件發生時，他正好外宿約會，是一大早在新橋回到橫須賀的首發電車上知道這件大事。不過近衛文麿殷鑑在前，帥氣其實不能解決什麼問題，米內也遇到一樣的困境。

米內內閣的三大任務，第一就是遠離歐戰，第二是快快處理好日中戰爭，第三是安定國民生活。米內一上場，就用盡全力與蘇聯交涉，了結了損失慘重的諾門罕的戰爭。不過這也是他唯一解決的事。他所設定的目標都很艱難，由於日本內閣已經改回「現役武官制」，之前米內當海相時老是杯葛陸軍，現在他當了首相，變成陸軍要杯葛他。尤其米內一向被認為親英美，和當時崛起的親德國勢力，有嚴重的扞格，因此米內所遭受內閣內陸軍的壓力，確實非常大。

此外，海軍當中，和米內意氣相投的山本五十六等親英美派，此時幾乎都已經外調到戰鬥部隊指揮，海軍的軍令和參謀系統，充滿了親德派。也讓米內在海軍內一樣要面對很大的壓力。

此時的世界局勢再度發生了變化，歐洲的希特勒連戰皆捷，逆時鐘方向的閃電戰術橫掃歐洲，荷蘭、比利時甚至大國法國都相繼陷落，英法聯軍被趕到敦克爾克，差一點就全軍覆沒，英國本土也遭到德國空襲，德軍渡海好像是遲早的事，看起來整個歐洲遲早都要落入希特勒手中。

由於德國在戰爭中的優勢，日本方面開始有「不要錯過巴士」這樣的說法，意思是時機難得，錯過就沒有了，政府這時候一定要快速選邊，而且要選德國這邊。

這種聲音當然是以軍方最多，陸軍認為，中國之所以久攻不下，當然不是因為中國強，而是因為背後有英美撐腰。軍用物資北從蘇聯，南從印度支那源源不絕運入中國，中國當然不會輕易屈服。

海軍這邊則覺得，過去仿效英美的海軍，卻受限於英美的國際秩序壓力。現在德國獨強，如果日本不趁機改變過去親英美的路線，改走親德路線，那等到德軍徹底打敗英美，自然也會全面接收英美在亞洲的殖民地。那日本最後不就在這個世界局勢的大變局當中，淪落得一無所有？因此，此時不搭上巴士，當然就會錯過巴士。

軍方始終認為親英美的米內若繼續掌權，一定會害日本沒搭上巴士，因此處心積慮要把他搞下台。陸軍大臣畑俊六受於陸軍內部的壓力，辭去了陸軍大臣職務。由於內閣是「現役武官制」，陸軍遲遲不推出人選，就代表內閣無法組成，米內光政只好下台一鞠躬。

不過米內光政辭職後，並沒有因此退出政壇。作為天皇信任的重臣，米內後來在終止戰爭的鈴木貫太郎內閣當中擔任海軍大臣。他為結束戰爭付出了卓越的貢獻，只可惜要是這樣的功能可以早一點發揮，米內就不會灰頭土臉的從首相位子被逼下來了。

近衛文磨

FUMIMARO KONOE

1937.6.4－1939.1.5
1940.7.22－1941.7.18
1941.7.18－1941.10.18

捲入戰火的第二次近衛文磨內閣

米內下台後，重臣會議再一次推舉近衛文麿組閣。近衛先在東京的私宅和屬意的陸相人選東條英機，以及海相人選吉田善吾懇談，最終決定了採取與德國、義大利同盟的方向，才出面宣布組閣。因此，第二次近衛內閣，可以說是日本參與了第二次世界大戰的關鍵。

不過近衛雖然花了時間和陸、海軍商談，他個人倒是也腦袋很清醒，知道如果一直無法擺脫軍方的制肘，他這個內閣永遠只會是個傀儡。近衛先有了「一國一黨」的想法，希望讓國內的政黨重組起來，建立一個「近衛新體制」，再用這個機制與軍方協調出一個大政方針。

「大政翼贊會」就是這樣組成的，近衛找來不少有名望的學者，希望能夠以翼贊會的力量推動和平議程，與軍方分庭抗禮。但這樣的想法很快就失敗了，軍方指控翼贊會裡面充滿了有社會主義傾向的紅色人士，其中最有名氣的就是後來因間諜案被逮捕的尾崎秀實。這些學者被迫退出翼贊會，軍方和保守派掌握了大權，也讓原本備受期待的「近衛新體制」最後變成了戰爭動員組織。

近衛內閣決定涉入歐戰之後，日本便面臨了兩個難題。第一個難題，是對英關係。當時德軍橫掃歐洲，差點在敦克爾克把英法聯軍打得全軍覆沒，英國本土也屢遭空襲；希特勒再三向日本提出要求，希望日本出兵新加坡，再一次打擊英國士氣。

但日本方面相當猶豫，外相松岡洋右授命訪德時，對希特勒的要求始終左右閃躲。因為日本很清楚，即便日英關係越來越糟，但直接攻擊英國，就意味著準備和英國的盟友，在太平洋區域有重大利益的美國對決，而美國的實力確實要比日本大得多。因此，日方與德國、義大利組成軸心國後，依然對於對抗英美很有疑慮。

第二個難題，是蘇聯問題。日蘇關係從山縣有朋的「利益線」概念開始，一直問題百出，不論是俄羅斯或後來的共產蘇聯，對日本而言均有如芒刺在背，是長期以來百般防禦的對象。在日本看來，要是蘇聯趁著日方出兵中國時從背後發動襲擊，日本恐怕不堪承受；因此，精銳的關東軍始終遲遲無法調離滿洲參與對中作戰，協助日本擺脫對中戰爭的泥沼。

松岡洋右訪問完德國，旋即訪問了蘇聯。當時德蘇既已簽訂《互不侵犯條約》，日本當然也希望日蘇可以簽訂。結果出乎意料之外，《日蘇互不侵犯條約》居然很快就談完了，史達林不但滿口答應，還鼓勵日本趕快南進，甚至搭著松岡的肩說：「我們都是亞洲人」。

松岡連續完成了對德、蘇的同盟協定後，心裡非常開心。他認為歐洲戰場和亞洲戰場這個既聯合又分開的戰略，對日本最為有利。軍方也因為外交的關係，有如吃下定心丸，攻擊了法國的印度支那（越南），阻斷英美對蔣介石中華民國重慶政府的援助，此舉當然惹得美國和英國非常不爽。

然而，近衛與松岡都沒想到，德國會撕毀《互不侵犯條約》，攻擊蘇聯。事實上，在《日蘇互不侵犯協定》簽訂前，日本軍方確實有盤算，如果德國對蘇聯發動攻勢，日軍應該從東邊攻擊蘇聯。結果現在德國片面撕毀條約，日軍卻必須遵守條約，不免有點被老奸巨猾的蘇聯吊中的感覺。事實上，以史達林綿密的情報網，他必然知道德軍會對蘇聯發動攻勢，但因為東面日軍願意遵守協定，讓史達林鬆了一口氣。

松岡回到日本之後，以「四國協商」機制的建立洋洋得意，自以為有機會取代近衛出任首相。近衛到機場接機，想與松岡討論對美外交的問題。由於駐美大使野村吉三郎和來自陸軍方面的努力，日本與美國已經協商出一定程度的談判前提。但松岡深深以為，這樣的前提並非松岡和外務省同仁努力的結果，而是出自幾個外行人的意見，因此遲遲不願同意。

近衛文麿是個優柔寡斷的人，沒有松岡同意，他也遲遲不願意做出與美國啟動談判的裁斷。這段期間內，美國對日態度日趨強硬，甚至祭出禁運措施，讓日美關係空前惡化。

這時候，發生了希特勒片面撕毀《德蘇互不侵犯條約》，攻擊蘇聯的事件。日本方面大為驚訝，一時不知道到底該北進蘇聯，還是應該要南進中國。連續召開了多次的會議，希望討論出到底要向南向北的決定。陸軍方面可能是受到諾門罕事件的衝擊，不敢對蘇聯輕舉妄動，因此反對北進；倒是當初簽訂《日蘇互不侵犯條約》的松岡，此時卻成了進攻蘇聯的主戰派。

由於陸軍實在覺得松岡輕率，御前會議上陸軍和松岡多次發生激烈爭辯。最後天皇選擇陸軍這邊，要求近衛把松岡換掉。近衛考慮松岡在國內人氣頗旺，若將他撤換可能會引發民意浪潮，想一想乾脆總辭，連帶的換了幾位閣員。於是，從退出國聯到簽訂《日蘇互不侵犯條約》起，在日本外交界呼風喚雨好一陣子的松岡洋右，就在有機會登上首相寶座前夕，被陸軍、近衛和天皇一起做掉了。

排除松岡洋右的第三次近衛內閣，主要的任務，當然就是對美協調，避免戰爭。近衛希望透過與羅斯福總統的高峰會，一次解決美日歧見；但此時的美國已經失去耐心，松岡雖然被換掉，但美國對日本在太平洋地區的擴張做法，深深不以為然。

美方並沒有依照當初交給野村吉三郎大使的準則來啟動談判，反過來，美方開始提出要求日本退出軸心國，讓中國恢復現狀，以及要求滿洲國利益共享的新立場；日本方面認為美國的要求實在無理，兩國之間的不快越結越深。在美國的野村大使即使能與赫爾國務卿直接對話，但雙方能夠迴旋的空間顯然越來越小。

對美國拖延談判最為不滿的，當然是軍方和右翼份子，他們認為近衛無所作為的消極做法，只會給美國更多的時間準備戰爭，以國力論，日本當然無法與準備充足的美國作戰。憂慮日美開戰拖延導致敗戰的激進份子，於是策劃了一場暗殺行動，在首相位於荻窪的別墅外出手刺殺近衛，不過功敗垂成，遭到安全人員制伏。

未遂的暗殺事件再加上對美談判不順利，讓近衛萌生辭意。他先躲到鎌倉海邊休養，再給駐美的野村大使一些迴旋空間，只是美國並沒有打算退讓，提出了通牒，立場越發嚴苛，尤其要求日本退出中國，更引起在中國自認戰勝的日本軍方高度不滿。

修養回來，近衛再一次召集官員在寓所會商大計，仍然對未成的高峰會寄予厚望，並希望得到軍方支持。但是陸相東條堅決不退讓，認為從中國撤兵不僅攸關面子，更是攸關生死。由於軍方的堅持，近衛別無他法，只得做出辭職決定。

日美關係緊張，日本軍方開始準備對美作戰，並且趁這個機會，開始建立戰時體制，尤其是軍費的擴編，更是軍方的重要利益。由於德軍在歐洲戰場的勝利，讓日本相信，世界的秩序即將改寫，在歐洲以德國、非洲以義大利，亞洲以日本為中心的新秩序，必然有機會建立。

此時如果可以以戰時體制的強力軍事動員，在兩三個月內閃電襲擊尚未有對日作戰準備的英美兩國，這樣不對稱作戰的成果，應該可以擊敗美英，讓日本成為主宰亞太區域秩序的核心國家。

日本軍方似乎忘了，當年他們想要教訓中國時，也是覺得三個月內就可以逼迫中國屈服，但是三年已經過去了，中國依然沒有屈服。日軍不知道是哪來的熊心豹子膽，覺得可以用相同的方式打擊後備動員能力極強的美英兩國。也就這樣，日本終於被捲進了世界大戰之中。無力阻止戰爭的近衛文麿最終辭去了首相職務，重臣百般討論，在戰爭與談判中選擇了主戰最力的陸軍大臣東條英機組閣，但他們依然授予東條談判的方針，只是大家都知道，對美開戰的壓力已經迫在眉睫。

日本國內輿論開始把美國、英國、中國、荷蘭四國在亞洲的勢力，詮釋成對日本的「ABCD包圍網」，鼓吹日本應該及時行動，把這些外國勢力趕出亞洲，讓亞洲回歸亞洲人的亞洲。這樣的聲音，也成為後來「大東亞共榮圈」主張的原始模型。

公子哥首相近衛文麿，戰後被佔領軍認為戰爭責任重大，因此被列為A級戰犯逮捕。但是近衛認為，既然日本已經戰敗，美方的審判必定不會公平，他也不想忍受這樣的恥辱，決定服毒自殺，享年五十四歲。

東條英機

HIDEKI TOJO

1941.10.18－1944.7.22

太平洋戰爭與東條英機內閣興衰史

近衛受不了壓力而決定辭職後，重臣們屬意的總理人選是皇室的東久邇稔彥，但天皇覺得，戰爭時期讓皇室的人組閣不太妥當。因此，幾經討論，決定讓陸軍大臣東條英機組閣。

獲悉將被天皇召見，東條英機心裡十分緊張。他知道即將辭職的首相近衛文麿和天皇良好的關係，也知道自己在會議上堅決反對接受美國國務卿赫爾的備忘錄立場，就是導致近衛內閣垮台的關鍵因素。東條覺得，此時此刻入宮面見天皇，應該是肯定要被臭罵一頓，於是懷著忐忑的心情入宮。

沒想到天皇沒有責罵他，反而要求他出面組閣，東條聽到之後，「雙腳顫抖，不知如何是好」。據說提出這個建議的內大臣木戶幸一，還說了要主戰最力的東條組閣，負責對美談判，是「不入虎穴焉得虎子」。東條雖然強硬，但終究是個服膺權威的人，沒被罵還被降下大命，讓他感激涕零。東條本來就是一個認真魔人，這下更是全力以赴，一心要為皇國效忠。

為了繼續推動對美談判而成立的東條內閣，被戲稱為「東條幕府」，總理東條本人不僅身兼內相，還以現役大將身分，兼任陸軍大臣。由於米內光政組閣時，因為堅持文人治國的理念，因此辭去現役海軍大將的職務；因此，東條是第一個以現役軍人身分組閣的總理大臣。

東條的海相是海軍內主戰派的島田繁太郎。當時海軍已經漸漸轉向開戰論，不支持開戰的將領要不退休，要不就是被調到前線。島田被暱稱是「東條副官」、「東條的兜檔布」，也顯現東條對於軍方高度的掌握能力。事實上，這也是天皇和木戶幸一希望東條組閣的原因，他們指望東條對軍方的控制力，能夠讓對美談判順利一點，不要受軍方掣肘。

東條繼續處理對美談判的議題，但隨著美方態度的強硬，石油、飛機零件的禁運，以及持續透過印度支那對重慶提供的援助，都讓日本感到氣惱。美國國務卿赫爾的最後通牒，是要日軍從東亞地區撤出，承認蔣介石政府，以及日軍必須從中國全面撤退；東條本來就反對這幾件事，於是與美國談判的空間變得很小。在國內，對美英開戰的氣氛逐漸形成，就連最反對開戰的聯合艦隊司令山本五十六，也受命規劃對美突襲作戰的方針。

整個日本又陷入了對美不想戰，但因為要為可能開戰做準備，而全力投入的打算，但這個打算又導致了整個局勢向開戰更加傾斜。這種狀況和盧溝橋事變時一模一樣，而日軍當年低估了中國的抵抗決心，現在也低估了美英的戰鬥意志。

一九四一年十二月八日，日軍不宣而戰，偷襲了美國太平洋艦隊的重鎮珍珠港，兩輪的空襲將毫無防備的美軍打得東倒西歪，損失慘重。當日一早，日本的廣播電台開始廣播：「今日清晨，西太平洋的部隊和美英進入作戰狀態」。日本全國震驚，太平洋戰爭開始，但隨之而來的，就是因為連續大勝而忘卻了危機的狂歡氣氛。

不只在珍珠港，馬來半島的日軍更早就對英軍展開攻擊，一路從馬來西亞挺進新加坡，連戰皆捷，由馬來軍、印度軍和澳洲兵組成的英軍，被打得丟盔棄甲，甚至還在海戰中損失了當時宣稱砲火威力世界第一的「威爾斯親王號」主力艦，和「反擊號」巡洋艦，英軍巨大的損失，讓正為了歐洲戰事焦頭爛額的首相邱吉爾聽聞後心頭為之一沉。

日軍顯然被輕易到來的勝利沖昏了頭，忘記了如果日軍可以用航母上起飛的戰鬥機摧毀巨艦，美英軍也能夠以同樣戰術摧毀日軍的大船。也就是說，海戰以「大艦巨砲主義」的砲火取勝時代已經過去，航空母艦的時代即將到來，但是獲勝的日軍渾然不覺，依然在國內投入巨艦的製造，亦即後來也被軍機擊沉的「大和號」和「武藏號」。

太平洋戰場上初期的連戰連勝，不止軍方陶醉，日本社會、政壇也沉浸在獲勝的氣氛當中。攻克新加坡之後，東條首相到國會施政報告，二十分鐘的講話，受到議員們四十次的鼓掌歡呼，議會對皇軍致謝之後隨即散會，東條內閣的支持度達到高峰。

那也是一個收音機開始風行、媒體儘管受到新聞自由的限制，但是已經蓬勃發展的年代，一九四一年的廣播普及率是百分之四十五點八。東條是第一個對這件事有感的首相，有別於過去首相們只是端坐首相府辦公，和人民有遙遠距離。東條首相把施政報告訴諸廣播，將演講透過錄影，在電影演出的前後播放。由於戰爭之故，新聞自由已經遭到嚴格限制，東條的各種表演，也成為媒體唯一的焦點。

此外，他也樂於學習當時最受矚目的德國領袖希特勒，搭著敞篷車到處行動，據說連下雨都捨不得將棚子蓋起來。因為透過影像、聲音、照片，甚至親眼看見的方式頻繁傳播，百戰百勝的東條首相成為家喻戶曉的人物。

東條最有名的「親民」事蹟，就是去翻人家家的廚餘桶，看到魚骨頭上的肉沒有清乾淨，皺著眉頭數落幾句。看到清得一乾二淨的，美言兩句人家是「模範家庭」。還有親自搭乘市電，對市民反應的民意勤做筆記，而且不是光記不做，還要盡速兌現，因而有了「筆記魔」的綽號。

東條的突襲視察，都會通知媒體，這當然是政治表演。不過戰爭時期民心沸騰，加上上一次政府當中出現這種人，應該是「水戶黃門」時代的事了吧。因此，東條大受歡迎，還有民眾得悉他每天會騎馬出門，故意想要在路上巧遇他，認為這樣今日就一定會帶來好運。一向對東條不以為然的陸軍裁軍派人物宇垣一成，私下就消遣東條出身能劇、狂言家庭，所以特別會演。

春風滿面的東條，決心趁著人氣正旺的同時，辦理國會改選。眾議員任期本來應該在一九四一年期滿，但是近衛內閣因為戰爭的關係讓議員延任一年。東條覺得，遲遲不改選不是辦法，於是透過他最重要的盟友，前首相，也是陸軍出身的阿部信行主導的戰時組織「翼贊政治會」，推薦了與應選席次同額的四百六十六位候選人，並且利用臨時軍費，給予豐厚的資金，全面支持他們的競選。

選舉結果揭曉，翼贊會得到三百八十一席，百分之八十一點八的席次優勢，取得國會多數。舊有的政黨被剷除掉了，近衛沒有完成的「一國一黨」體制，在東條手上做到了。東條成功掌握了議會，現在，國內幾乎沒有反對戰爭者容身的餘地。

在國內，為了因應戰爭，東條內閣也強力的緊縮人民的自由權。「國防保安法」公布，「治安維持法」改正，「預防拘提」成為政府控制言論自由的武器。由於東條曾經擔任關東軍的憲兵指揮官，本來負責維持軍紀的憲兵，這下也變成東條的「私兵」，不僅要幫他處理那些「水戶黃門」演出，更要當政府的鷹犬，對不利政府的力量加以打壓。

由於自由權限縮嚴重，名作家谷崎潤一郎在《中央公論》雜誌上連載的小說《細雪》，也因為「過於軟弱」這個奇怪的理由，遭到禁止。「東條獨裁」成為當時的政治氣氛。

不過，好日子不會那麼久。日軍攻擊珍珠港的目的，本就不是為了與美國全面開戰，而是要和美國盡快達成談判。但日方顯然低估了美國人想當「美國隊長」領導世界的意志。美軍雖然一時敗北，但很快就開始啟動反攻；此外，在歐洲戰場上，德軍始終無法渡海攻擊英國，東線戰場對蘇聯又被嚴苛的天氣所拖累。

而日軍自己，在中國戰場上疲於奔命，幾個作戰雖然都取得勝利，卻因為中國廣大的土地而無法集中守備兵力，因此屢遭偷襲。想要採行無人區隔離的「三光政策」，不只招致中國百姓的怨恨，也無法處理日軍前腳一走，游擊隊後腳就進的難題。此外，依賴天險的重慶政府，除了空襲難防之外，防衛高枕無憂，又得到了美國支持，讓日軍不得不在中國戰場投入大量部隊。

戰局一持久，對於補給線過長、兵源不夠、生產力不足的日本來說，當然是重大的考驗。後方強大的美軍可以容忍多次戰敗，後方薄弱的日軍卻禁不起一次打擊。在中途島，日軍因為錯估美軍的攻勢而慘遭敗北，一次損失了四艘航空母艦，讓整個太平洋戰局逆轉。接著是美軍在所羅門群島瓜達康納爾的反攻，讓錯判美軍反攻時機的日軍連吃敗仗，補給不足的狀況下，瓜達康納爾變成「餓島」，重創日軍的士氣。

美軍開始反攻之後，日軍連戰連敗，麥克阿瑟將軍的「跳島攻勢」讓日軍猜不出頭緒，不得不將兵力分散在各地。這樣的做法無異於讓前方將士陷於補給的困境，一但美軍跳過了防線，留在島嶼上的守備部隊就成為前進不得、後退不能的孤軍。這樣的戰況讓東條大感不安，儘管新聞不自由，但前方的慘況還是會透過返鄉軍人陸續傳回後方，也讓民心士氣大為動搖。

又由於缺兵，徵召的標準也變寬，過去不能服兵役的男子也要被迫入伍，無論是學生兵的「學徒出陣」，或者是智能、體力不佳的男子入伍，軍官管不住老兵，士兵的年紀比軍官大，一半的兵力根本只負責吃飯不能打仗，還有軍隊內部的私刑問題，都讓充員兵制度不僅沒有強化戰力的效果，反而讓軍紀更為渙散。

而在民間，各種管制更加嚴重。不只開始從朝鮮、台灣等殖民地徵召男子充當軍伕，國內的糧食供應也採取配給制度。未婚女性被徵召到軍需工廠，星期天的休息制度也被取消，工廠生產線全開，一週七天都要為前線將士生產各種軍需品。此外，透過町村制度、愛國組織，整個日本都被動員進戰爭體制當中。

可是戰事依然不利於日軍，馬里亞納海溝一役戰敗，塞班島失陷後，美軍轟炸機已經可以直接從塞班島起飛，轟炸日本任何一座城市，而日軍僅能用軟弱的防空砲火防禦。這個「絕對國防圈」的陷落，讓日軍士氣極為低落，軍方要求士兵打不贏就「玉碎」的做法，也遭到前線士兵嚴重的反彈和抵抗。

漫畫家水木茂的《全員玉碎！》漫畫，就是漫畫家所描繪當兵時的記憶，其中的批判力道，也是當時基層士兵和家屬的心聲。不過在戰爭同時，「玉碎」依然是政府鼓勵民心士氣的宣傳武器，爭議畫家藤田嗣治一幅《阿圖島玉碎》的巨幅戰爭畫展出，畫家本人甚至穿上軍裝，在畫旁指揮觀眾致敬，就是當時政治正確的最佳詮釋。

另一方面，日軍在中國戰場陷入泥沼。幾個作戰雖然成功地打開了戰線，阻止了美軍使用中國機場起降，但得到美國支持的重慶蔣政權依然穩如泰山。南洋戰事吃緊，日軍不得不從中國戰場抽離兵力，將統治權交給不是很值得信任的傀儡政府。從寒冷的滿洲到炎熱的新幾內亞這一片泥沼戰場，讓日本戰敗幾乎已經是時間早晚的問題。為了支持傀儡政府的權威，日本政府還召開了「大東亞會議」，雖然會議中宣佈了共榮圈的概念，但因為日本戰敗是遲早的事，因此並沒有受到世界輿論的關注。

本來民氣一流的東條內閣，現在因為連戰連敗變成眾矢之的，東條個人的情緒也陷入極惡劣的處境。他對於討厭他的人採取報復手段，不聽話的軍人就調去前線，寫不利他新聞的記者就徵召去戰場。他甚至鼓勵士兵當機關炮無法擊落敵機時，用身體的衝撞也要把敵機擊落這樣的玉碎主張。而原先軍方就在執行的「玉碎」，也是採納自東條陸相時代《戰陣訓》的要求，這些非理性的戰術，也成為後來日軍採取特攻隊戰法的先聲。

東條解決權力困境的方法，就是爭取更大的權力。他自己不只是兼任陸相，還兼任了參謀總長，而他的跟班島田海相，也兼任了海軍軍令部長職務。這個戰政合一的體制，給予東條無上的權力和決策效率，但是卻讓東條暗中得罪了許多人，尤其是那些當過首相，現在被晾在一邊涼快的重臣們。

物極必反，東條權力擴大的同時，軍隊裡面反東條的力量也正緩緩集結。年輕的軍官策劃暗殺東條，老練的政客們也打算把東條獨占卻無法好好使用的權力要回來。東條深知問題嚴重，找了當初推薦他的木戶幸一討論，木戶的反應冷淡的讓東條驚訝，他希望東條把權力分享出去，讓重臣組閣，把島田換掉，東條感到非常的不愉快，但為了保住位子，也只能照做。

可是重臣們對權力的期待顯然不止於此，一向和島田過不去的海軍大將岡田啟介、米內光政，此時正蠢蠢欲動，東條找了米內希望他老驥伏櫪，出任海軍大臣，但被米內回絕。米內當年被陸軍倒閣的新仇舊恨湧起，謙稱自己沒有能力從政，頂多只能當個顧問。另一方面，早先被東條諮詢能不能把位子讓出來的外務大臣岸信介拒絕了東條辭職的要求，讓東條一時感到重臣也安撫不了，手下也控制不住，想一想決定辭職一了百了。

在重臣會議當中，東條下台已經成為共識，但是重臣當中唯一支持東條的阿部信行詢問誰要去告訴東條時，現場卻一片漠然。最後辭職的訊息並沒有人告訴東條，而是由木戶直接帶去宮內稟呈天皇。東條本人，不知道是獲悉小道消息，或者是政壇打滾多年，自己知道情勢發展不利，也在接近的時間遞出了辭呈。決定辭職之時，東條在入宮的車上不斷碎念：「不要幹政治，不要讓子孫後代涉及政治。」這位日本史上權力最大的首相，就這樣在內外交逼的煎熬中辭去了職務，成為「重臣」的一員。

戰敗之後，盟軍掌握了權力，決議逮捕與戰爭關係最密切的東條。在《戰陣訓》中要求寧可玉碎也不能被俘虜的東條，這一次竟然自殺失敗，被逮捕到巢鴨監獄，淪為怨恨他的民間人士一時的笑柄。經歷了折磨人的東京審判，東條被判處死刑，這位權傾一時的獨裁者、拚命三郎的政治家、律己甚嚴的美德家、不世出的天才表演家，最後以戰犯的身分步上了黃泉。

小磯國昭

KUNIAKI KOISO

1944.7.22－1945.4.7

螳臂當車的小磯國昭

東條下台後，呼聲最高的就是海軍出身的前首相米內光政。但米內在東條垂死掙扎之時，就已經以軍人不懂政治為理由，拒絕了東條出任海相的邀請，此時此刻去接首相職務，實在說不過去。

因此，米內再一次以軍人只負責打仗，政治應該留給政治家去煩惱為由，拒絕了組閣的徵詢。不過，此時此刻的日本，在太平洋戰爭當中連戰連敗，美軍已經登陸塞班島，已經可以說是來到大門前，本土決戰勢不可免，新的首相不但最好要是有聲望的軍人，最好還要是陸軍。

以前首相近衛文麿，天皇最信任的宮內大臣木戶幸一為核心的重臣們，提出了一個幹練陸軍將領的組閣名單，其中有南方軍的指揮官寺內壽一、在廣島的第二總軍指揮官畑俊六，剛剛被調回來接替東條職務的參謀總長梅津美治郎，還有朝鮮總督小磯國昭。

被認為最適合的寺內壽一因為人在戰場最前線，不太可能回國組閣。梅津美治郎剛剛接任參謀總長，屁股都還沒坐熱，不宜調動。就在只剩下小磯國昭和畑俊六的狀況下，集體領導的大老們也做不出決定，乾脆把決定權丟給天皇，天皇在沒什麼選擇的狀況下，選擇了小磯國昭。

小磯畢業自陸軍大學校，但是與過去出身陸軍的將領像是林銑十郎、阿部信行、東條英機等人不一樣的地方，就是小磯當年讀書的時候，成績實在很爛，同期五十五位畢業生他是三十三名。不過成績很爛不見得代表能力很差，他在朝鮮總督任內，提出了日本人和朝鮮人同樣祖先的說法，大量任用朝鮮人官吏，減少差別待遇，對於在戰時穩定朝鮮政局有很大的貢獻。他也因為朝鮮總督任內亮眼的表現，有機會登上了首相寶座。而本來呼聲最高的米內光政，在大老們的說服下，同意接任副首相兼海相，共同輔佐小磯內閣。

據說米內光政一直到見完天皇覺得很困擾，可能是因為天皇和小磯不熟，大命降下的談話幾乎都是對米內說，讓米內在謁見結束後找木戶再三確認，到底是他組閣，還是小磯國昭組閣？木戶再一次明確的告訴米內和小磯，確實就是小磯國昭組閣。

小磯國昭有幾個綽號，因為禿頭的關係，有人叫他「日本禿頭冠軍」。因為個性可靠不浮誇，他和陸軍前輩阿部信行一樣，都有「木炭自動車」的渾名。不過再可靠的人，在戰爭政策沒有任何調整的狀況下，也抵抗不住歷史的巨輪。

小磯一上台就是一連串的壞消息，一九四四年夏天塞班島陷落、關島和天寧島守軍全滅，十月份美軍在菲律賓雷伊泰島登陸，雷伊泰灣作戰日軍慘敗。一九四五年一月美軍登陸呂宋、二月硫磺島玉碎，三月東京大空襲，四月美軍直接跳過台灣，登陸沖繩。

日本本土的防衛，此時變成重中之重，軍方此時面對接連的玉碎作戰已經不知所措，海軍的大西瀧治郎中將提出了「特攻作戰」，連降落都還不太會的學生兵被迫開著飛機衝撞敵艦，其中大多數都在衝撞之前就已經因為技術不佳而被美軍擊落。

此外，本土防衛也變成重中之重，小磯內閣的口號是「一億總武裝」，但是總武裝的方法就是在學校裡面發竹槍叫大家練習刺槍術。轟炸造成了日本軍需工業停滯，糧食不足、原料不足，連戰連敗造成了民心的渙散，小磯內閣上任不到一年，就顯得搖搖欲墜，無論是「本土決戰」、「一億玉碎」，都成為半夜吹口哨壯膽的口號，根本沒人相信日本還能再打下去。

小磯想要和談，對美國，他想利用雷伊泰灣作戰擋下美國勢如破竹的銳氣，達成比較好的和談條件，但雷伊泰灣作戰日軍不僅慘敗，還失去了整個聯合艦隊。對中國，他想利用南京傀儡政府的繆斌，和蔣介石取得聯繫和談，但這個工作還是失敗了。小磯國昭戰不贏、和不了，決定辭職下台，成為戰爭當中短命的內閣首相。

戰後，小磯被佔領軍以A級戰犯身分逮補，東京大審中被判無期徒刑，關在巢鴨監獄當中。很多無期徒刑者後來都被釋放，但小磯在獄中因為食道癌病逝，享年七十歲，據說他在戰後對自己的批判與反省是「螳臂當車」。

鈴木貫太郎

KANTARO SUZUKI

1945.4.7－1945.8.17

終戰首相鈴木貫太郎

宣稱要「一億玉碎」、「本土決戰」的小磯國昭內閣在沖繩戰爭當中就垮台了，這段期間，從塞班島、天寧島起飛的盟軍飛機，對日本大小城市進行了大規模的轟炸，民眾對戰爭的感受已經不僅僅是經濟蕭條、物價飛長、配給不足的困苦，更是眼前燒夷彈大火毀滅的家園，學童疏開讓家庭四分五裂的直接感受，從天皇到百姓，所有的人都知道，這場戰爭打不下去了。

被賦予終戰任務的，就是曾經擔任天皇侍從長，妻子是天皇保母，在「二二六事件」當中九死一生，逃過一劫的鈴木貫太郎。鈴木畢業自海軍大學校，日清戰爭之後畢業服役，是海軍的優秀人才。一九二六年的「二二六事件」當中，叛變軍隊闖入鈴木家中，對鈴木連開三槍，負責指揮行動的安藤輝三大尉拔刀準備送鈴木上黃泉，鈴木的夫人臨危不亂，衝到倒下的丈夫前要求最後的介錯「讓我來」。

安藤事實上非常敬重鈴木，因此要求部隊行禮之後默默退下。夫人立刻打電話給宮內大臣湯淺倉平醫師，在醫囑之中採取止血行動，並隨即送醫，救回了鈴木一條命。鈴木貫太郎命不該絕，自然有更重大的任務要交在他身上。終止戰爭，就是他這一生必須完成的最重要工作。

但是鈴木的處境其實很艱困，期待他組閣的天皇和重臣們，希望他趕快結束戰爭，但是軍方卻抱持相反的意見。軍方給鈴木的訊息很清楚，就是要再戰兩三年，軍方擁有武力，鈴木本身就曾經是軍方叛變的受害者，他當然知道如果自己承認任務就是終戰，軍方必然會再來一次強力反彈。

因此鈴木採取了比較迂迴的作法，一邊與軍方承諾會繼續戰下去，一邊默默地透過各種外交管道，尋求和平的可能。鈴木內閣的海軍大臣仍然是米內光政，陸軍大臣則是阿南惟幾，從軍以來一直以能力和責任感受到稱讚，也從未涉及軍中的派系鬥爭。鈴木很清楚，終戰的責任是他們必須共同完成的。

當時軸心國的義大利、德國都已經投降，沖繩有大批的軍民戰死，美軍的B29轟炸機如入無人之境，天天在日本大小城市上空轟炸，而日軍連高射砲火都沒發射，據說當時人們打招呼的用語是：「還沒被燒到吧？」由此可見戰事的慘烈。另一件值得一提的國際大事，是美國總統羅斯福過世了，鈴木內閣還發了悼唁函，激進的輿論對於鈴木的做法嚴加批判，不過鈴木的盤算，是期待繼任的杜魯門總統會調整終戰的條件，不幸杜魯門完全沒有打算改變羅斯福的政策。

鈴木內閣開始尋求各種管道，希望與盟軍溝通，有條件達成和平。德國、瑞士、瑞典、蘇聯，都成為日方傳話的管道，但是並沒有人嚴肅的回覆日本人的要求。對盟軍而言，德國投降之後，日本投降只是時間的問題，沒必要與日本談條件。甚且，盟軍這邊也沒有閒著，在波茲坦，盟國發表宣言，要求日本無條件投降，日方認為無條件投降也意味著天皇將被視為戰犯。此舉當然引起了日本軍方的憤慨，軍方一向是天皇的強力支持者，他們願意為天皇制度戰到最後一兵一卒，也不容許國體制度遭到毀滅。

外務省的看法和軍方不同，外相東鄉茂德已經為和平努力了一段時間，他認為日本已經打不下去了，現在唯一的終戰方式，就是原則上接受《波茲坦宣言》，再從細節當中和盟國討價還價。畢竟宣言當中對國體制度的維繫寫得模糊不清，也顯示了盟軍對於天皇制度和日本的關聯理解有限。此外，由於蘇聯領導者史達林的名字沒有出現在宣言上，讓日本政府再一次燃起了期待，認為蘇聯還在努力協調日本與盟軍之間的關係。由於部門之間有很多不同的意見，一時也協調不出結果，首相鈴木貫太郎只好告訴記者，對《波茲坦宣言》「我們不予理睬」。

這個被稱作「默殺」的決定，大大衝擊了日本的未來。由於對盟軍而言，日語必須透過翻譯，因此無法理解「默殺」是一個無法做決定的決定，認為日方遲遲不予理會盟軍的條件，並且表示不予理睬，當然就意味著日本拒絕和平，戰爭就必須持續下去。要讓戰爭盡快結束有兩個方法，第一就是蘇聯參戰，第二就是用更具威力的武器打擊日本。

蘇聯這時候變得很關鍵，日本想要蘇聯居中協調，儘管佐藤尚武大使已經再三警示，日方高層仍然一廂情願地覺得憑著《日蘇互不侵犯協定》，蘇聯應該會願意幫日本一把。同時，盟軍也想盡辦法，要蘇聯成為壓垮日軍的最後一根稻草。畢竟從硫磺島到沖繩登陸戰，美軍對於日軍的頑強印象深刻，也對巨大的傷亡感到不堪負荷。蘇聯如果參戰，必然能夠大大降低本土登陸作戰的成本。

一九四五年，雅爾達會議的召開，盟軍得到了蘇聯出兵的承諾，但是蘇聯對於出兵的時間並沒有定案。也就在同時，美國總統杜魯門接獲訊息，原子彈試爆成功。這個劃時代的恐怖發明，終於要首度被使用在戰爭上，第一個苦主就是廣島市。

廣島市是第二總軍的司令部，附近的江田島是海軍大學校的所在地。八月六日上午八點十五分，原子彈投下，廣島市的一切都在一瞬間消失。日本政府高層驚慌失措，面對無法估計的損失，他們先是封鎖消息，後來又釋出了「特殊炸彈」的訊息，政府高層隨即開會，但是仍然遲遲無法對無條件投降達成共識。

八月八日，蘇聯對日本宣戰，大軍向中國東北長驅直入，號稱精銳的關東軍幾乎無法抵擋。八月九日，第二顆原子彈在長崎落下，再一次毀滅了舉目所及的一切，日本政府高層正在會議中。首相鈴木貫太郎和海相米內光政，還有外相東鄉茂德，再一次提出接受《波茲坦宣言》的主張，陸相阿南惟幾、參謀總長梅津美治郎、軍令部長豐田副武則一如預期，堅決地反對。

但是很有趣的是，內閣是現役武官制，陸軍如果想要繼續打下去，阿南只要辭職讓鈴木內閣倒台就好，但阿南並沒有這樣做。嘴巴上看到他堅決反對，行動上他卻不動如山，沒有在這個關鍵時刻提出辭呈。阿南可能很清楚，這仗真的打不下去了，陸軍揚言的「一億玉碎」根本不可行，民間到處瀰漫著對政府不滿的氣氛，真的要玉碎搞不好政府整個被推翻，當下也只有鈴木貫太郎能夠收拾殘局，如果讓鈴木內閣倒台，新內閣又要在摸索一次波茲坦會議以來議而不決、決而不行，連戰連敗卻一籌莫展的窘境，對大家都沒有好處。

「最高作戰指導會議」三比三的意見，鈴木無法做出決定，不過這個場景也早在鈴木的預想中，他決定請求「聖斷」，讓天皇做決定。儘管陸軍反對，但鈴木還是完成了御前會議召開的程式，內閣會議在皇居的禦文庫開始，相持不下的意見再一次重演，在一輪浪費時間的對話後，鈴木制止了大家的發言，恭請天皇「聖斷」。天皇表示接受外相的建議，接受《波茲坦宣言》，無條件投降。

事已至此，聖斷已決，閣員們各自回到自己的辦公室，開始為「無條件投降」做準備。其中最困擾的，當然是陸相阿南惟幾。軍方總是有很多不太愛思考的勇武之人，用莽撞的愛國心想要綁架整個政府。這些人再加上腦充血的民族主義者，一旦不守命令造成叛變，後果不堪設想。阿南花了很大的力氣，壓制了這些人的意見，要求他們必須遵從天皇的命令。

但是仍然有想要叛變的人。就在天皇決定投降，閣員們開始撰寫《終戰詔書》，天皇也親自錄下

「玉音放送」。在對文字錙銖必較的同時，少壯軍官們因為對阿南陸相遵從天皇命令的決心感到失望，決定發動政變。叛變部隊殺死了一名將軍，佔領了廣播電台和皇居的一部分，不過既沒有找到閣員，也沒有找到玉音放送的音軌，更沒有找到援軍，最後在孤立無援的狀況下，遭到勤王的支援部隊解編，主事者自殺，政變流產。

八月十五日，經歷了決定終戰與否驚心動魄的一天後，天皇坐在椅子前，和無數日本帝國的子民，靜靜聆聽「玉音放送」，天皇以小小聲、有點模糊的嗓音，自己宣佈要結束這場由自己的決定才發動的戰爭。鈴木隨即召集內閣，宣佈任務完成，即將總辭，這一天也是日本帝國的亡國之日，因此鈴木內閣的辭職是不得不然。

內閣成員當中，全力協助鈴木完成戰爭任務的阿南惟幾，在八月十五日淩晨切腹自殺，鈴木首相在總辭前的最後一個行程，便是去弔唁阿南。而另一位推動終戰的要角米內光政，繼續擔任了戰後東久邇宮內閣、幣原內閣的海軍大臣，不過據說從終戰之日起，米內便日日以毛筆謄寫《終戰詔書》，餽贈友人，據說也有人把這些字帖當作傳家寶。「最高作戰指導會議」的其他成員，外相東鄉茂德、參謀長梅津美治郎、軍令部長豐田副武都成為戰犯，被關押在巢鴨監獄。

鈴木貫太郎內閣完成了自己被交付的任務，日本戰敗，美軍即將登陸，新的時代來臨。他的內閣任期只有一百三十三天。雖然原爆受害者對於他的「默殺」態度極為不滿，認為他應該要對原爆負責，但由於完成了天皇終止戰爭的任務，鈴木的「終戰內閣」地位，仍然受到歷史的高評價。

第四部　戰後昭和的總理大臣

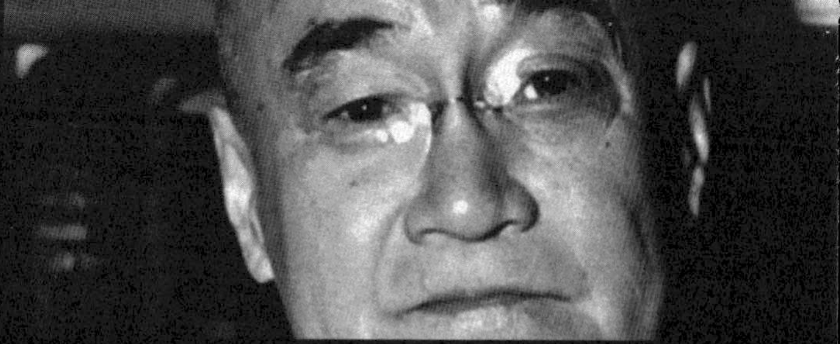

SHŌWA ERA

1946 – 1989

Shōwa Era

東久彌宮稔彥

NARUHIKO HIGASHIKUNI

1945.8.17－1945.10.9

短命的東久彌宮稔彥內閣

宣布接受《波茲坦宣言》無條件投降後，鈴木貫太郎內閣隨即總辭，接任的是先前就一直被傳說要組閣，卻因為擁有皇室身分而多次婉拒的東久邇宮稔彥。這一次他以皇族之姿組閣，用意就在結束戰爭體制，回到平時體制，解除軍隊武裝，安定民心。稔彥一上台，第一件事情就是宣佈從今天起，國民如果有任何意見，都歡迎寫信給他，結果信件如雪片般的飛來。

稔彥是明治天皇的權力爭奪者朝彥親王的第九王子，朝彥親王本來在青蓮院出家，但因為幕末風起雲湧而登上歷史舞台，他支持「公武合體」，謀劃掃除長州勢力，在明治維新之後，因為被認為勾結德川慶喜想挑戰皇位，因此被幽居在廣島。

不過明治天皇對皇族頗為寬容，確立了權力無虞後，便寬貸了他的政敵。朝彥親王晚年在伊勢神宮度過，幾位王子也都受到好的教育，東久邇宮稔彥就是其中之一。稔彥畢業自陸軍大學校，畢業之後赴法國留學。由於他出身皇族，和法國上流社會往來密切，首相克里蒙梭、一次大戰的英雄貝當元帥，畫家莫內，都曾經是久邇宮家的座上賓。

後來皇室決定要讓稔彥與聰子內親王成婚，只是稔彥在法國呼吸了自由的空氣，也談了戀愛，不想回日本結婚，引起了軒然大波。這位桀驁不馴的王子回到日本，在大正天皇去世後才乖乖回國。稔彥回國之後任職陸軍，在戰場上也有傑出表現，在中國戰場以第二軍司令身分參與武漢會戰，太平洋戰爭期間也有深入的參與。

他是皇族出身，因為留學而有開明形象，又具有軍人身分，因此被認為是最適合接掌鈴木辭職後的政權，帶領日本順利終戰的重要人物，東久邇宮稔彥內閣於是登場。稔彥有三個重要的任務，第一個是解除軍隊武裝，第二個是確保佔領軍順利進駐，第三是簽署投降文書。

為了解除武裝，稔彥親兼陸軍大臣，並把鈴木內閣的海相米內光政留了下來，一起為解除軍隊武裝和復員努力，輿論稱之為「老練內閣」。八月二十八日，第一批佔領軍抵達日本，東久邇宮稔彥首相提出了「一億總懺悔」的說法，相對於前不久小磯國昭首相才說了「一億總玉碎」的主張，讓被軍國主義洗腦已久的國民一陣錯愕。因為戰敗，政府一個髮夾彎就完全毀棄過去的主張，也讓日本民眾體會到戰時體制的荒謬與瘋狂。

八月三十日，麥克阿瑟將軍飛抵東京厚木機場，原本以為他將發表一場長篇大論，結果這位叼著菸斗，手總是插著腰的軍人，只說了：「從墨爾本到東京，回想起來，距離很長，是一段冗長艱難的過程。不過，至此彷彿萬事都結束了」。簡單的一句話，讓還在驚愕中的日本人，感受到改革與佔領的時代即將開始。

九月二日，經過協商，同盟國同意具有皇族身分的東久邇宮稔彥首相不用出席投降儀式。他派出外相重光葵，參謀總長梅津美治郎代表日本，出席停泊於東京灣上的密蘇里艦上的投降儀式。重光葵在日中戰爭期間失去了一條腿，登艦時一跛一跛，好似也意味著日本將跛著腿走向接下來的佔領路。

東久邇宮政府的棘手難題，還包括內政。當時日本的主要城市，幾乎都被美軍轟炸過，首都東京殘破不堪，被認為藏匿大批軍需工廠的隅田川兩岸，幾乎被夷為平地。被原子彈轟炸的廣島、長崎更不用說，幾乎全毀。大批人民無家可歸，配給糧食不敷使用，接下來還有數百萬「引揚者」從中國、滿洲和太平洋地區復員歸國，社會充滿了不安的氣氛。

好的氣氛也不是沒有，比如有家屬在外地打仗的，難免會有終於可以回來了這樣的期待。此外，恢復了戰時因為阻擾空襲而停止的氣象預報，以及人們終於適應了晚上可以把窗戶上的黑紙撕下點燈的平時生活，還有發行了彩券，這都是好的改變。但總歸社會的氣氛，就像是可以點燈但油不知道在哪那樣，對未來惶惶不安。

戰爭時期醜化的「鬼畜美英」即將成為佔領軍，日本社會的反應是叫大家把衣服穿好，以免助長犯罪。此外，政府也緊急貸款成立「特殊慰安設施」，招募年輕女性加入慰安行列，認為這樣可以大大減少美軍的燒殺擄掠，據說當時特種行業的業者還跑到皇居前高呼萬歲，喜迎這個「為社會安全做出貢獻，為護持國體挺身而出」的愛國財。

不過同時，一九四五年也是一個農業的荒年。連年的戰爭和轟炸疏開，導致了田園的荒廢。前面幾年，還可以依賴殖民地進口物資來補足國內不足，現在殖民地物資全部斷絕，都市的生產能力又遭到毀滅性的破壞，吃不飽已經變成嚴重的社會問題。飢餓引發犯罪，也導致了營養不良和疾病，許多人跑到鄉下以物易物交換食物，也造成了都市缺工的問題，整個社會秩序一團混亂。

十月二日，佔領軍要求日本政府執行「人權指令」，釋放政治犯。東久邇宮稔彥內閣拒絕。他認為現在日本夠亂了，把那些共產主義者放出來，不啻是製造更大的混亂。此外，他也不同意佔領軍以民主化的理由，要求內閣「廢止政治警察」，並要求撤換內相、警保局長、警視總監，以及一大票的中央地方警察共計四百多人，稔彥覺得這樣搞只會讓政府無法運作下去。

稔彥的執拗惹得麥克阿瑟非常不高興，他批評被日本人當作自由主義者的稔彥「思想、行動皆非民主主義」。稔彥不願屈服，直接宣布內閣總辭，在職一共五十四天，成為日本歷史上最短命的內閣。那些應他邀請，雪片般湧來的信，這下都變成下任內閣的事了。

退休之後，稔彥向天皇稟奏要「臣籍降下」離開皇室，改名東久邇稔彥。這位一生桀驁不馴的親王，離開政壇之後從商過，也成立過新興宗教，有一段時間幾乎為人們所遺忘。不過他非常長壽，直到一九九〇年才以一百零二歲的高齡過世。

幣原喜重郎

KIJURO SHIDEHARA

1945.10.9－1946.5.22

「人間天皇」與幣原喜重郎內閣

終戰後的第一個首相東久邇宮稔彥，因為拒絕執行駐日盟軍司令部（General Headquarters, GHQ）的「人權指令」而下台。但日本戰敗國的身分並不會因此而改變，所以下一個組閣的人，勢必就得是願意執行「人權指令」的。大家左思右想，搬出了歸隱多年，幾乎已經被政壇遺忘的幣原喜重郎組閣。

幣原在戰前擔任過四屆外相，也曾經在濱口雄幸被刺後，代理過很長一段時間的總理職務。他經歷過大正民主的洗禮，也曾經在昭和初期和逐漸坐大的軍方起爭執。幣原英文甚佳，曾提出「幣原外交」，主張美英協調路線，帶領日本在第一次世界大戰後躋身國際強權，卻遭到軍方和強硬派譏為「軟弱外交」。

一九四五年秋天，幣原已經七十三歲，再度復出江湖，也出乎他人生的意料之外。雖然他當時還有貴族院議員的身分，但早就不問世事。幣原內閣上台的第二天，GHQ就發表了「五大改革指令」，解放婦女、獎勵工會、學校教育民主化、廢除秘密員警和秘密審訊制度，以及經濟組織的民主化。

回想起東久邇宮稔彥內閣上台時，最重要的任務就是要讓戰時體制恢復正常。在日本人眼中，恢復正常意味著回到戰爭開始之前，也就是幣原最風光時期的社會狀態。但所謂「正常」，在GHQ眼中似乎另有想法，隨著「五大改革指令」的發出和執行，幣原治理下的日本社會，並沒有回到戰前；反而往新的、民主化、自由化的方向走。

五大改革進行當中，天皇的地位也開始被討論。這段期間，天皇和佔領軍統帥麥克阿瑟將軍有過幾次會面，雖然紀錄有點殘缺，但可以感受到天皇和麥克阿瑟將軍的關係保持的不錯。為了考量日本的穩定，麥克阿瑟將軍確實沒有打算將天皇送上絞刑台。不過其他涉入戰爭的人士，就沒有那麼幸運，戰犯逐一遭到逮捕，被人視為戰爭首謀的東條英機，還在逮捕前自殺未遂，一時傳為笑柄。不過佔領軍用盤尼西林治療他，也讓日本人對於美國先進的醫療技術讚嘆不已。

天皇制度存廢的問題，也涉及了修改憲法。在GHQ多次明示暗示之下，政府決意研討新憲法。不過新憲法的研究，分成兩個部分進行，一個是前首相近衛文麿，一個是東京帝大的法學教授松本烝治。他們兩人都宣稱得到GHQ的委託，要研擬新憲法，只是近衛的研究沒有持續太久，GHQ很快就對他發出逮捕命令，近衛雖然是日本捲入戰爭的首謀之一，但也是最後結束戰爭的關鍵人物。

他自認再加上研究修憲，應該可以功過相抵，逃過一劫，只是GHQ並沒有這樣想，將他列為戰犯。近衛感受到戰敗是多麼沒有尊嚴，所有的承諾都可能一夕翻盤，決意不再忍受這些屈辱，服毒自殺。

松本烝治那邊，倒是真的得到了委託。只是松本委員會搞了半天，提出了一套依照明治憲法稍微修改而成的憲草版本，讓GHQ非常不滿意。麥克阿瑟明顯感覺到日本人只想要美國人快走，並沒有改善體制的誠意，於是他要求GHQ轄下的民政局GS規劃憲改草案。

民政局找了幾位年輕軍官，把畢生的民主法治知識都用上，創造了這部「外來憲法」，要求日方接受。日方幾經考量，決定對GHQ提出的憲法草案做部分修改，接受美方強加的民主。新憲法當中的非戰第九條、天皇象徵論，正式成為日本戰後憲法的中心思想。當然，從後來的紀錄當中，也有非戰主張是幣原提出這樣的說法，證明憲法並不只是單向的強加，也藏了佔領軍和日本政府互相猜測主張的影子。

另一方面，為了鼓吹天皇象徵論，幣原內閣也和宮內省協同，在一九四六年新年，讓天皇發佈了《人間宣言》，也就是把過去鼓吹的神格降為人格。天皇也因為地位的改變，開始了明治之後一連串的巡幸過程。儘管天皇還是很不食人間煙火，比如在孤兒院問孩子「令尊健康吧」卻得到「父親戰死了」的回應，但是「人間天皇」的主張，還是造成了正面的效果，讓大家感受到日本天皇對人民的愛，讓天皇回到象徵元首的形象當中。

在GHQ的指示下，幣原內閣正為戰後日本的發展奠定基礎，社會的娛樂活動也再次開始。一九四五年除夕，NHK以廣播放送第一回「紅白歌合戰」，開啟了戰後過年必聽紅白的傳統。那一年，並木路子的〈蘋果之歌〉爆紅，並木是在台灣長大的「灣生日本人」，她用歌聲帶給剛剛回到殘破家園的人們最大的撫慰。百田尚樹的小說《名叫海賊的男人》，提到一段維修收音機的故事，大約就是這段期間的事情。

吉田茂

SHIGERU YOSHIDA

1946.5.22－1947.5.24
1948.10.15－1949.2.16
1949.2.16－1952.10.30
1952.10.30－1953.5.21
1953.5.21－1954.12.10

佔領體制下的第一次吉田茂內閣

就在戰後的政治體制風暴進行的當下，人民此時的生活，卻是在水深火熱之中。一九四五年的荒年問題，在秋收時呈現。政府配給的米完全不夠食用，黑市逐漸成形，在那裡可以用更高的價錢，買到任何想買的東西。而佔領軍也因為衣食無虞，成為特權階級，無論在食物的配給、辦公和住宅廳舍的使用，甚至換不完的女朋友「盼盼女郎」們，都比日本人好過許多。

日本社會正因為新的貧富階級出現，而呈現崩潰邊緣的狀態。都市的糧食供應不足，直接生產糧食的鄉村反而變得相對富裕。許多都市人都搭乘火車，把身上各種值錢的貨物變賣，換取更多的米糧。也有復員軍人不願意回到都市上班，只因為留在鄉下老家至少還能吃飽。水木茂的《昭和史》當中，也描述了自己想到東北買米，結果弄得身無分文，連外套都典當的往事。

此外，男人們因為等待美軍恩客的「盼盼女郎」出現，而感到嚴重的自尊受損。同一時間，社會犯罪事件層出不窮，最有名的就是姦殺多名婦女的小平義雄，他屢次利用「可以買到便宜的糧食」之類的理由，騙取女性的信任，進而逞慾滅口。小平義雄戰爭時被派駐在中國戰場，他承認在戰爭之時，經常在戰場做類似的事情，也引起了輿論大譁。

對於當時的女性來說，溫飽是最重要的事。許多戰爭孤兒寡婦嗷嗷待哺，對他們而言，最重要的事情不是佔領軍施捨的平等投票權，而是吃飽。上野車站每天擠滿無家可歸的難民，一個飯糰就可以唆使他們去做任何事。

對再一次有機會活躍的共產黨而言，此時就是最佳的成長時刻。在佔領軍允許之下，戰前被逮捕的左翼領袖像是德田球一等人紛紛得到釋放，遭到取締的共產黨恢復運作。從中國延安回到日本的野阪參三，在東京以「為人民所愛的共產黨」為題發表演說，談到共產黨是真正的愛國者，得到瘋狂的歡迎，他具有煽動性的演講震撼全國，也給了共產黨擴張成長的機會。

一九四六年的國會大選，在GHQ的堅持下，日本女性終於有了投票權。由於GHQ鼓勵民主和政黨，這場選舉有很多重要的突破。其一，是鳩山由紀夫領導的自由黨變成第一大黨；其二，是首次參選的女性就得到三十九個席次，婦女參政權確實得到大突破；其三，是共產黨得到四個席次，首次進入國會，雖然他們經營的重點顯然是民間工會。

第一大黨是自由黨，理當要出面組閣，但是幣原喜重郎卻在選後第一時間，加入了進步黨並接任黨首，主張自由黨、進步黨、社會黨聯合組閣。但幣原的舉動沒有得到支持，卻引來輿論大譁，各黨都不買帳。自由黨和社會黨、協同黨、共產黨甚至成立了「打倒幣原共同委員會」，認為幣原玩弄權術、手段卑劣，幣原內閣的厚生大臣蘆田均宣佈辭職，幣原內閣垮台。

政壇明爭暗鬥，社會也風聲鶴唳。五十萬人在勞動節前夕聚集於皇居廣場，反對保守政權，並要求社會黨組閣。五月十九日，發生「糧食勞動節」運動的共產黨人德田球一衝進首相官邸，靜坐了兩小時，宣稱「食物比憲法優先」。還有人要求要檢查天皇、官員的菜單，指控他們飽食終日，人民卻餓死街頭。

因為內閣無法組成，垮台出現了空窗期，幣原要求最大黨自由黨黨魁鳩山出面組閣，但就在鳩山答應，並且晉見天皇之際，GHQ卻發表「公職追放」，鳩山也因此不得擔任公職。鳩山無法出任首相，大家只好找他的好朋友吉田茂出面組閣。吉田茂在三催四請下，提出了「不負責籌措資金、不干預閣僚選拔、不爽可以隨時不幹」三個條件，勉強組閣，第一次吉田內閣成立。

第一次吉田內閣最大的挑戰，就是完成憲法修正的程式，以及解決空前險峻的糧食問題。糧食不足，左翼力量越發蓬勃，GHQ現在才警覺到情事有點嚴重。一九四七年二月，在共產黨主導下，成立了「全國官廳工人工會共同鬥爭委員會」，提出了「二一大罷工」的訴求，提出打倒吉田內閣的訴求。吉田茂選擇與之對抗，稱發起遊行的人是「不逞之徒」，堅決不肯退讓。罷工一觸即發，當時柏林危機已經發生，東西冷戰格局已成，GHQ也感覺到如果不加干涉，現下的貧窮問題和糧食危機，可能會導致日本赤化。

GHQ先透過非正式管道要求不要舉辦罷工，但主導罷工的共產黨顯然不接受，認為佔領軍不能這樣亂搞，麥克阿瑟將軍對共產黨的態度很不滿，就直接下令中止罷工。形勢比人強，罷工的發起人共鬥議長伊井彌四郎講完「退一步，進兩步」，在壓力之下屈服，終止了箭在弦上的「二一大罷工」。

這樣氣氛下的吉田內閣自然不長命，麥克阿瑟將軍對吉田未積極處理共產黨，又偏向保守主義的政治態度不滿意，共產黨也對吉田的保守態度反感至極。麥克阿瑟建議既然政經情勢面臨鉅變，乾脆提前舉行大選。一九四七年日本依照新憲法，辦理第一次選舉，社會黨奪得第一大黨，有了前輩好友幣原的教訓，吉田並沒有戀棧權位的打算，爽快的將首相位置交給社會黨黨首片山哲，這是日本歷史上第一次有了左派內閣。

片山哲

TETSU KATAYAMA

1947.5.24－1948.3.10

「中道內閣」片山哲

一九四七年，在被認為想要參選總統，因此想盡快回美國的麥克阿瑟將軍指示下，日本依照新憲法，舉行了首次國會選舉，溫和左派的社會黨躍身第一大黨。首相吉田茂領導的自由黨在選舉中並未獲得佳績，儘管自由黨和盟友民主黨相加，是可以過半的，但吉田依照憲政原理，央請第一大黨社會黨的黨首片山哲組閣。

片山內閣一啟動就陷入困境，敗選的吉田茂對權力不戀棧，贏得了民眾的好評，而擔當大任的片山哲，卻在尋找盟友的路上遇到重重難題。好不容易才在協調下，組成了社會黨、民主黨和國民協同黨組成的內閣，內閣的兩大盟友，政治光譜都在社會黨的右邊。

此外，吉田茂的自由黨雖不入閣，但承諾以「閣外力量」支持內閣。也就是說，這個內閣是中間路線，但第一大黨會明顯受制於盟友偏右的立場。組閣確認後，麥克阿瑟將軍隨即發出聲明，「支持日本民眾對中道路線的選擇」，也因此這個「大鍋炒」內閣，被稱作「中道內閣」。

不過無論如何，這總是左派首次在日本執政，當時的左派、自由派、民主派得意不已，認為日本政治進步的不得了。片山就任後發表收音機演說，期待和國民諸君一起來推動民主主義平和國家、文化國家的精神革命目標。

只是中道內閣一上任，就發現沒有蜜月期。戰後的國政本就問題百出，通貨膨脹帶來物價上漲，經濟又欲振乏力，通貨膨脹是戰前的二十五倍，一般家庭過得非常辛苦。片山任內，還曾經發生過收容所有一百零三人遭到餓死的處境。與高唱民主自由比起來，「讓人民吃飽飯」，才真的是片山內閣的大難題。

此外，片山聯合內閣的組成本來就不穩定，進步份子一向沒辦法團結，因此整個執政的過程，也總是在吵吵鬧鬧當中度過。內閣首先在「煤礦國家管理問題」上，因為決議不採取自由市場，要成立一個統合主義（corporatism）式的煤礦工團，而得罪了主張自由市場的自由黨。本來就只是礙於佔領軍的面子而支持內閣的吉田茂，旋即宣佈自由黨將退出「閣外合作」，成為片山內閣的背中刺。

接下來是內閣本身的衝突，立場偏向保守派卻是社會黨籍的農相平野力三，因為多次和「經濟安定本部」長官河田博雄口角，兩人為了米價應該要上漲還是要穩定吵翻天，但是平野因為屢屢不被閣議所支持，多次揚言要退出所屬的日本社會黨。平野雖然是社會黨，但他在戰時和鳩山一郎同是軍方東條、反東條之爭中的第三勢力「皇道會」一員，鳩山被追放公職之後，平野顯然和同樣反東條的自由黨領袖吉田茂立場比較接近。

日本政治有鬥爭，佔領軍的內部也在鬥爭。GHQ當中，以惠特尼將軍（Courtney Whitney）為首的民政局GS，是比較支持「中道內閣」的路線；而軍方情報參謀第二部G2的威羅比（Charles A. Willoughby）少將，則因為對左派勢力忌憚，明顯支持比較保守的吉田茂一派。G2和GS以代理人的型態鬥爭，加深了日本政壇的風雨，像是前面的和田和平野之爭，和田博雄得到GS的支持，平野力三獲得G2的鼓勵，兩人明爭暗鬥，最後以平野辭職收場。

可是平野辭職之後的農相要由誰繼任，大家又吵成一團。社會黨內左派推薦野溝勝，但在佔領軍涉入下，片山啟用了溫和派的波多野鼎，不願妥協的社會黨內左派隨即宣佈「黨內在野黨」宣言，和被認為溫和派的片山劃清界線，原本就是左右聯合「大鍋炒」的片山內閣，再度陷入進退兩難的局面。

最後壓垮片山內閣的，是「零點八個月」生活補貼問題。這是政府決定支付政府員工「全遞信工會」抗爭得來的二點八個月生活補貼款項來源問題。其中兩個月由年度預算支付，但剩下零點八個月，大藏省主張提高以運費、郵資漲價來補足，經濟安定本部則認為物價已經夠不穩定了，不該再漲價。最後大藏省的漲價說得到GHQ的支持，第一大黨社會黨強烈反彈，社會黨主導的國會預算委員會，居然在社會黨成員缺席的狀況下，否決了大藏省的漲價方案，此舉形同不信任案，也導致片山內閣倒台。

片山本身是個猶豫不決的人，他是基督徒，頗有理想主義色彩，並且自詡進步。他執政期間，雖然經濟表現不怎麼樣，政治局勢也一團混亂，但在內憂外患之間，片山依然為日本的民主化和自由化做出許多努力。比如國家公務員法的制定，確立了文官體制的穩定；內務省的解體，解決了過於肥大且威權的員警組織問題。又比如勞動省的設置、失業保險制度的建立，代表日本勞動權益的進展；改正民法、刑法則讓日本的法律制度更符合現代化的趨勢，這些典章制度的建立，都是這位外界尊稱的「民主宰相」的貢獻。

不過，片山的閣揆任內，也發生了許多匪夷所思的怪事，比如「帝銀事件」：一位怪客扮演政府官員，以治療阿米巴痢疾為由，要求帝銀東京椎名町分行的職員喝下不知名藥物，造成十二人死亡的慘劇。這個案子後來在佔領軍介入下不了了之，嫌犯在真相未明的狀況下草草起訴，作家松本清張就在《日本之黑霧》一書中，強烈質疑嫌犯另有其人，且真正的嫌犯可能有七三一部隊的背景，因為得到佔領軍保護而不了了之。

總之，進步和民主的「中道內閣」，儘管做了許多改革，但並沒有為戰後日本帶來什麼希望。再加上進步份子本身的不團結，和佔領軍以「代理人」內鬥的狀況下，片山內閣終於倒台。片山本人也在一九四九年的大選當中落選，成為史上第一次最大黨黨首在大選中落敗的先例。後來片山本人還曾經在一九六三年的選舉中再次落敗，他是日本首相經驗者兩度落選的紀錄保持人。此外，片山所屬的社會黨距離下一次執政，還要再等四十七年。

蘆田均

HITOSHI ASHIDA

1948.3.10－1948.10.15

日本黑霧籠罩下的蘆田均內閣

片山下台後，誰來組閣再一次變成政壇的焦點，占領軍的意願當然也涉入其中，其中呼聲最高的是民主黨的黨首蘆田均，以及自由黨黨首、前首相吉田茂。

蘆田和吉田都是外務省出身，吉田是「英語人」，走的是美英協調路線，先後出使過英美。蘆田的外交官生涯，則是在俄國、法國、土耳其和比利時發展，算是歐洲問題的專家。蘆田文筆不錯，自稱「文筆業」，著作《第二次世界大戰外交史》在外交圈內也相當有名氣。和一九三九年才辭去外務省工作的吉田相比，蘆田算是很早就離開外交圈，一九三二年他就回到日本，以政二代之姿當選京都地區的議員，開始了政治生涯。

這場外交官僚出身政治人物的首相之爭，在眾議院這邊，民主黨的蘆田均得到兩百一十六票支持，勝過吉田茂的一百八十票。參議院這邊，自由黨的吉田茂則以一百零四對一百零二兩票之差險勝。由於憲法當中眾議院優先的原則，是以由蘆田出面組閣。蘆田知道這樣的內閣不穩固，想要進一步組成新政黨，但卻因為各種問題，最終不了了之。

他的對手吉田茂這邊，則在首相之爭落敗之後，積極拉攏平野力三等社會黨右派，以及民主黨內以幣原喜重郎為首的右派，默默地讓新組成的「民主自由黨」成為國會第一大黨，當然，距離單獨過半，民主自由黨的實力還差很遠，但已經足以造成蘆田內閣的重大威脅。

如果片山內閣是政治光譜偏左的社會黨，領導右邊的國民協同黨、民主黨兩大政黨所組成的中間偏左內閣；那麼新成立的蘆田均的內閣，就是由民主黨領導國民協同黨和社會黨右派組成的中間偏右內閣。此外，光譜最左的共產黨，和最右的民主自由黨，都不在GHQ所認定中間的光譜內，因此希望由蘆田繼承片山的「中道內閣」路線，是佔領軍主觀的期待。

此次「中道內閣」由於失去了社會黨左派的支持，閣外的民主自由黨又以反對黨自居，蘆田內閣的支持基礎，顯然比片山更為脆弱。然而片山內閣沒有解決的問題，像是景氣衰退、通貨膨脹的問題，到了蘆田手上也還是一個解決不了的爛攤子。另外，由於主張偏向民主多元，對左派的態度也比較容忍，也讓蘆田面對工人運動的挑戰時，經常陷入左支右絀的處境，抗議迭起，民眾就會覺得社會很亂。

蘆田任內還有一件大事，就是頗受歡迎的「無賴派」作家太宰治，在玉川上水和女友一起投河自盡。太宰治之前已經自殺多次未果，卻選在水淺的玉川上水結束生命，這一次看起來是死意甚堅。儘管大家對他的生活態度不敢恭維，但他在文壇確實很受到歡迎，作品像是《櫻桃》、《維榮之妻》當中，主人翁沒有明天的生活方式，相當程度也是太宰治自己和所處時代的描寫。

太宰治一生放蕩，他的無賴寫作之所以受到歡迎，除了言語尖酸，也意味著當時日本社會充滿了這種無所謂的虛無主義情緒。有一種「粕取文化」的說法，就是對當時社會的描寫。「粕取」指的是在黑市裡面充斥，以酒粕做成的劣酒，因為味道不佳，連喝的時候都得嗚著鼻子，酒精濃度高，三杯下肚，就會讓人醉倒，是當時日本勞動階級的主要飲料。這種沉溺逃避的情緒，也代表著戰敗初期日本人的心理狀態。

在這種沒有明天的社會氣氛中，蘆田內閣艱鉅的前進著，把片山沒有處理完的文官制度強化，試圖解決通貨膨脹的問題。但這些內政經濟問題的處理，確實有著佔領軍介入影響政策方針的疑雲，而他的競爭者吉田茂，也正積極著運作著在政壇崢嶸。打垮蘆田內閣的關鍵事件「昭和電工疑雲」，就在這樣的時代背景下被揭發。

事件的大略，大概就是昭電的董事長日野原節三因為和「中道內閣」人士，以及背後的民政局GS系統交好，而有不當的政治獻金行為。此外，在戰後的艱難時刻，日野原本身的私生活過於奢華，也造成輿論譁然。日本警方搜查日野原之後，陸續發現昭電和內閣團隊成員的不法金流，甚至包括實力派的副總理西尾末廣也牽涉在內，蘆田想要辭職，GS卻拒絕讓他辭職，隨著案情越鬧越大，終於因為支撐不住輿論的壓力而倒台，蘆田本人甚至還在辭職後遭到逮捕。

離奇的是，昭和電工事件最後沒有人被判有罪。小說家松本清張在《日本的黑霧》一書中就認為，這個案子不只涉及政界鬥爭，也顯示出GHQ內部以反共為優先戰略的第二參謀本部G2，和以民主化為優先路線的民政局GS之間的衝突。

松本認為，G2支持的吉田茂擊敗GS支持的山崎猛組閣，而GS這一派的官員，也因為牽連在內，而失去了GHQ內部的政策主導權。這樣的事態發展，是G2這邊希望的結局，因此讓作為導火線的昭電疑雲不了了之，也是最符合GHQ和日本政府利益的做法。運氣不佳的蘆田均，成為政治鬥爭之下的犧牲品，被逮捕一事，也成為他一生的汙名。

吉田茂

SHIGERU YOSHIDA

1946.5.22－1947.5.24
1948.10.15－1949.2.16
1949.2.16－1952.10.30
1952.10.30－1953.5.21
1953.5.21－1954.12.10

長期執政的保守主義者吉田茂

戰後的世界局勢正快速的改變，蘇聯將佔領的東歐國家轉成衛星國，並且意圖以封鎖柏林染指德國。卸任的英國首相邱吉爾強烈的批評蘇聯的做法形成「鐵幕」，將世界分隔成東西兩方。

美國為了歐洲復興，決定啟動「馬歇爾計畫」，這不僅僅是一項人道計畫，美國更打算在振興歐洲的過程中，在政治和經濟上都確立好自己的勢力範圍，形成足以和蘇聯對抗的戰略格局。

在亞洲，戰勝國中國陷入內戰，朝鮮半島也被硬生生分隔南北。日本這邊，共產黨時而得到鼓勵，時而遭到壓制，民主的界線到底在哪裡？GHQ本身也都還猶疑不定。

蘆田均內閣因為「昭和電工疑雲」下台後，佔領軍的民主派一方希望由副閣揆山崎猛組閣，但保守派一方支持蘆田的政敵吉田茂。最後吉田茂獲勝，佔領軍民主派的GS領導人物惠特尼將軍等人，也因為各種事件，陸續辭職回到美國。

由於東西冷戰的格局逐漸形成，由美國領導的同盟國，決定盡速解決已經延宕一陣子的東京審判。一九四八年十一月，遠東軍事法庭裁決二十五名被告有罪，東條英機、廣田弘毅兩位前首相等七人被處以死刑。各地也針對乙丙級戰犯進行宣判，許多戰時的中低階軍官，也都遭到處刑，漫畫家水木茂的哥哥也是其中被判刑的基層軍官之一。

相對於這些基層軍官，東京審判結束後，其他關押在巢鴨監獄的被告，即使是甲級戰犯像是岸信介等人，都陸續離開了監獄，回到社會。而天皇的罪責，也因為東條等人的承擔，以及麥克阿瑟將軍本人的支持，而不再被追究，甚至連退位都不需要。

東京審判的結束，代表了日本政治即將進入新時代，因應東西冷戰格局的形成，美國希望日本做反共的馬前卒。既然如此，戰爭的責任，也就應該趕快了事，哪怕有點草率的感覺。

吉田在兩屆「中道內閣」期間，到處招兵買馬，旗下有佐藤榮作、池田勇人等官僚出身的高手，現在授命組閣，他充滿把握，為了克服少數執政的問題，吉田茂上任的第一件事，就是解散國會。大選在隔年（一九四九）一月舉行，民主自由黨提出了以提高生產力為優先的自由競爭政策，得到大多數人民的支持，民自黨達成了戰後首次單獨過半的成就，「中道內閣」的要角片山哲、西尾末廣等人，紛紛落選。

一九四九年二月，第三次吉田內閣組成，但是吉田選舉時減稅、增加補助等政見，也遭到佔領軍的否定。麥克阿瑟將軍指出，戰後日本的重建，將從政治轉向經濟。在這樣的態度下，困擾日本多年的通貨膨脹問題，成為美國要求日本解決的首要之務。

古典自由派的信仰者道奇（Joseph Durgers），就是這個時候來到日本準備要大顯身手。他認為日本經濟是踩在高蹺上，是靠著美援和補貼政策，才能夠支撐下去，遲早有一天會摔倒。為解決問題，道奇訂定出一種超緊縮政策，以震盪療法之姿，強迫日本接受他的平衡預算、停止補貼和裁員等政策。

長期下來，道奇的政策當然有助於日本經濟回到正軌，但既然說是震盪，實施之時對日本內政所造成的衝擊，當然劇烈異常。八千八百四十一家企業遭到重整，四十三萬五千多人遭到解雇。政府部門方面，為了均衡預算，有將近二十七萬人遭到解雇，其中國鐵佔了大宗。

國鐵工會當然不能接受這樣的大裁員，決定發起抗爭。當時的總裁下山定則是運輸省次官出身，他很能幹，但並不是一個能夠解決政治問題的人，要他處理裁員，當然是極大的困擾。就在下山還在思考怎麼處理問題之時，卻發生了他光天化日之下在百貨公司失蹤，第二天屍首被發現丟在鐵道附近的奇事。到底下山是被殺後才丟在鐵軌上，還是丟在鐵軌上被殺？至今仍然眾說紛紜。

此外，國鐵還發生了無人電車爆衝的松川事件、三鷹事件，這些案子雖然當初都是賴給過激的共產黨，但真實情況至今都還仍有疑義，被稱為「國鐵三大懸案」。對於這些事件，推理作家松本清張的《日本的黑霧》一書有很多關於佔領軍內鬥的優秀推理，至今仍流傳不衰。近年也有柴田哲孝的《下山事件：最後的證言》一書，抽絲剝繭的討論了該事件在冷戰當中的特殊意義，都很值得一讀。

儘管緊縮衝擊、懸案依然，但道奇線下的日本，卻因為韓戰爆發而迎來一波好景氣。本來已經不被抱希望的國內生產，因為韓戰特許訂單的原因，展開爆炸性的成長。把日本當做後勤基地的美軍不只是人員在這裡消費活動，軍需品也亟需日本製造，這一波又一波的訂單，開啟了日本擺脫貧窮的機會，而戰後的首波成長開始，也奠定了吉田內閣的穩固地位。

此外，既然戰爭責任已經追究完畢，東西冷戰架構也已經形成，韓戰中的美國需要日本盡快恢復，因此壓著日本盡速與各國簽訂和約，把太平洋戰爭告個了結。當時日本國內分成希望和蘇聯、中國在內「全面講和」的一派，以及因為美蘇冷戰，中國分裂而主張「單獨講和」的兩派。對和平充滿憧憬的

「全面講和」派，以東大校長南原繁為首，強烈批判吉田茂政府的部分講和做法，無法擺脫冷戰架構，也無助於日本走出戰爭陰影，他們提出永久中立的想法，來對抗政府向美國傾斜。

此時麥克阿瑟將軍因為和杜魯門總統意見不合遭到解職，對日本人來說，民主制度可以解職像神一樣的麥克阿瑟，真的是不可思議的衝擊。吉田茂在不確定的政局中，抓住了依靠美國大致不會錯的大方向，加緊腳步，盡速與各國展開單獨講和的和談進程。面對南原等人的批判，吉田也豪不客氣，砲轟這些搞不清楚狀況的知識份子是附和共產黨的「不逞之徒」，更用「曲學阿世」、「學者空論」等難聽的字眼，批評當時社會聲望極高的南原不知世道多變，只會誑稱理想。

一九五二年舊金山議和之後，美國決定結束佔領體制，解散GHQ，讓日本人自己管理自己，維持七年左右的佔領體制終告結束，吉田茂後來被問起對GHQ的想法時，他只說了一句話：「Go home quickly」。現在講和完成了，佔領體制結束了，儘管仍然依附美國，但日本基本上已經恢復獨立。大家這才發現，吉田茂的外交哲學，就是讓美國人相信美日彼此的利益一致，只要讓吉田執政，日本絕對不會亂搞，這樣美國人就會放手快快回家，「go home quickly」。

不過很多人不能理解吉田的想法，吉田在執行的過程中，也不可能自掀底牌。是以和德高望重的學者們做對的吉田內閣，一直遭到日本國內極大的誤解。美國人要他接受道奇線，他就接受．美國人希望單獨講和，他也單獨講和；美國人想要日本成立戰力幾乎與軍隊差不多的治安警察隊，他也順服；美國想要無限期駐軍，吉田也接受。甚至因為美國人的要求，日本在戰後再度武裝，甚至成立了自衛隊，以減輕美國駐軍的壓力，吉田也決定吞下去。

美國人結束佔領，日本快點恢復獨立，這就是吉田在冷戰之中最堅持的目標。在完成這個目標的前提下，吉田什麼都吞下去，忍受罵名也無所謂。吉田所奠定的外交基礎，至今仍然是美日安保體制的重要精神，也形塑了亞太地緣政治的格局，至今都沒有被動搖。

吉田這些順服於美國的做法，使他經常被國會反對力量質疑為美國鷹犬，他執政下的日本是「從屬的獨立」，吉田因此和國會反對黨關係惡劣。這些大小波折，也影響了他的支持度，從前一年的百分之五十八，掉到百分之二十左右。

一九五三年，吉田茂在國會詢答時，針對社會黨議員西村榮一的質詢時，雙方又為了對美外交的態度吵了起來，吉田一怒之下怒批西村「混帳」（バカヤロ），眾院在野黨大怒，在吉田支持率極低的狀況下通過不信任案，吉田解散國會，這一次解散就被稱作「混帳解散」。不過即使支持度不高，吉田還是順利取得過半支持，繼續他的第五次組閣。

不過，在日本政壇當中長期執政所引發的弊端，吉田內閣也沒有缺少過。一九五四年的「造船疑獄」就是壓垮吉田內閣的最後一根稻草。這個事件起於為了發展對外貿易，日本重啟造船大業，國會提案減免造船業的融資利息，但省下的利息，卻成為執政黨的回扣。經過檢調搜索，矛頭直指自由黨幹事長佐藤榮作，但佐藤拿了這筆錢並不是收進自己口袋，而是拿來資助同黨議員選舉，為自由黨國會過半鋪路。

檢察官揮刀指向執政黨幹事長，由於逮捕令必須由法務大臣簽署，吉田遂要求法務大臣犬養健不能簽署這個案子。犬養沒有簽署，但這個不簽署的代價，就是吉田茂內閣聲譽掃地。吉田在黨內的政敵鳩山由紀夫、岸信介等人在這時脫黨組成了「民主黨」，和社會黨合作發動倒閣，吉田茂下台一鞠躬，這位史上組閣次數第一多的總理，從此淡出日本政壇。

鳩山一郎

ICHIRO HATOYAMA

1954.12.10－1955.3.19
1955.3.19－1955.11.22
1955.11.22－1956.12.23

「追放者」鳩山一郎

說到與組閣機會擦身而過，鳩山一郎應該是權威。他早該在一九四六年自由黨成為國會多數時組閣，躊躇滿志之時，卻因為早年擔任文部大臣涉及京都大學教授罷免事件的黑紀錄，遭到GHQ宣佈「公職追放」，把首相位置讓給了當時不太想做的吉田茂。當時，吉田承諾願意讓鳩山公職追放結束後回來當自由黨總裁，但到了一九五一年，鳩山的放逐結束，吉田茂本應兌現承諾讓出位子，結果鳩山腦溢血半身不遂，吉田因此沒有把位子還給鳩山，兩人感情逐漸生變。

鳩山和吉田真正鬧翻，差不多是在「混蛋解散」的前後，當時吉田內閣支持度衰退，鳩山集結了石橋湛山、岸信介等曾經在戰前活躍的「反東條」人物，針對吉田親美的外交策略提出批判，造成自由黨的分裂，也對吉田造成不小的壓力。

等到吉田茂內閣真的在一九五四年遭到「造船疑雲」重擊，自由黨幹事長佐藤榮作、副總理緒方竹虎涉案，只因為吉田茂硬是要法相犬養健拒絕簽署逮捕令才逃過一劫。這個事件引起輿論大譁，自由黨內外所有反吉田的力量這時都醞釀倒閣，鳩山一郎出手，成立了「日本民主黨」，成為保守力量分裂和吉田倒台的最後一根稻草。

相較於吉田的高傲，鳩山的個性比較和緩圓融，他以「明朗清純的政治」為主軸，大受吃膩了吉田派頭的人民喜愛。鳩山以「史上最大政變」之姿，結合了社會黨力量打倒了連續執政七年的吉田內閣，也終於等到了兩次擦肩而過的首相位置。

組閣時，鳩山選擇了多位當年一起被公職追放的夥伴，外相是代表日本簽署降書的重光葵、通產大臣是有名的記者評論家石橋湛山，戰前反對大政翼贊會的人現在全都冒出來了，而吉田茂精心培養的官僚佐藤榮作、池田勇人等人則去旁邊坐冷板凳，這個「公職追放者聯盟」，為日本政治帶來了新方向。

鳩山上任不久，隨即依照和社會黨達成的默契解散國會，改選之後民主黨席次大大躍升，成為第一大黨，原先執政的自由黨則落居第二。社會黨內左右兩派因為反吉田而合作，小幅提升席次成第三大黨。鳩山組成了民主黨單一內閣，並和自由黨達成合作的協議。不過在實際運作上，鳩山內閣畢竟是少數內閣，依然面對很大的壓力，比如在外交方針上，想要和蘇聯、中華人民共和國等共產世界國家修好的鳩山，就面臨自由黨的反彈。

而在內政上，修憲重整軍備的議題，由於沒有達到三分之二多數而作罷，政府的預算則多次遭到原先想要合作的自由黨和社會黨聯合杯葛，經濟方針也經常在國會被質疑，鳩山的少數內閣其實寸步難行，施展不開。另外，原來在打倒吉田的路線上與鳩山合作的社會黨左右兩派，也因為憂慮鳩山真的推動修憲，而開始認真整合，可望成為更強力的政治力量。

有鑒於這樣的狀況，保守勢力這邊開始思考民主黨和自由黨的整合。事實上，雙方最大的差異也就是鳩山一郎和吉田茂的恩怨，隨著吉田淡出政壇，吉田人馬坐冷板凳，這樣的恩怨也漸漸消失。剩下最後的問題，變成自由黨緒方竹虎和民主黨鳩山一郎誰來領導保守聯盟的問題。其實答案也很簡單，畢竟鳩山是第一大黨，因此就達成了鳩山領銜，集體領導的態勢。這期間最具實力的緒方竹虎突然過世，誰來主導的問題迎刃而解，不再糾纏這個新政黨。鳩山領導的「自由民主黨」，將決定未來數十年日本的政治格局，正是所謂「五五年體制」的確立。

有了穩定的執政盟友，鳩山接下來要努力的，就是恢復日蘇邦誼，以及重新加入國際社會。為了讓雙方恢復關係，兩國都卯足全勁在「去異求同」，蘇聯釋放了許多戰時被迫滯留西伯利亞的戰俘，日本也在漁權、北方四島等問題上採取讓步，最終談判有了重大進展，日蘇恢復邦誼，日本也因此得以加入聯合國。接著，鳩山又繼續爭取加入GATT，讓日本恢復與各國的通商關係。

鳩山內閣雖然在外交上得到重大進展，但內政上的狀況卻不太順利。他念茲在茲的修憲問題，遲遲無法達成。為了要更近一步，鳩山乾脆建議修改選舉制度，將當時的中選區制改成小選區制，即一個選區選出一個議員的制度。鳩山認為憑藉自民黨的實力，必然可以得到絕對多數、超穩定的政權。只是人算不如天算，修改選舉制度是天大地大的事，自民黨議員本身也眾說紛歧，最後以失敗告終。鳩山在自傳裡面曾經提到這是他組閣期間最大的挫敗。

「五五年體制」的確立，也讓戰後的氣氛有了明顯的改變，隨著政治穩定，越來越活潑的社會出現了「已經不再是戰後了」的氣氛。這原來是產經省報告的其中一句話，後來卻被廣泛地引用在各種媒體的宣傳中。當時還是學生的新銳作家石原慎太郎，以《太陽的季節》獲得文學大獎芥川賞的提名，讓一群像是川端康成這樣的老作家，必須在評審會議苦思這樣的文學到底有沒有代表性。這些社會的幽微變化，都意味著新時代的來臨。

《太陽的季節》後來大受歡迎，還拍成電影，由慎太郎的弟弟石原裕次郎主演，裕次郎以叛逆小生的造型，席捲了整個年輕世代，也讓戰後日本開始有勃發的機會。此外，電視開始受到歡迎，擔憂電視造成人民不思考的評論家大宅壯一以「一億總白癡化」的論點發表評論，引起熱烈的討論。但是大宅的評論並沒有阻止電視持續成為主流，從黑白到彩色，電視的影響力越來越大。

鳩山不但開啟了「五五年體制」這個超穩定結構，更開啟了一個「政治的季節」。讓日本國家發展路線確認，社會開始走出戰後的不穩定氣氛。而鳩山本人，則選擇在對蘇和談成功之後，以身體不佳為由引退，成為日本史上少數在成就的高峰宣佈引退的首相。

石橋湛山

TANZAN ISHIBASHI

1956.12.23－1957.2.25

連國會都沒去過的石橋湛山

鳩山引退後，接任首相的是他的好朋友通產大臣石橋湛山。石橋沒有鳩山顯赫的家世，是僧侶之子，早稻田大學畢業之後成為《東洋經濟新報》的記者，因為實在太會寫，一路擢升成為社長。他的論點獨到，偏向自由派，主張「小日本主義」。他認為殖民地經濟不符合時代需求，只會遭致怨恨，和戰前日本政府的主流意見明顯唱反調，更曾經強烈批判東條。

石橋之前的文人首相幾乎都畢業自名門的東京大學，早大畢業的石橋因此有「野人首相」暱稱。戰後初期，石橋的政治路並不順利，他曾經出馬競選自由黨總裁，但不敵吉田茂；後來吉田組閣時找他擔任大藏大臣，他欣然接受。不過石橋主張削減佔領軍經費，卻開罪了GHQ，因此後來被以戰前反對工會為由追放公職。這樣的經驗，讓石橋對美國人沒有太大的好感，站在對共產國家復交的那一邊，也因此受邀在鳩山內閣擔任通產大臣後，被認為是鳩山內閣的核心「心臟大臣」。

石橋能夠在鳩山引退後的競爭中脫穎而出，算是用盡心機。時要競選自民黨總裁的，有呼聲最高的岸信介、石橋湛山，以及石井光次郎，結果第一輪投票岸最高票，石井遭到淘汰。石橋透過幕僚規劃了兩三位聯合的做法，與石井建立同盟，在第二輪投票逆轉勝，成為新的自民黨總裁，也搶下了組閣權。石橋的做法被岸陣營嚴厲的批評是「野合」，但總之勝了就是勝了，石橋著手進行組閣。

石橋內閣最大的亮點，是重新啟用坐了幾年冷板凳的吉田茂大將池田勇人，並讓他競選總裁的對手岸信介出任外相。石橋和池田攜手，推出了「完全雇用制」和「一千億大減稅」的積極財政的做法，打下了日本未來數十年的經濟基礎。他也提出了國會營運正常化、政界官界綱紀整肅、雇用增加生產增大、福利國家建設、世界和平確立五大主張，並發揮了記者天性，展開全國行腳遊說的任務，宣稱要永續執政。

可是就在即將大展身手的時候，石橋居然因為急性肺炎引發的腦梗塞病倒了。他在戰前曾經強烈的批判遭刺殺重傷的濱口雄幸首相找若槻禮次郎代理，是不負責任的做法，因為政治家的戰場在國會，不能上議會的政治家就不能視事。現在他自己病倒了，他也很堅持既然無法上國會備詢，這個首相的位子他並不適合，遂果敢辭職。

石橋內閣僅僅維持了五十六天的壽命，由代理總理職務的岸信介接棒，石橋內閣是史上第三短命（當時是第二短命）的內閣，從來沒有進過國會的首相，則僅有他一人。石橋辭職後，致力於對中蘇兩國親善，直到八十八歲過世。

石橋在任的期間很短，他連國會都沒有去過，他的建樹大多數是由岸信介、池田勇人、佐藤榮作等後來的首相所完成的。他所處的時代，仍然是「已經不再是戰後」的時代，最暢銷的流行歌是濱村美智子的「香蕉船之歌」，很有趣的是，這首在牙買加認為極具工人意識的歌曲，在日本卻變成了性感的象徵。

另一廂，一九五五年東芝電器推出了煮飯電鍋，也就是台灣現在還流行的「大同電鍋」前身，經過幾年市佔率大增，成為主婦界的明星產品。「已經不再是戰後」越來越不像是口號，而是生活中的實踐。

岸信介

NOBUSUKE KISHI

1957.2.25－1958.6.12
1958.6.12－1960.7.19

美日安保條約與岸信介

岸信介雖然是石橋的競爭者，但繼任石橋辭職後的首相職務時，岸內閣並沒有對石橋內閣作出巨大的變動。相反的，石橋的「積極財政」等方向，在岸內閣的初期繼續被規劃推進著。

岸信介是官僚從政的代表性人物，他畢業自東京帝大，一開始在農商省服務，後來轉往滿洲國，成為最有影響力的滿洲官員。戰時他應東條英機之邀，出任商工大臣，為戰時物資調派出力甚深。不過後來因為和東條有不同的想法，而成為倒東條內閣的要角。戰後，岸信介以A級戰犯容疑者之名，被關押在巢鴨監獄，後來因為時勢移轉，獲得不起訴處分出獄，經歷一段公職追放之後重返政壇，以反吉田茂之姿活躍著。

岸信介一上台，就宣示要做三件事，第一是積極經營東南亞市場，第二是重訂《安保條約》，第三則是收回小笠原群島和沖繩。這三個政策圍繞了兩個施政方向，第一個是恢復日本戰前的榮光，第二個就是對美關係修正。比起先前的鳩山，岸算是激烈的修憲、重整軍備論者，希望日本可以脫離美國小弟的位子而更加獨立。因此岸內閣初期，修正《安保條約》就是最具指標意義的政策。

美日安保是從吉田茂簽訂《舊金山和約》以來的制度，吉田對國家的想像是「輕武裝的通商國家」，他認為武力上依賴美國不是壞事，但如果美國需要日本武裝，也無須太過堅持而開罪美國。總之就是一個扈從美國，讓美國放心，而盡快達成日本獨立壯大的方向。

而推翻吉田的鳩山和岸這一邊，則是強烈的國族主義論者，認為與其成為輕武裝的通商國家，日本應該要趕快整軍經武，回到光榮的戰前時代，不只是與美國，也應該與蘇聯等共產國家平等往來。

鳩山推動了對蘇恢復邦交，岸則朝著重新檢討安保的方向在前進。不過每一個政治家都很清楚純粹的不可能，他們總是會朝著彈性、穩健的方向走去，也容易招致不能理解現實的民眾所誤會。希望達成日本獨立的吉田被認為是美國的龜兒子，只是想要與蘇聯和解的鳩山被誤會是親蘇中人士，而修訂安保想要更獨立的岸信介，則被完全反對安保的人推到和吉田一樣的「反共、親美」光譜上去。

岸信介去了一趟美國，和艾森豪總統見面，表達了希望重整武力、修正安保的期望。他也飛了一趟台灣，和當時仍具有中國正統的蔣介石政權表達反共決心，取信於美國人。美國方面，在韓戰之後對中、蘇十分忌憚，他們需要堅強的亞洲盟友來支撐美國的海外部署，在台灣的蔣介石政權始終想要「反攻大陸」，有不受控的風險，如果有像日本這樣可信任的合作武力，當然是最好不過的事。在這樣的國際情勢下，艾森豪同意了美日安保的修正，「日美新時代」指日可待。

從鳩山、石橋到岸，雖然經歷了三任總理大臣，但國會其實是沒有實施過總選舉的，由於國會是鳩山時代就選出來的國會，岸的控制力有限。為了推動美日安保，岸信介找了在野的社會黨黨首鈴木茂三郎密商，讓鈴木提出不信任案，岸以此為由，出其不意地宣佈解散國會，發動改選，結果自民黨小掉幾席，社會黨略增幾席，但「五五體制」的三分之二對三分之一席次優勢並沒有改變。

擁有新民意和正當性的岸，在外交上積極推動安保修正，內政上也準備啟動新一波政策，脫離石橋所規劃的積極財政路線，採取更自由派的經濟立場來刺激景氣。同時也將親弟弟，涉及「造船疑雲」的佐藤榮作找回來內閣團隊，強悍的第二次岸信介內閣成立，積極堅定地朝向修正安保的方向衝去。

首先登場的是《員警職務行使法》，岸信介很清楚，安保修訂必然會引發衝突，因此把員警權力從保障個人安全提升到維護社會秩序，給予實施預防措施的權力就相當重要。結果《警職法》引起國會內強烈的反抗，自民黨內部非岸信介派系的池田勇人、三木武夫等人也提出辭呈，讓岸內閣搖搖欲墜。

還好這時發生了一件大事，讓遭到國會強力反彈的岸內閣逃過一劫。明仁皇太子決定娶「日清製粉」的千金正田美智子為妻，太子和未來的王妃在輕井澤的網球場上相親，美智子說太子是「清潔、誠實、可以信賴的人」，兩人隨即宣佈將在隔年結婚。這一場「世紀婚禮」引起日本國內騷動，當時正是電視機快速成長的時代，皇室婚禮把電視機推上兩百萬台的業績，剛剛完工的「東京鐵塔」不僅成為電波發射的基地，也成為東京再興的象徵。

岸信介是不達成目標誓不甘休的一類人，儘管國會幾乎癱瘓，他還是強力推動安保修正。不過這一次反彈的就不只是國會了，為了阻擋安保修正，社會黨強力動員群眾參與反對安保修正的運動，一度還衝入國會。岸信介沒有因此屈服，他始終認為反對安保的是少數激進笨蛋，他則代表沉默的大眾。

在會期最後一週，社會黨議員、秘書包圍議長辦公室，不讓議長走出門半步。而執政的自民黨則在晚上十點二十五分召集開會，意圖在沒有在野黨的狀況下強行通過安保修正條約。但因為開會不能沒有議長，岸信介遂動用員警權，直接把包圍議長辦公室門口的在野黨人全部抬走，《安保條約》在國會沒有任何討論的狀況下逕行通過。

岸的蠻橫作法引發嚴重反彈，七家有力媒體發表共同社論要求岸信介下台。強烈的抗議事件不僅推遲了美國總統艾森豪訪日，更在國會區域內造成東大女學生樺美智子身亡，五百八十九人受傷，其中四十三人重傷的警民衝突慘劇。最後《安保條約》自動生效，岸信介雖然以「人心煥然一新」、「神宮球場客滿」的沉默螺旋說自我辯解，卻在內外交逼之下不得不走上內閣總辭之路。

據說岸信介決定下台前夕，以政治家評價終會「蓋棺論定」自勉，將自己的決定好壞留給歷史定奪。本來希望以美日安保來強化日本獨立，鞏固自身權力的思考，最後反而在全民大反彈之下黯然下台，也算是退休後因為派系強大，依然在政壇舉足輕重，有著「昭和的妖怪」暱稱的岸信介所始料未及。

池田勇人

HAYATO IKEDA

1960.7.19－1960.12.8
1960.12.8－1963.12.9
1963.12.9－1964.11.9

池田勇人與高速成長的時代

如果說為了剪不斷、理還亂的安保鬥爭下台的岸信介內閣是「政治的季節」，那麼接任的池田勇人所帶來的政壇風氣，就是「經濟的季節」。甫上任就以經濟為己任的池田勇人出身廣島，他是稅務官僚，因為生病的關係曾經辭職回家養病，所以升遷的速度頗慢，但憑著能力，終戰時仍然當上大藏省的主稅局長。

戰後因為吉田茂和石橋湛山的重用，池田出任大藏省次官，成為官僚的頭牌人物，成為被吉田茂看好將來成為政治家。外界常常都說他和佐藤榮作，可以說是以培育優秀官僚為政治家為目標的「吉田學校」的優等生。

池田後來果真辭去了官僚職務，參與了選舉並順利當選，一如吉田茂的期待，成為日本政治的支柱，先後擔任過大藏大臣、國務大臣、通產大臣以及首相的職務，是政壇舉足輕重的大咖。城山三郎的小說《官僚的夏天》當中那位官運亨通，從不休息，也不讓秘書休息的通產大臣池內，就是以池田勇人為模特兒的描寫。

池田是一個直爽的人，因此經常失言，有一次談到富裕和貧窮，他說有錢人吃米，沒錢人吃麥子，這是基本的原理。結果被媒體曲解成「貧窮人可以吃麥子」。又有一次國會詢答時，討論到中小企業因應不景氣倒閉，池田的回應也被斷章取義成「中小企業倒閉個五家十家也是沒辦法的事」，遭到國會強力批判，最後甚至通過不信任案要他下台。

不過沉澱了一陣子之後，池田再一次復出政壇。相對於他的前任岸信介，池田採取比較寬容、忍耐的態度來對待在野黨。池田一上任就強調自己的任務是「以經濟為己任」，搭配上當時「已經不再是戰後」的社會氣氛，日本開始進入高速成長的時代，「經濟靠池田」是當時的口號，但要說服人民信任這樣的主張，池田得花上很大一番功夫。

池田內閣最為人所熟知的，就是「所得倍增計畫」，當時日本的經濟成長率每一年都突破十個百分比，池田認為十年之內完成所得翻倍並非難事。但此案一出立即就遭到輿論訕笑，對大家來說，十年的距離實在太遠，所得變成兩倍好像也有點不可思議。但不管怎樣，池田勇人就朝這個方向幹了下去。

池田過去在媒體的形象不好，除了經常失言的問題外，還有私生活的問題。據說他也是頗享受的人，經常出入茶屋、俱樂部，但當了首相之後，池田似乎刻意地拒絕出席這些娛樂邀宴，整個人的形象變成認真努力的人。他行走各地都帶著夫人滿枝，也讓過去很少有的「第一夫人」形象開始受到矚目。

當時的社會氣氛就是「努力就會成功」，電視機正逐漸普及，各地開始興建電視塔，其中最經典的就是東京的代表性建築「東京鐵塔」。這座在東京各處都看得到的高塔，也成為電視普及的標竿，過去一條巷子只有一台電視，現在在「一輩子就買一次」的口號下，變成人人家中都有電視，而且是彩色的。一九六〇年，電視受信戶已經達到五百萬。

洗衣機、電冰箱也開始普及，主婦使用電器省下了家務時間，便利開始成為一種幸福，也成為鄰里之間互相比較的指標。彩色電視普及，讓巨人隊的長島茂雄和王貞治成為家喻戶曉的職棒明星，運動娛樂讓社會也走出了戰後復興的氣氛。幾年前很受歡迎的電影《Always幸福的三丁目》，便充分地刻畫了當時欣欣向榮充滿希望的時代風景。

不過，宏大的計畫即便可行，也不可能在短短幾年內完成，而且副作用往往會先到。同樣的道理，「所得倍增」計畫並沒有在池田的任內完成，反而是因為要衝向所得倍增，池田內閣被快速成長的副作用逼得焦頭爛額。

最大的問題就是通貨膨脹。快速經濟成長最大的問題，就是所得成長的速度跟不上通貨膨脹的速度。即使經濟學家都認為適度的通膨有助於成長，但一時沒被加到薪水的民眾的直接感受，必然是東西變貴、荷包變薄。最蠢的是池田內閣卻在這時通過了閣議，增加了內閣的薪資，因此被嘲笑是總理自己先完成了自己的所得倍增，被輿論批評的體無完膚。

另一個問題就是公害污染。三重縣四日市哮喘、熊本縣水俣病、富山市痛痛病和新瀉縣第二水俁病，被稱作「四大公害病」，引起輿論對於工業發展造成的污染強烈關注。民眾也開始注意自己的生活環境，是不是也受到工業發展帶來的衝擊。

評論家半藤一利就提到自己喝的酒從日本酒、威士忌，漸漸到喝得起「角瓶」，喝啤酒也從過去珍惜無比，變成可以想喝就喝的時代進步感，同時也順帶一提自己感受到坐在淺草河邊，會明顯感受到隅田川的水變髒，作為對那個什麼都不管，只要高速成長時代的回憶。

「所得倍增」計畫分成兩塊，一個是擴大生產能力，另外一個當然就是要拚外貿。對一個戰敗國來說，外貿上的努力無疑非常困難，池田到處行銷，一口氣走訪歐洲七國，希望把日本貨打入歐洲市場，結果被法國的戴高樂總統消遣成「收音機推銷員」。

不只是歐洲，池田也忙著和美國做生意，並且重新修復對韓國、東南亞的關係，即使是敏感的中國市場，池田也基於「政經分離」的概念，展開對中國的非官方接觸。日本這個時期在經貿上向外擴張的能力確實在提升，首相領銜開拓市場，不僅開起外貿的機會，刺激國內產能，也讓戰後一直很衰弱的日本外交事務再一次振興起來。

國際上，日本公司也很爭氣。當初美國因為韓戰開啟特殊軍需市場的時候，日貨還是爛東西、速成品的象徵。但經過十數年的努力，有許多出色的新公司興起，像是SONY公司把電晶體的技術運用到收音機製造上，讓沉重攜帶不便的收音機變成便宜輕巧的家庭必備品，異軍突起擊敗了戰前大財閥松下、三菱、日立等公司，成為日本的代表性品牌。

還有本來是家小公司的本田技研所，因為製造出輕巧便利的摩托車，而成為摩托車界的天王品牌，進而在汽車市場上和戰爭時就製造出車輛的豐田汽車分庭抗禮，後來還稱霸世界汽車市場，讓歐美汽車大國們臉上無光。

日本公司的成功，讓日式的經營管理模式，比如「終身雇用制」受到國際關注，日本正擺脫歐美的陰影，創造出適合自己的經營模式，也連帶著提高社會的穩定度，鳩山一郎啟動的「五五年體制」，創造了一批後來被稱為「昭和大叔」的「團塊世代」，以保守但努力的姿態，讓日本經濟、社會從左派主導抗爭，激進化的姿態，邁向比較穩定的樣態。

而在左派這端，儘管發生了社會黨領袖淺沼稻次郎演講時被右翼分子刺殺這樣的慘劇，但當社會期待中間穩定的聲音越大聲，無論是左派或者右派，過於激進必然會遭到主流輿論放棄。因此在社會黨內，溫和穩健的力量也逐漸取得優勢，整體社會也因此朝向中間路線前進。

在這個時期，日本也不斷興建國內的基礎建設。因應一九六四年東京奧運，東海道新幹線順利開業，本來預期要蓋五年的工程，在將士用命之下三年多就完成，從東京到大阪現在只需要三個多小時。

丹下健三設計的奧運主場館國立競技場也興建完成，奧運前夕，東京不僅到處都在蓋這蓋那，如何文明地接待外賓的國民準則文宣也鋪天蓋地而來，很難想像也不過二十年前，日本政府還在宣傳「鬼畜美英」一但登陸燒殺擄掠會有多可怕。東京奧運將要證明日本已經重新振興，這個快速成長的大國無論是製造能力、經濟實力都不容小覷。

就在高速成長時代來臨，「所得倍增」正在躍進的同時，池田勇人卻病倒了。被醫師診斷咽喉癌的他，本來想再撐一陣子，結果實在不行。東京奧運閉幕，池田以責任已了之姿，決意辭去首相職務。但到他下台前，「所得倍增」當然還來不及實現，但這個有前瞻野心的規劃，確實在副作用之中步步實現著。有當時參贊機要的人就評論唱衰「所得倍增」的人說，醜小鴨有一天會變天鵝，但一直用醜小鴨的角度來看待事情的人，可能反而會覺得天鵝很奇怪呢。

佐藤榮作

EISAKU SATO

1964.11.9－1967.2.17
1967.2.17－1970.1.14
1970.1.14－1972.7.7

長期執政的佐藤榮作

先後任首相的池田勇人和佐藤榮作，有過一段佳話，是說考高中的時候，佐藤和池田同住一處，兩人相談甚歡，開啟了一段又競爭又合作的友誼。池田和佐藤的生涯非常相似，都從五高畢業，考上東京帝大法學部，畢業後分別投考官僚。池田在大藏省服務，佐藤在鐵道部服務，兩人也都受到吉田茂賞識而投入政治，經過歷練之後前後出任首相。

既然都在政壇歷練，兩人之間也不是沒有競爭，池田在首相任內因為「所得倍增」引起的副作用，就備受佐藤一派攻擊。但是當池田決意辭職，他推薦的繼任首相人選，正是與他意見不合的佐藤榮作。

佐藤與前首相岸信介是同父同母親兄弟，佐藤家的祖父當過縣令，家中沒有男丁，因此招贅了能幹的地方官吏岸秀助。秀助和妻子佐藤茂世有三個孩子，老大佐藤市朗是陸軍中將、老二從父姓的岸信介和老三佐藤榮作則分別當上了首相，在出身的山口縣傳為佳話，人稱「秀才三兄弟」。佐藤家族後來出了一位首相安倍晉三，一家有三位首相，堪稱日本第一政治世家。

佐藤榮作一上台，就矢言改善池田「所得倍增」計畫的副作用，他啟用自己信任的官員，也修正了池田規劃的財經方針，改採取以穩定物價為優先的政策方向。好運的是，佐藤執政的前半期，剛好遇到有史以來最好的「伊邪那支景氣」，欣欣向榮的經濟，讓佐藤有足夠的力氣來調整政策方向。

此外，佐藤的幾位競爭者河野一郎、大野伴睦死去，池田勇人也很快就過世，政壇上放眼望去，已經沒有與佐藤資歷、實力相當的政治人物，在沒有競爭者的情況下，政壇為佐藤開啟了長期執政的大門。

當然，佐藤執政的初期也不是沒有遇到挑戰。經濟高速成長的副作用仍然持續發生，環保公害問題甚至讓自民黨失去了都市內的支持，東京都選出了共產黨、社會黨都支持的改革派市長美濃部亮吉，並且備受愛戴。

自民黨的選票基礎開始從都市轉移到鄉村，而同是保守派的公明黨崛起，都意味著自民黨選票的流失。佐藤任內的幾次選舉，自民黨的席次都沒有明顯增加，甚至有席次減少，卻因為社會黨少了更多而勝選的例子。簡單來說，五五年體制下的自民黨，體制雖然很穩固，但內部的確問題叢生。

佐藤是當年吉田茂內閣「造船疑雲」的始作俑者，他以自由黨政調會長之姿，負責黨的獻金財物，差一點就遭到逮補。此事造成吉田內閣因社會信任度大滑落而崩解，但佐藤和「弊案」之間的連結形象，也變得極難洗刷。

佐藤內閣執政的初期，也遇到好幾起弊案，一九六五年東京都議長選舉發生買票事件，最後議會解散重選，社會黨選成第一大黨。一九六六年眾議員田中彰治以預決算要脅恐嚇詐欺遭到逮補，運輸大臣把自己非常鄉村的選區列為國鐵特急停靠站，這一系列被稱為「黑霧」的政治腐敗案件，讓自民黨支持度大幅衰退。

此外，趕上各國的腳步，學運也正蓬勃發展。早稻田大學畢業的作家村上春樹經常提到年輕時學校老是因為學運罷課，沒參與學運的他幾乎很少到學校去，早大的罷課原因是校長選舉制度不透明。

除了早大，其他學校也有不少抗爭，理由琳琅滿目，中央大學反對學費上漲、法政大學反對員警進入校園、東洋大學反對校舍遷移、東京醫科大學反對研修醫學生制度，總之學潮弄到一九六八年大學甚至停止招生。一九六九年，東京大學發生員警機動隊攻入安藤講堂，強制解散學運的事件，這一年全年共計有九百三十八次員警和學生衝突，遭逮捕學生達一萬零六百二十八人。

佐藤內閣當初上台喊出的口號改掉了池田的「寬容與忍耐」為「寬容與協調」，但不忍耐的他也沒有再協調的意思。佐藤以強勢手段要求國會支持政府，也以機動隊鎮壓學運，不過佐藤敢這樣做，也代表過激的學運並沒有得到社會的支持。

名作家川本三郎在《少了你的餐桌》一書中有篇「酸梅裡的天神」，就提到初出社會，熱情參與學運之時，在車站巧遇小學同學，兩人曖昧了一陣子，直到有一天他在居酒屋高談闊論學運種種，女同學小小聲說：「這種事我實在不懂，我光是自己的生活就夠了。」這句話澆熄了兩人的愛火。

川本後來遇到很多事情，甚至失去了工作。「酸梅裡的天神」隱約讀出他對當年不可一世的懺悔之意。在另一本暢銷書《我所愛過的那個年代》當中，他對自己年少的左翼立場也有許多說明和反省。川本離開記者工作後，成為獨立評論家，四十多歲時川本已經是文化界名人，他發掘了以百無聊賴描繪學運時代的村上春樹，也算是學運時代最奇妙的相遇。

到了一九七〇年代，學運基本上已經衰退，社會氣氛希望穩定，運動者卻朝向策劃更激烈的抗爭，三里塚衝突、企業炸彈攻擊、淀號劫機事件，乃至「淺間山莊人質事件」，都引起社會嚴重的反感，也讓政府取得足夠的正當性，採取激烈鎮壓的手段，來維護社會秩序。

當社會傾向中間，極左派因為過激而顯得不振時，極右派通常也不會好到哪裡去。一九七〇年，名作家三島由紀夫帶領「楯之會」的手下衝進東京澀谷的自衛隊，但百般說服之後卻沒有隊員願意起身和三島一起發動政變。三島在慷慨激昂的演講後切腹自殺，整個故事遂成為都市奇談。

富裕漸漸成為日本社會的象徵，復興已經不再是口號，而是生活中的實現。日本政府宣佈開放出國觀光，讓鄰近的台灣、東南亞都開始跟上發大財的行列。尤其是台灣搭上了越戰的景氣和日本開放觀光，名聞遐邇的北投溫柔鄉也跟著繁榮了起來。也有很多倖存歸來的日本兵前往南洋，想看看當年戰爭的所在，像是漫畫家水木茂，就跑了好幾次垃包爾，並且買了汽車贈送給當年有恩於他的原住民族。

佐藤內閣的長期執政，和穩定、繁榮，有密不可分的關係。雖然抗爭頻仍，但抗爭並沒有得到一般民眾的支持。此外，佐藤也有自己的政治目標要走，他的目標就是從美軍手中收回沖繩。

對日本來說，沖繩是一個相當尷尬的地方，日本在明治時代併吞了沖繩，但沖繩卻因為一九四五年美軍的登陸作戰，軍民傷亡人數達十幾萬人，成為美軍跳島登陸作戰最慘烈的地方。沖繩人無論對日本人、美國人，都懷有不愉快的情緒。

佐藤在執政第二年的一九六五年，成為戰後第一位前往沖繩的首相。他以充滿民族主義的情緒說：「沖繩一天沒有收回日本，戰後就不能算是結束。」因此，佐藤在七年任期當中，花了最大力氣的，就是處理沖繩返還問題。佐藤任內先後碰到詹森和尼克森兩位美國總統，美日之間就沖繩問題有歸返的共識，但是對於基地的規模、是否非核化，依然有很多不同的看法。

美軍在沖繩不佳的軍紀，以及美日衝突留下的戰爭烙印，都讓沖繩人民陷入既無法獨立，又不想像現在妾身未明，對日本人又無甚好感的無奈處境。但佐藤不為所動，他就是堅持要把沖繩拿回來，並且要依照不擁有、不製造、不運進的「非核三原則」，來收回沖繩。

佐藤的主張讓把沖繩視為冷戰前線的美軍相當頭疼。最後雙方建立了美軍自主規範的默契，算是在非核共識下處理了沖繩基地問題。但相對的，美方提出的「美日紡織品協定」，則大大地衝擊了日本正以美國市場為主力，快速成長中的紡織業。日本本來也希望也以自主管理的方式向美國妥協，但在美方堅持之下，日方最終決定讓步。

佐藤一直瞞著國內此事，但這件事卻因為外務省的一起外遇事件而遭到曝光。小說家山崎豐子以此為背景，寫下了《命運之人》，其中影射佐藤榮作的首相以各種強硬的手段，硬要壓下這筆新聞，並且肅清反對他的自由派記者弓成，讓人印象深刻。小說中的弓成最後去了沖繩，親身感受到沖繩人何以會對於回歸條件產生不滿，也充分反映了當時的社會氣氛。

強硬的佐藤榮作執政確有哥哥岸信介的風格，不僅對於議會採取強硬的態度，也對媒體強力施壓。雖然拚的是經濟，採取的卻是強勢靈活的政治手腕。但在國內這樣做可以，到了國際社會，強中自有強中手，佐藤遇上了難纏的尼克森，不僅在沖繩議題和紡織品協議上陷入苦戰，更因為尼克森總統以「終結布萊頓森林體制」和訪問中國兩事帶來的「尼克森震撼」，而讓日本脆弱的政經處境顯得危機重重。

美國終止美金和黃金兌換，啟動了過去很難想像的浮動匯率，日幣因此大幅升值，衝擊了以出口為生的日本產業。而越過日本上空訪問中國，則讓一向反共侵台的佐藤內閣臉上無光。尼克森的大膽格局，讓日本在後冷戰世界的秩序中備受衝擊，也導致了佐藤的人氣銳減，即便沖繩歸返，也沒有拉抬回佐藤的聲勢，最終在逐漸成熟的政治競爭者田中角榮、大平正芳、三木武夫等人的競爭中黯然下台。

佐藤首相生涯最後的記者會見，一開口就是「十分討厭有政治偏向的媒體，有媒體在就不想講話」。這句話引發了媒體退場抗議，佐藤就一個人對著攝影機侃侃而談，認為自己是直接和群眾對話。對媒體來說，佐藤的做法當然備受批判，因此他也在輿論圈留下了強硬無理的背影。

佐藤卸任之後因為沖繩無核歸返的議題，得到了諾貝爾和平獎。但他的形象並沒有因為得獎而改善，算是史上最不人氣宰相之一，不過長期執政的他，過去一直是戰後任期最久的宰相，這個紀錄最後被安倍晉三打破，而安倍剛好就是佐藤的外甥。

田中角榮

KAKUEI TANAKA

1972.7.7－1972.12.22
1972.12.22－1974.12.9

「天才」田中角榮與日本列島改造論

戰後備受矚目的首相，如果田中角榮是第二名，那大概不會有人敢說自己第一。不過他受到重視並非因為受歡迎，反而是因為不受歡迎。他是維新元老之後第一個沒有拿過大學學位的首相，相對於前後官僚菁英高來高去的言論，田中講話就像「浪花節」的相聲表演者一樣，直白又能博得台下觀眾的滿堂彩。

他是戰後「金權政治」的代表性人物，但是龐大的金流卻救不了他逐漸低迷的支持度，甚至他下台和遭到檢察官逮捕，也都是因為金流問題。在他的領導下，自民黨儘管選舉總不若預期，政權卻依然堅不可摧，是以田中持續影響日本政壇十數年，直到派系內的徒弟竹下登拒絕田中「再等一屆」的要求，執意出任首相，這位因為出身和風格被稱為「今太閤」、「闇將軍」的派系領袖，才逐漸式微。

田中角榮出身新潟鄉下，父親生意失敗之後沉迷於競馬，卻屢戰屢敗，因此他小學時就擔負起養家的重責。儘管成績很好，但他很早就斷了升學的念頭，工作養家活口。十五歲到東京打拚投入土木事業，不久後遇到戰爭入伍，卻又因病退伍，投入自己熟悉的土地營建事業。田中因為聰明過人、眼光精準，投資土地賺了不少錢，戰後成為政治圈的金主。

一九四六年田中角榮首度參與選舉，結果落選；次年捲土重來，以二十八歲之齡當選眾議員，事業、政治兩得意。他聰明能幹、使命必達，有著「電算推土機」的綽號，歷任首相都喜歡他，也願意重用他，讓他從次官幹起，終於在岸信介內閣時當上了郵政大臣，隨後一帆風順，政調會長、大藏大臣、黨幹事長、通產大臣等重要職務他統統歷練過。尤其是通產大臣任內，田中留下一段各位都比我專業能幹，但我有肩膀會擔責任的演說，博得輿論和官僚的讚揚，也讓他成為首相接班的熱門人選。

他的前任佐藤榮作幹了七年首相，卸任之後想要交棒給愛將福田赳夫，但田中角榮半路殺出，不僅自組「越山會」，更取得各派系的支持，擊敗了當時人氣低落的佐藤一派，順利爭取到首相職務。和競爭菁英相比，講話好笑、學歷不高的反差，反而成為「角桑」的招牌，田中上任之初，民意支持度高達百分之六十二，說他是戰後最受歡迎首相當之無愧。

田中角榮在擔任通產大臣期間，因為一心想要爭取擔任首相，曾經找了智庫學者一同研究，提出《日本列島改造論》的著作，現在當上首相，列島改造成為當紅話題，一時洛陽紙貴，狂銷八十萬冊。把新幹線蓋到新潟，讓日本海側的二線都市發展起來，人民不用離鄉背井到大都市工作，成為人們琅琅上口的田中政權目標構想。

「日本列島改造」和池田勇人的「所得倍增計畫」一樣，乍聽不可思議，執行困難重重，副作用往往比建設先引起民怨。通貨膨脹、土地炒作、財政問題，先把田中內閣弄得雞飛狗跳，幾年下來，這些副作用把田中內閣的支持度拉低到百分之二十上下，政權顯得搖搖欲墜。

田中在內政上喊出列島改造，對外也一改佐藤內閣保守反共的政策，啟動對中和解，不僅首度訪問中國，更和中華人民共和國建交。建交的過程中，田中也吃了中國的苦頭，他一席「給中國人民添了麻煩」的說法，讓中方非常不滿，也讓中方找到理由採取更強硬的態度來面對建交後的台日關係。戰爭狀態終結、國交恢復，承認台灣是中華人民共和國領土不可分割的一部分三個條件，中國一步不讓。

一方面急於和中國建交，一方面也無法要求中國讓步，田中接受了中國方面的要求。但田中過度讓步的做法，引起台灣方面很大的不滿，不僅讓田中在國內受到以舊佐藤一派，和政壇新星石原慎太郎等人為首，親台議員組織的「青嵐會」連番砲轟，台灣也立即宣佈對日斷交，兩方甚至斷航，讓日本飛機往來東南亞必須繞開台北航空管制區，日方也算是損失不小，這件事情後來花了很長一段時間才收拾。不過角榮的決斷力和執行力，也讓他押寶的中方讚賞不已，也因此後來田中角榮雖然失勢，鄧小平訪問日本時仍然執意前往拜訪。

日中建交讓田中的支持度一時提高，但列島改造論尚未執行就難關重重的困局來得很快，沒讓田中得意太久。一年上漲百分之三點三的物價被輿論稱作「狂亂物價」，石油危機火上加油，讓憂慮沒衛生紙用的主婦把賣場的衛生紙搶購一空，這起「衛生紙之亂」也讓田中內閣的支持度一路下滑。

此時他的愛將，也是負責執行列島改造論財政計劃的愛知揆一過世，田中面對動搖的支持基礎，只好啟用競爭者福田赳夫，福田是保守財政論者，他上台也代表了列島改造論的龐大工程必須暫時畫下句點，田中也只能用「列島改造論只是我的論文」來敷衍搪塞。不過長遠來看，列島改造的方向，無論是新幹線、公路等基礎建設工程，或者是二線城市發展的基本方向，日本政府至今都在執行，九州新幹線、北海道新幹線、北陸新幹線，還有興建中的中央新幹線、長崎新幹線，都是平衡列島城鄉差距的重點建設。

接下來的參議院選舉，在複數選區當中，田中給予自己支持的候選人強大的金援，嚴重衝擊自民黨其他派系候選人的得票，也招來他的黨內競選對手福田「五上三下」的抱怨，說是競選經費只有三億的，輸給五億的，也顯現說自民黨內的金權政治嚴重。但田中的努力並沒有挽回自己的支持度，參議院選舉大敗，過去支持他的三木武夫、他的死敵福田赳夫都辭職，田中內閣搖搖欲墜。

雪上加霜的是記者立花隆在《文藝春秋》上登出了「田中角榮研究：金脈與人脈」一文，不僅重創田中的金流，更讓田中的秘書兼情婦佐藤昭子以田中派系一把手「越山會女王」之姿曝光，這不僅讓田中角榮在外面難看，也讓他家庭掀波，女兒敦子自殘，而一直代替母親執行第一夫人任務的長女田中真紀子也非常抓狂，為了家庭和諧和國家安定，田中最終只能辭去首相職務，回去當陽春議員。

不過掌握自民黨內最大派系「越山會」的田中，無疑仍是日本政壇起起落落的關鍵決定者之一。田中下台後，代理自民黨總裁的椎名悅三郎為了不讓派系掀波，指定了形象清廉的三木武夫為首相接班人，希望能夠挽回自民黨形象，沒想到三木六親不認，讓田中陷入全日空購機的「洛克希德案」，田中本人甚至遭到逮捕。此案不僅田中個人涉案，整個「越山會」甚至其他自民黨派系都為之震動，連椎名都覺得三木的切割和追殺略嫌過分。

但田中角榮也因此名譽大傷，成為金權政治的代言人。自民黨從三木之後接連幾位首相的變化，也都因此和田中的「越山會」牽扯不清，一九九〇年開始大受歡迎的政治漫畫《聖堂教父》正是以這段時間遭到派閥壟斷的日本政治為雛形，所描繪出來的政治風景和願景。被認為是一代政治天才的田中角榮，因為洛克希德案元氣大傷，只能在地下指揮政治，政治影響力也由盛而衰，漸漸失去了在政壇舉足輕重的地位。

三木武夫
TAKEO MIKI

1974.12.9－1976.12.24

青天霹靂組閣的三木武夫

三木武夫說自己組閣是「青天霹靂」，實在不無幾分道理。三木派是自民黨當中的一個小派系，當田中角榮因為「金脈與人脈」、「越山會女王」的醜聞下台時，自民黨的選情需要一個形象清新的人物來救急。因此儘管田中的宿敵福田赳夫、盟友大平正芳都想要爭取總裁位置，副總裁椎名悅三郎卻採取「裁定」，要求實力最弱的三木武夫出面組閣。

小派系要在大局當中生存，需要一點運氣，也需要領導者的能耐。三木喜歡說自己是「巴爾幹政治家」，顯然對自己折衝樽俎的能耐很有信心。他家境不錯，也娶了豪門出身的太太，經濟從來無虞。年輕的時候就是有正義感的人，長大從政也秉持著這樣的信念，因此在當時被認為暗黑當道的政壇被認為是一股清流。

但政治這件事，很難說自己最有理想，別人都沒有。三木確實很清廉，外號叫做「清廉三木」，他領銜提出公職選舉法和政治資金規正法修法，但因為內容實在太嚴苛、不可行，導致最後雖然立了法也沒人當回事。

他任內遇到最大的挑戰莫過於一九六七年二月的「洛克希德案」。這個案子至今仍有千萬個謎，但故事大致就是田中角榮任內，向洛克希德公司購買飛機的三十億傭金，透過丸紅公司的的兒玉譽士夫流向政壇，其中有些流向不明。

案件捲入不少官員，但被訊的官員都說自己「記不得了」，讓這句話一時成為流行語。兒玉後來稱病不出，被指控載送過他的司機則自殺了，輿論對案情直指田中本人。三木面對這個狀況，不知道基於什麼考慮，並沒有採取任何阻止方案，法務大臣稻葉修還放話說，以相撲來說，兩個月內會有「橫綱級」人物遭到搜捕。

檢方很快搜捕了田中角榮的秘書，不久之後田中派的佐藤孝行、橋本登美三郎兩位現任議員被捕，田中隨後也遭到逮捕。由於田中的形象已經跌落谷底，民眾無不對政府的行動拍手叫好。

只是所謂清廉，經常也只是政爭的藉口，田中被捕前夜，自民黨內的三木派、中曾根派人物，還在料亭通宵聚餐，被田中派議員認為早有預謀，派閥鬥爭的氣氛一觸即發。當初把三木於青天霹靂中推上舞台的椎名悅三郎也認為三木太過頭，「得意忘形，全無惻隱之心」，認為這樣做會危及自民黨政權，自民黨內一場「扳倒三木」（三木おろし）的戰爭正要開始。

田中被捕後一週，田中派的議員就在黨內發動政變，要求三木下台；趁火打劫的大平正芳、福田赳夫也加入「扳倒三木」的陣營；不過輿論顯然同情三木，因此倒閣不成。三木是小派系，這位「巴爾幹政治家」想到的方案，是集結黨外的力量來對抗自民黨的壓力，這個看似悲壯的決定並沒有錯，解散國會之後的改選，自民黨首次沒能過半，是靠著選後拉幫結派重新組織，才勉強過半，三木因此必須引咎辭職。

即便被逮捕，但田中角榮從未承認犯罪，他堅持自己很久沒有和兒玉聯繫，不知道五億元下落。同時也宣佈退出自民黨。被檢方逮捕的三位議員當中，田中角榮在新瀉以十六萬八千票第一高票當選，橋本登美三郎在茨城縣以七萬三千票第三高票當選，僅佐藤孝行在北海道落選。新瀉的選民顯然相信被三木惡整、受盡委屈的田中角榮是清白的。這場由田中派議員發動的「忠臣藏」行動，最終獲利的人是田中的政敵福田赳夫，他在勉強過半的國會當中出任了首相。

福田赳夫

TAKEO FUKUDA

1976.12.24－1978.12.7

終於等到機會的福田赳夫

福田赳夫畢業於東京帝國大學，大藏省官僚出身，在佐藤榮作時代當過藏相、外相，也當過自民黨幹事長，歷練相當完整，他也是地方梟雄出身的田中角榮死對頭。

佐藤原本屬意福田接班，但是因為只有小學畢業的田中角榮半路殺出，讓福田失去了接班機會。好不容易等到田中倒台，卻來了一個「椎名裁定」，讓福田二度失去接班機會。等到「扳倒三木」終於成功，他已經七十一歲。對於輿論批評他年長，福田以出生年說自己是「明治三十八歲」幽默以對，也讓人民覺得這人頗有趣。

福田身經百戰，很清楚人民需要什麼。他曾經用「昭和元祿」形容池田勇人的「所得倍增計畫」，也用「狂亂物價」來消遣過政敵田中角榮，當然說自己是「昭和的黃門」也是一絕。這些人民所熟知的歷史典故，福田總是可以信手撚來，也顯見出這位政壇老將不是省油的燈，有學到政敵田中角榮的親民絕招。

福田很清楚，三木內閣的倒台並不是因為人民不支持，而是因為自民黨內亂，因此他一上台就喊出「清掃內閣」、「做事內閣」的口號，並且自封「掃除大臣」。反正洛克希德案已經進入司法程序，田中與他也不對盤，福田雖然不用再對田中落井下石，但也不需要靠向田中。

雖然福田當過外相，但一般對福田的評價，多半是內政強過外交。在福田內閣的領導下，田中以來的「狂亂物價」終於相對舒緩，因此他有著「經濟的福田」美稱。外交方面，一九七七年日航巴黎劫機事件，當時福田一句「人命有時比地球還要重」的說法，接受劫機者釋放「赤軍連」夥伴的要求以換取人質安全，讓當時輿論譁然。這是第一次有政府向恐怖份子低頭，也讓福田內閣留下「外交弱」的印象。

可其實福田的外交成績算是豐碩，在他任內雖然因為金大中綁架案引起日韓關係緊張、漁權問題引起日蘇緊張，但他的「福田宣言」也讓日本戰後形象大大改造。相較於戰前的「大東亞共榮圈」殖民形象，在「福田宣言」當中，日本願意為世界繁榮努力、建立投資信賴關係、強化與東南亞諸國實質關係的宣示，確立了戰後日本作為經濟大國、技術大國、資金大國和援助大國的地位，也確立了日本作為亞洲經濟發展「雁行理論」的領頭雁。

只是福田做的好壞，好像也與自己的任期長短沒有關係。據說當年推動「扳倒三木」時，福田和大平有密約，根據大平方的說法，福田只做兩年，後面就會交棒給大平。但福田抵死不認有這種事，還以自己外交的成績說嘴，宣稱「任期中還有很多事情要做，世界確實需要福田」，讓大平非常惱火，因此在一九七八年自民黨總裁選舉時，兩人直接槓上。

為求勝利，福田對外宣稱自己若在第一階段選出前兩名的「預備選」不是第一，就退出總裁選舉，結果在田中派支持大平的情況下，福田真的在預備選就落敗，他感嘆「上天的聲音有時很奇怪」（天の聲にも　な聲がたまにはある），兌現諾言退出總裁選舉，也辭去了總理職務，大平正芳終於登上總理寶座。在背後引導政局發展的田中角榮，也因此被稱為「目白的闇將軍」。至於福田這邊，則自嘲是「昭和的黃門」，保持一定的政治影響力，意圖再起。

大平正芳

MASAYOSHI OHIRA

1978.12.7－1979.11.9
1979.11.9－1980.6.12

「鈍牛」大平正芳

大平正芳的眼睛非常小，細細長長的咪咪眼，和他講話時幾乎不知道他眼睛是睜著還是閉著。他是一個認真努力的人，但不太會說話，句子和句子之間總要有一些阿、哇之類的語助詞。在美國記者逼問他日本的捕鯨問題時，他一開口就是啊、哇，逗得滿場哄堂大笑，化解了美方犀利的提問。他沒什麼魅力，但政治能力十足，打敗福田赳夫當上首相之後，再一次調整了日本外交的方向。

眾所周知，大平的盟友田中角榮和美國的關係不怎麼樣，拋棄中華民國去和中華人民共和國建交，也讓美國不太諒解。很多人都說「洛克希德案」之所以會鬧得沸沸揚揚，八成和美國想給田中一點教訓有關。田中之後的總理三木武夫和福田赳夫，對美國都採取了「獨自路線派」的態度，但是大平正芳當上總理後，卻一改過往路線，採取了「對美從屬派」的姿態。

現在大家琅琅上口的「日美同盟」之說，就是大平正芳訪問華府時，對卡特總統所說的話。這是戰後兩國第一次使用「同盟」這樣的語彙來形容彼此，也顯見大平走的是對美修復關係的路線。另外，亞太經貿聯合體制的APEC規劃，也是大平正芳時期提出來的構想。

大平正芳是四國的香川縣人，他是農家的三子，很年輕時就信了基督教。從東京商科大學（現一橋大學）畢業後，加入大藏省官僚的行列，他喜歡看書，藏書據說超過七千冊，「寬容忍耐」、「低姿勢」是他從政以來一貫的風格。據盟友田中角榮描述，與其說大平是政治家，不如說他是哲學家。

池田勇人擔任大藏大臣時，大平是大臣秘書官，城山三郎頗受歡迎的小說《官僚之夏》中，他也以轉任國會議員的前大臣秘書官角色出現過，雖然是故事當中驚鴻一瞥的前輩，但也顯示了他同期政治人物多由大臣物色出色官僚轉任的時代風潮。

大平歷任要職，在自民黨內有一定的地位，也是派系領袖。但大平一派並非最大派系，他曾在後佐藤榮作時代多次競爭首相位置而不可得，遂改扮演「造王者」，多次在田中和福田的「角福戰爭」中扮演關鍵角色，並且都偏向田中，成為田中角榮的堅強盟友。

除了外交政策之外，大平也提出了「田園都市構想」的主張，認為要強化社會信任，拉平城鄉差距，讓民眾普遍享受到經濟成長果實。當時日本的經濟發展已經來到巔峰，和國際強烈接軌，民眾生活明顯受到國際景氣波動影響。幾次石油危機導致的社會恐慌也讓政府認為如何讓民眾安居樂業，才是未來施政的重點。

他既是財政官僚出身，對財政當然有自己的想法，想要再建財政，於是想出了「消費稅」一招。「消費稅」意即在消費時加徵稅額，這種要大家把錢從口袋拿出來的想法，當然是大大不人氣。於是大平所領軍的自民黨，在一九七九年大選當中慘敗，僅能勉強過半。

與大平為敵的福田赳夫一派，聯合了三木派、中曾根派等一群人，抓準機會要大平下台負責，要幫被大平逼下台的福田討回公道。得到最大派系田中派支持的大平這邊，則堅定的表示過半就是過半，只要有過半選舉就不能算輸。自民黨內的「大福戰爭」一觸即發，自民黨陷入分裂危機，福田等人組成「自民黨改進會」揚言脫黨。

「改進會」這邊決定推出福田赳夫競選總理，大平這邊的主流派也不甘示弱，召開黨中執會確認自己才是正牌首相人選。結果雙方議員在自民黨總部內大打出手，透過電視轉播家醜外揚，作為全國笑柄。最後「改進會」撤出會場，但堅決不妥協，自民黨這下推出了兩個首相候選人。儘管如此，依然有頭人爭相奔走，希望雙方能夠談出一個共識，甚至有「總裁福田，總理大平」這樣的建議，但都自忖能夠取得多數的兩造都沒有同意。

首相之爭最後走向國會投票這關，在野黨採取不沾鍋做法，選擇不涉入自民黨政爭，投給自己的黨首。經過兩輪投票，在闇將軍田中角榮指揮若定之下，三木派跑票四張、福田派跑票一張，中曾根派則因為中曾根本人兩面押寶，有五人支持大平，因此大平在第二輪投票得到一百三十八票，擊敗了福田的一百二十一票，四十日抗爭落幕，大平正芳勝出。

不過大平的基礎並不穩固，這是史上第一次無效票二百五十二張比當選票還多的一次選舉。隨後，大平正芳就被在野黨提出不信任案，福田派、三木派都缺席投票，大平只能解散國會，重新改選。但他自己卻在激烈的競選過程中，因為心臟病發猝逝，諷刺的是，自民黨因為首相死去的同情票，居然得到大勝。

大平有一個綽號叫做「讚岐的鈍牛」，他出身香川縣，形象有如鄉下的水牛，負重、沉穩，耐力十足，但不起眼。他的政治能力超群，無論遇到怎麼樣的鬥爭，他都可以屹立不搖，但是憨慢講話，也不會行銷自己。老派但是能力強，中上但是不頂尖，「鈍牛宰相」最後以過勞死換取了自民黨意外的勝利，也算是馬革裹屍。

鈴木善幸

ZENKO SUZUKI

1980.7.17－1982.11.27

戰後籍籍無名的首相鈴木善幸

大平正芳急死，自民黨各派閥又開始蠢蠢欲動。呼聲最高的自民黨副總裁西村英一本來理所當然要扶正，結果自民黨大勝，他卻落選，失去了首相的角逐資格。有意願競爭的還有中曾根派的領袖中曾根康弘、三木派的河本敏夫、大平派的宮澤喜一。不過田中角榮不喜歡宮澤、福田赳夫對中曾根不爽，河本敏夫則是福田和田中都不接受。

由於大家喬不出個所以然來，最後接任首相的，就由「番外」的大平派第二把手鈴木善幸出任。鈴木是政壇老將，但戰後以來，接任首相者，之前都應該要有外相、藏相、通產相等內外重要職務歷練。鈴木是岩手縣的漁民家庭出身，農林省水產養殖所（今東京海洋大學）畢業後，就投入漁會組織。一九四七年就在社會黨推薦下選上議員。後來因為吉田茂的關係，加入民主自由黨。

由於精明幹練，他歷任郵政大臣、官房長官、厚生大臣、農林大臣等職務，並且長期擔任負責募款的自民黨的總務會長，成為大平派系的二把手，並和田中角榮交好。只是這些歷練，都以內政為主，和戰後首相們幾乎都有通產大臣、外務大臣、大藏大臣歷練的經驗不太相同。怎麼看都是「派系二把手」的歷練，他當上首相，外國人的反應全都是「善幸，WHO？」

鈴木善幸很清楚自己的局限，他一上台就告訴閣員，自己的政治是「和的政治」、「全員野球」的概念，拿他自己喜歡的棒球為例，只有九個人一起努力，才能贏球。很多人覺得漁民協會、社會黨出身的他「思想有問題」，可能左傾。但鈴木自己很清楚，真正的問題並不在自己左傾與否，而且他根本覺得自己年輕時的主張是「人道主義」，影響他內閣存續與否的關鍵，是他親近田中角榮派系色彩太明顯。

他自承接任總理也算是「青天霹靂」，如果不是最大派系的田中角榮下了指導棋，也輪不到他當首相。因此外界總有「角影內閣」、「直角內閣」的訕笑，甚至有人說他根本「本籍地田中派、現住所大平派」，是個受到田中指使的「憨愚首相」。可見得即使卸任這麼多年而且退黨，田中終究還是自民黨內的「造王者」。

為了平衡派系，鈴木內閣其實廣納自民黨內各方派系，競爭者宮澤喜一擔任官房長官、河本敏夫出任經濟企劃廳長官、中曾根康弘擔任行政管理廳長官，而田中角榮的愛將，具有形象具有灰色陰影的二階堂進，後來則出任了黨幹事長職務。可惜黨內派系依然不免還是要抱怨各派系佔的位子重不重要，內閣的一切還是「目白的闇將軍」、「今太閤」田中角榮在決定。

可即便廣納群雄，善幸不熟悉外交和保守派中比較偏自由的思考，還是鬧過一些問題。比如他和美國總統雷根會晤時，提到「日美同盟」並不包含軍事，引起保守的外務省抗爭，甚至導致當時的外相伊東正義憤而辭職，就是例子。

大家都不看好鈴木，但鈴木內閣還是維持了兩年左右。打倒鈴木的是他不熟悉的財政問題。他想要建立比較積極的財政，又害怕像前輩大平正芳提出的「消費稅」問題受傷。因此提出了「財政非常事態宣言」，主張「不增稅的財政改革」，模仿美國的胡佛委員會，找來財界的大前輩企業家土光敏夫組織了「第二次臨時調查委員會」（第一次是大平正芳任內）。

鈴木出身派系，財務能力很強，很會募款，但他真的不太懂財政。「臨調會」後來幾乎變成他的對手中曾根康弘的禁臠，也因此後來中曾根內閣提出解決國鐵等長年虧錢的國營公司民營化方案時，很多人都忘了這其實是鈴木內閣任內透過「第二次臨調會」作成的的規劃。

臨調會提出了老人醫療免費廢止、教科書免費制度廢止、中小學校每年級四十人以下學校廢止的建議。但這些撙節方案都沒有用，日本政府大舉債的狀況依然，而國際景氣不振，大量逆差造成美日貿易摩擦的問題也讓美方不斷施壓日本。最後壓垮鈴木的，是老首相福田赳夫對鈴木的財政方案的公開批判，鈴木自忖政治實力脆弱，乾脆宣布放棄競選自民黨總裁，主動讓出總理職務。

他上台的時候大家問的問題是「善幸，WHO？」，等到他要下台，大家問的問題變成「善幸，WHY？」為何是善幸當首相？他又是怎麼莫名其妙的下台？雖然鈴木的任期也有兩年，但他大概是日本戰後最不有名的首相。

中曾根康弘

YASUHIRO NAKASONE

1982.11.27－
1983.12.27
1983.12.27－1986.7.22
1986.7.22－1987.11.6

風見雞宰相中曾根康弘

鈴木因為財政問題下台後，登場的是一直被看好，卻遲遲未能組閣的中曾根康弘。他和田中角榮、鈴木善幸都在一九四七年首度當選議員，因此被稱作「昭和二十二年組」。中曾根出身的群馬縣，出過多位出色政治人物，福田赳夫、小淵惠三等人，都和中曾根在中選區時代的群馬第三選區競爭過。能夠在這樣激烈的選區中生存，成就了中曾根對政治風向的準確判斷。

中曾根出身群馬縣的木材商家庭，年輕時在海軍擔任主計士官，曾經隨軍駐紮在高雄左營。他在服役期間負責海軍預算，受到當時在大藏省服務的群馬縣前輩福田赳夫讚賞，認為這位同鄉後輩不同於軍人武夫，頗有秀才之姿。

戰敗之後中曾根回到東京大學唸書，畢業後短暫服務內務省，隨即投入一九四七年的大選。中曾根以反吉田、反保守主義之姿初入政壇，問政相當辛辣，曾經因為質詢首相吉田茂事關天皇存廢的國體問題，以及自衛隊前身的「警察預備隊」屬性問題，因此被保守派批評不愛國，幾近鮮明的反保守主義立場也被揶揄為「青年將校」。

他政治能力超群，在佐藤榮作之後領導小派系，卻足以和田中角榮、福田赳夫、三木武夫、大平正芳等人分庭抗禮，因此也有「三角大福中」的稱呼。但所謂分庭抗禮，其實是因為中曾根本人經常見風轉舵之故，比如在大平正芳和福田赳夫的「四十日抗爭」中，中曾根本人明明支持同鄉前輩福田，但為了兩面押寶，他分了五張票給大平，最後也成為大平勝出的關鍵，因此中曾根在政界有「風見雞」之稱，哪邊勢好他哪邊去。

當鈴木善幸決定不再擔任自民黨總裁，除了中曾根康弘，自民黨內還有安倍晉太郎、河本敏夫、中川一郎等競爭者。透過協調，提出了福田赳夫擔任總裁，中曾根康弘擔任總理的提案，這是繼「大福戰爭」後自民黨第二次提出總裁和總理不同人擔任的「總總分離制」，但最後也沒有成功。這個提案雖然取得其他三人的接受，但不為中曾根所接受。中曾根不接受的原因也很簡單，因為擁有黨內最大派系田中角榮願意支持他。

田中很清楚一山不容二虎的道理，他知道如果從自己的派系內提出總裁人選，自己派系的影響力就會被削弱。因此他拒絕讓愛將二階堂進參與競爭，反而來支持中曾根，維持自己的派系影響力。因為田中的支持，中曾根順利在總裁競選中勝出，只是田中背影如此巨大，第一次中曾根內閣不得不大量啟用田中的愛將，尤其是二階堂進來出任自民黨幹事長。因此第一次中曾根內閣被輿論嘲笑為「角影內閣」、「角擴散內閣」、「角噴射內閣」、「洛克希德崩潰內閣」，更過分的還有「田中曾根內閣」，完全把中曾根組閣之事看衰小。

不過中曾根不愧是「政界風見雞」，他很清楚田中雖然還有野心，但叱吒政壇畢竟已經很多年，派系內年輕一輩想要爭奪接班的勢態很明顯。因此他很刻意的培養竹下登、安倍晉太郎、宮澤喜一等人相互競爭，漸漸擺脫田中的掣肘。同時利用鈴木善幸任內，被中曾根逐漸掌握的「第二臨調會」建議，展開了被稱作「戰後政治總清算」的改革工作。

總清算威力最大的，莫過於逐步將效率不佳、開門就賠錢的國有公社、企業民營化。一九八五年，電電公會轉型為日本電信NTT集團、專賣公社轉型為日本煙草產業JT集團，而國鐵則變成JR，並拆成七家公司，在不同地區經營並彼此競爭。這項改革影響至今，至關重大，也代表了戰後日本隨著經濟復興，正跟著當時的世界潮流，向新保守主義（neoconservatism）、自由放任主義（laissez-faire）的方向前進。

這段期間，日本的經濟相當不錯，生活水準也逐漸提升到「富裕」的程度，裝置在彩色電視機上的電子遊樂器「任天堂紅白機」在一九八三年上市，一九八五年「瑪莉兄弟」在國內創下賣出六百八十一萬套的紀錄，海外銷售成績四千萬套也非常驚人，當時台灣的小朋友也都有參與，學校附近十分鐘十元的「電動間」，一時成為政府和家長頭痛的「不良場所」。

當然，經濟快速成長，政府放任不管，也造成許多亂象。最有名的就是「固力果、森永」事件。大阪有名的固力果跑跑人母公司老闆遭到歹徒綁架，實驗室遭人縱火。接著連續數家大型食品公司遭到發想自江戶川亂步小說《怪人二十面相》而來的《怪人二十一面相》署名恐嚇信，說食物被下毒。

食品公司遭到恐嚇，當然會引起消費者緊張，警方也全力備戰。結果聲勢浩大卻沒抓到人，有一次抓車手，卻發現車手是因為女友被歹徒綁架被逼著來作案。這案幾乎把整個關西地區的警方都動員出來，卻被歹徒整得灰頭土臉，很沒面子。歹徒在連續恐嚇後，宣稱到此為止不玩了，警方一直到過了追訴期都還沒能夠調查出什麼所以然來，只留下一張「狐眼男」的這名畫像，最終成為懸案。這種「劇場式犯案」，把推理小說真實化，確實引發了輿論的恐慌，也成為日後各種推理小說的題材。在中曾根領導的時代，日本跟上國際潮流，朝著新保守主義、自由放任主義的方向前進，和當時美國的支持不無關係。當時冷戰已經接近後期，雖然沒人預料到蘇聯很快就要崩潰，但雷根對於自由民主資本主義終究會戰勝共產威權計劃經濟一事，始終相當有信心。中曾根英文流利，和雷根一拍即合，非常「馬吉」，兩人再見面後的早餐會上互相以名字稱呼，「ロン　ヤス關係」（Ron-Yasu）成為當時輿論的話題。

事實上，在雷根的要求下，中曾根確實做了包括日圓升值、軍費提升等承諾，他曾經以一席「不沉的航空母艦」說法，強調美日之間堅固的夥伴關係，讓國際社會印象深刻。由於中曾根的友好，雷根也以好友之姿，讓中曾根在G7峰會中隨著雷根身邊站上國際舞台。中曾根有一百七十八公分，是同時代中少見的大個子，高大挺拔的身材沒有輸給任何一位西方國家領袖，讓戰後一直被認為是「政治侏儒」的日本人有揚眉吐氣的感覺。

除了對美關係，在冷戰後期的國際社會中，中曾根也積極修復對中國、韓國的關係。因此教科書爭議、靖國神社參拜的議題，也跟著浮上檯面。文部大臣藤尾正行因為歷史問題失言而下台，但中曾根本人卻成為第一位參拜靖國神社的首相。中曾根曾經參與過戰爭，親眼目睹過同袍戰死的悲劇，參拜靖國神社並非沒有理由。只是一下子要大臣因為戰爭議題失言辭職，自己卻又跑去參拜靖國神社，被輿論批評是「風見雞」，並非沒有道理。

和他年輕時立場一致，中曾根想要帶領日本走出吉田茂「一國的和平主義」，變成一個「國際國家」。因此對於當時由雷根、柴契爾主義（Thatcherism）領導的新自由、新保守主義路線，他也都奉行不逾。其中對日本衝擊最大的莫過於《廣場協議》（Plaza Accord）。這是自美元黃金匯率脫鉤的「尼克森震撼」（Nixon Shock）以來最大的改變。

日本一直在尼克森震撼後，強力的維持日圓的低價格，以保持外銷能力，造成的貿易逆差讓以美國為首的國際社會相當不滿。中曾根雖然曾經有過「每位國民買一百美元的外國貨」倡議，但這種花言巧語，又豈是美國人所能接受。一九八五年，在紐約的廣場飯店，日本、美國、西德、英國和法國達成共識，世界金融朝向變動匯率的方向前進。日圓被迫升值，從一美元三百六十元，劇貶為兩百四十元，兩年後甚至掉到一百四十元的水準。

日圓升值造成的巨大影響，除了美日貿易逆差的逆轉，日本產品在美國滯銷，更引發了日本廠商外移，大量沒有競爭力的產線，移往韓國、台灣以及東南亞。而這些國家的製品也大量進口到日本市場，產業外移、失業、終身雇用制遭到動搖，再加上日本國內男女同工同酬的《男女僱傭機會均等法》實施，都讓日本社會發生劇烈的變化。

為了因應蕭條而採取的低利率措施，使得融資擴張，大量金錢被投入股市、房市，造成一波泡沫經濟。日經指數一九八〇年大約八千點，到了一九八九年底是三萬八千九百五十七點。東京銀座的老字號文具店「鳩居堂」前地價，一九八〇年是八百四十八萬元，一九八九年是三千六百五十萬元。無中生有、平地起高樓的土地煉金術處處盛行。

而日本政府為了抑制這波泡沫不要太大，開徵地價稅、制止土地融資，也嘗試提高利率來阻止投機活動。問題是低利率本就是為了刺激景氣，現在卻又要提高利率來阻止投機，這種父子騎驢、互相矛盾的政策弄了幾年，最終在九〇年代導致了泡沫破裂。

這樣的問題並不只發生在日本，鄰近的台灣也深受影響，要求升值的壓力不只針對日本，乘日本尾巴叩關美國市場的MIT產品也造成台美貿易逆差，美方多次施壓，強迫台幣升值，也在台灣造成了一樣的泡沫經濟風潮，外貿國家深受世界局勢影響之深，由此可見。

一九八六年，中曾根解散國會，並在改選中大獲全勝。他隨即決定在次年趁勝提出「消費稅」，以解決日本政府長期因為舉債和赤字預算造成的財政缺口。但中曾根本人在選舉時早已明確表示過不會開徵消費稅，這個違反選舉承諾的政策，最後遭到國會反對而遭廢棄。在野的社會黨、公明黨、民社黨、社民黨組成「稅制改惡阻止聯合鬥爭本部」，自民黨內反對聲量也很大，中曾根本人的支持度也遭受重傷。

當然，「政界風見雞」從來不是隨便說說，中曾根眼見情勢不妙，決定快快下台，不再競選自民黨總裁。他在竹下登、安倍晉太郎和宮澤喜一三位競爭者當中，選擇了竹下登接班。這位在戰後消耗快速的首相群中撐了五年的內閣總理大臣，終於卸下職務。

這位被輿論認為戰後唯一的「大統領型首相」的總理大臣，卸任雖然還選了好幾屆議員，也順利交棒給兒子，但因為派系不振，很快就失去了影響力，中曾根活了非常久，一直到二〇一九年才過世，他曾和大眾分享健康的秘訣，就是吃得清淡、保持好奇心，在餘生當中，他告訴大家能夠參與日本的戰後重建，是一件幸福的事情。

竹下登

NOBORU TAKESHITA

1987.11.6－1989.6.3

終於擺脫田中角榮的竹下登

中曾根康弘剛剛執政的時候，被輿論嘲笑是「田中曾根內閣」，但他利用田中年紀漸長，派系內領袖被田中壓制的狀況，順勢以培養競爭者的模式，擺脫了田中的影響力。一九八五年田中角榮洛克希德案被判決有罪，派系內人心渙散，竹下登結合了金丸信，成立了「創政會」。竹下當時為了避免田中角榮不愉快，還特別面報「創政會」只是個讀書會，沒有派中派的問題。

但田中聽了還是很不高興，竹下素有大志，卻一直被田中視為輕浮躁進，據說竹下曾在聚會時說過「今日聽田中列島改造，明日看竹下唱海軍小歌」，讓田中感到非常不悅。事實上，洛克希德案告一段落，即使被判有罪，但田中仍然想要找機會重出江湖，他把竹下登找來，要他放棄組閣機會再等等，田中說自己已經忍了十年，再做一屆就會把機會讓給竹下。據說竹下聽了什麼也沒說，只是緊緊握著酒杯。離開慕白官邸後，記者問竹下和田中老爺談了什麼，他只回了「忍耐、忍耐、永遠要忍耐」。

竹下不回答問題，顯然是因為認為田中過時了。但即便過時，田中卸任後依然叱吒日本政壇十年，每一位內閣總理大臣都是靠田中支持才能當選，實力不容小覷。可是不久之後田中就病倒了，病因是「腦梗塞」，據說是因為對竹下、金丸等人的眾叛親離太生氣了，成天在家裡喝悶酒引起的問題。

病倒的田中依然參加選舉，也能夠順利當選，但他一次院會也沒出席過，影響力大幅的降低。竹下很清楚，田中的時代結束了，現在是他的時代了。兩年後，「創政會」改組為「經世會」，不久之後中曾根辭職，指定竹下登接任自民黨總裁並組閣，他終於可以登台唱海軍小歌了。

忍耐一向是竹下的強項，他做事思路周詳、行事縝密，人稱「過石頭也要敲一敲」，這也是他可以成為田中派系內實力領袖，並勝出組閣的原因。竹下出身島取鄉下，戰爭時他是「學徒出陣」的早稻田大學學生兵，戰敗後他補完學業，回到故鄉當英文老師。戰敗讓竹下受到很大的刺激，他決心投入政壇，參與戰後日本的改革和重建。二十七歲先選上了島根縣議員，幾屆之後三十四歲問鼎眾議院，最後有幸成為縣議員出身，自認頗識民瘼的首相。

竹下登受到佐藤榮作賞識，四十七歲就擔任史上最年輕的官房長官，後來又受到田中角榮賞識，歷任要職。他為人客氣，以不得罪人為原則，對於不懂的事總認真傾聽，據說在澡堂裡還會幫隔壁擦背，一點大議員的架子也沒有。當了首相之後被稱為「低姿勢首相」，也算博得謙虛美名。不過竹下這些手段，無論是利用人情、發展信賴，都很有其師田中角榮的手腕。

談起竹下受到田中信賴，就得提到「大福戰爭」期間，正是竹下登拿著名冊一通一通電話為大平正芳拉票，最終幫助大平擊敗福田赳夫，居功厥偉。不過竹下後來和田中鬧翻，主要也是因為他太了解田中，深知田中不培養派系內的人接班首相，是因為不想派系領袖的地位遭到挑戰之故。這件事情對竹下登影響深遠，不僅竹下在政壇攀升之時，時時得顧忌田中老爺的臉色；在竹下卸任首相後，他一反田中的風格，把七奉行一一推上政治前台，展現出和田中角榮完全不同的垂簾聽政風格。

不過總之，田中反正就是失勢了，權力像他的健康一樣流逝而去。竹下登終於可以大展身手，出面組閣。竹下組閣之初，派系內戰將如雲，橋本龍太郎、小淵惠三、小澤一郎、羽田孜、梶山靜六、渡部恆三、奧田敬和被稱作「竹下派七奉行」，黨內擁有一百一十三席議員，派系內對手二階堂進只有十五席、後藤田正行只有十三席。執政之初有如「滿帆出航」支持度達到四十八個百分點。

「滿帆出航」是一回事，真正執政，可沒有那麼一帆風順。竹下登任內，雖然有連接青森到函館之間的「青函隧道」通車，讓太宰治對龍飛甲的盡路書寫和「津輕海峽冬景色」化為歷史；又有劃時代的巨人隊主場東京巨蛋完工，國民歌手美空雲雀在此舉辦「不死鳥音樂會」，創下五萬人入場聆聽的紀錄。還有瀨戶大橋通車的多起重大建設完工。但從中曾根時代起，困擾多年的消費稅、泡沫經濟問題，依然棘手。

從大平正芳提出開始，被認為是「政權鬼門關」的消費稅問題，重創了大平和中曾根兩位總理的支持度，終於在竹下登執政時以百分之三稅率開徵。不過消費稅並沒有為困擾多年的財政問題帶來紓解，反而因為物價騰高、消費低迷，讓總體稅收減少，當初導入消費稅的目的可以說是失敗。

而因為日幣升值導致的泡沫經濟和投機問題，竹下也沒有能耐解決。日本市場上過多的現金，統統被拿去國外買房地產，一九八九年紐約的洛克斐勒大廈被三菱集團買走，SONY併購了哥倫比亞影視，「買下美國」取代了「打敗美國」，變成日本恢復戰後民族主義自信的象徵，既然如此，政府對於泡沫的打壓，又顯得更沒有正當性而疲軟無力。

至於擴大內需的部分，竹下推出的做法，是「故鄉創生計畫」，每一個町村得到一億日圓的金額，不限用途，來從事地方創生。竹下出身自出雲地方鄉下，提出想要讓地方振興的政策立意良好，但這政策一出台就被批評為大灑幣，而還沒有做出成績，竹下登就下台一鞠躬，因此也沒機會檢驗。

不過最後壓垮竹下政權的，都不是以上這些問題，而是「瑞克魯特」（リクルート）股條事件。這起事件肇因瑞克魯特公司董事長江副浩正將未上市的子公司股票行賄川崎市副市長小松秀熙，再透過小松行賄各級官員。有收賄嫌疑的包括前首相中曾根康弘、自民黨重量級議員森喜朗、渡邊美智雄、宮澤喜一、安倍晉太郎等人。中曾根退黨，其他人都辭職，政府重量級人物紛紛失腳，在野黨磨刀霍霍，竹下政權岌岌可危，他決定成立「竹下改造內閣」。

但時勢所逼，改造內閣最後卻變成治喪內閣。一九八八年後半葉，裕仁天皇病危，電視台發動「自肅默哀」，不播娛樂節目，並時時以跑馬燈動態報導病情，為天皇祈福。該年跨年的「紅白歌合戰」在關東地區的收視率創下史上最差紀錄，署名祈願「御體病情平安痊癒」的民眾多達九百萬人次，但天皇病情未有好轉。

一九八九年一月七日，天皇駕崩，享年八十九歲，陪著日本走過戰爭、再重新復興的年號「昭和」告一段落。竹下登內閣授命辦理大喪，數十萬人走上街頭哀悼時代消逝，「溫和的祖父」成為這位天皇在日本人心目中的最後形象。同年，新天皇登基，官房長官小淵惠三拿著「平成」新年號說明的影像，則成為當年的大熱門照片。

大喪之後，竹下原本以為「瑞克魯特」事件已經告一段落，沒想到事情還沒結束。平成元年，政界之外、商界、媒體圈也陸續有人中彈，檢調還查出竹下的秘書青木伊平向「瑞克魯特」借款五百萬元，這把火眼見著就要燒到竹下登身上。竹下最終決定辭職，並把責任推給秘書青木伊平，未料青木伊平自殺，由於主嫌死亡，調查無法持續，「瑞克魯特」之火嘎然而止。

卸任之後的竹下登依然是實力派領袖，他仿效師父田中角榮垂簾聽政，接任竹下總理職務的宇野宗佑和海部俊樹，都是得到竹下支持才能夠出線。而竹下七奉行當中，橋本龍太郎、小淵惠三、羽田孜都陸續當上總理，小澤一郎則是平成時代打破五五體制，兩次促成政黨輪替的關鍵人物。其他人也都成為實力派人物，雄踞政壇。

外界批評田中角榮「今太閤」，也同樣以太上皇執政的「竹下院政」批評竹下的做法。只是一次又一次透過協調產生的政權，雖然維繫了自民黨的權力，卻無法再像當年田中角榮、中曾根康弘的卡里斯馬領袖那般，以一新國民耳目之姿出任首相，也讓日本政治開始被批評者認為進入平庸無聊的年代。最後一提的是，即便竹下登算是一政壇最具影響力人物，但在兩千年過世後，知道竹下登的人，可能比知道他那娶了女神北川景子的外孫DAIGO還要少了。

第五部　平成時代的總理大臣

HEISEI ERA

1989 – 2019

Heisei Era

宇野宗佑

SOSUKE UNO

1989.6.3－1989.8.10

短命首相宇野宗佑

竹下登因為「利庫魯特」事件下台後，呼聲最高的首相人選是歷練豐富、被認為清廉潔白的伊東正義。只是伊東對自民黨未來改造的想法與竹下不太相同，身體又不太好，因此最後伊東覺得竹下找他組閣，只是換湯不換藥，就沒有答應，竹下只好退而求其次，找了宇野宗佑。沒想到伊東的決定，開啟了平成時代短命、混亂的內閣傳說。

宇野宗佑的內閣很短命，但並不能說他是沒準備好的人。他當過防衛廳長官、科學技術廳長官、行政管理廳長官、通產大臣、外相，當首相前該歷練過的位子，他幾乎都歷練過。年輕時和海部俊樹、竹下登，都被認為是自民黨的未來之星，也曾參與過金大中綁架案的日韓協調，能力頗受矚目。

他出身滋賀縣的釀酒世家，神戶商業大學讀到一半被徵召上戰場，戰敗後在西伯利亞滯留了兩年，回國後把那些飢寒交迫的故事記錄下來出版，結果大受歡迎。宇野能言善道、精明能幹，能說又能做，因此有「口八丁手八丁」的美名，品味也相當好，俳句、畫畫都是職業等級，對閱讀、音樂、古董和民藝品收藏也算是專家。

宇野內閣在一九八九年六月三號上台，為了要避免「利庫魯特」事件的餘波，能選擇的閣員不多，許多沒經驗的人都因為需要政壇清新氣氛而被迫提早上線。但是歷史並沒有在管你有沒有經驗，宇野上台第二天，就遇到北京天安門事件的流血鎮壓，是否調整中國政策成為輿論焦點，政府一時也不知道該怎麼應對。

不過這個議題燒沒有兩天，就被宇野自己的醜聞蓋過去。週刊爆料，說宇野在神樂坂以每個月三十萬日幣的價格，包養過一名藝妓，一時輿論譁然，而據說宇野討價還價時伸出三隻手指表示三十萬的「指三本」，也成為當時社會的流行語，飽受揶揄，連國際媒體都以「首相的藝妓女孩」為標題，消遣宇野宗佑。

接著打擊宇野內閣的是消費稅引發的民怨，一九八九年四月首度徵收百分之三消費稅，要把錢從民眾口袋掏出來，必定是會被罵，上漲的物價、麻煩的找零、衝擊的內需景氣，三個月內從竹下內閣一路燒到到宇野內閣，執政黨自然需概括承受。接著進行的參議院大選，自民黨在這樣的多重因素下慘敗，首度失去多數，宇野只好宣布「一切責任都在我」，下台一鞠躬。

平成第一位首相只當了六十九天，史上第三短（後來才因為羽田孜六十四天而排名降為第四）。宇野雖然歷練完整，也算是為了當首相做足準備，但就是擋不住消費稅的民怨，他被民眾記得的，就只剩下「因為女性醜聞而下台」，算是蠻慘的一位首相。

海部俊樹

TOSHIKI KAIFU

1989.8.10－1990.2.28
1990.2.28－1991.11.5

高人氣的海部俊樹內閣

宇野宗佑因為女性醜聞，六十九天匆匆下台後，接掌權力的是竹下登之友中，唯一沒有被「瑞克魯特」案牽連的海部俊樹。他出任總裁時五十八歲，是第一位昭和年間出生的首相。

海部俊樹於昭和二十九年從早大畢業，二十九歲第一次當選第二十九屆眾議員，第一次組閣的時間是一九八九年，距離一九六〇年第一次當選議員，剛好經過了二十九年。二十九真的是他的幸運數字。

他年紀輕輕，形象良好，當過自民黨內專門作為培養明日之星位置的青年局局長職務。雖然屬於小派系「河本派」，但就因為派系小，才能得到竹下登的支持，得到總裁寶座，讓竹下可以安心執行他的「院政」。海部以「世代交替」作為競選主軸，當選後，濃眉大眼、意氣風發的海部，在記者會上說自己「背上黨再生的十字架」。

海部並非出身貴族，家中在名古屋經營照相館，自己則畢業自早稻田大學。讀書的時候就對公共事務有興趣，被稱作「辯論達人」；因 喜歡政治，畢業之後在國會當了一陣子秘書，二十九歲時自己參選，也順利當選，成為當時最年輕的國會議員。

和他那些出身世家的自民黨同事們相比，海部的出身真的是「庶民」，卻也因此讓受夠政二代的一般民眾歡迎。組閣時，海部顧慮時代變遷，晉用了經濟企劃廳長官高原壽美子，以及環境廳長官森山真弓兩位年輕、專業的女性，也頗得輿論好評。

那正是一九八五年的《男女均等雇用法》實施後的期間，女性開始因為有好能力，逐漸受到社會重視。當時有一個「成田離婚」的流行語，指新婚夫妻出國蜜月，太太卻發現平時沙文的先生一句外文也不會，出門在外都靠老婆，能力較佳的太太遂在歸國的成田機場甩了老公。「成田離婚」也許不多，但這樣的故事受到輿論重視，已經顯見當時的日本社會女性性別意識升高的趨勢。

高原和森山的任用，迎合了這樣的氣氛，森山後來出任官房長官，還因為是否能夠打破女性不能上相撲土俵的傳統，成為輿論的熱烈話題。海部抓住時代趨勢，得到民意的大歡迎，內閣的滿意度一度攀升到百分之五十八。

挾著這樣的氣勢，海部俊樹領導的自民黨，在一九九〇年二月的總選舉當中獲勝，擺脫從宇野宗佑在參議院慘敗後，自民黨就一厥不振的印象，組成安定多數的內閣。只是同樣在這段期間，世界局勢也從東西冷戰的格局，劇烈的轉向後冷戰的新時代。柏林圍牆拆除、東西德統一、蘇聯崩潰，伊拉克入侵科威特引發國際干預。沒有什麼國際歷練的海部，面對飛快變動的國際局勢，顯得捉襟見肘。

所幸他在任的期間，日本的泡沫經濟正在瘋狂起飛，日本人不僅炒作國內的土地，更把超強大的購買力延伸到世界各國。許多美國企業被日本收購，「買下美國」變成一種對戰敗揚眉吐氣的民族主義情緒。只是美國看到日本這麼富裕，便要求日本要分擔美國的國際義務，在波灣戰爭中出錢出力。日本也因此付出了九十億美金的代價，若再加上貸款四十億，整個聯軍的開銷，有五分之一由日本支付。

除了出錢之外，美國也要求日本跟進對伊拉克經濟制裁，並要求日本派出海上自衛隊掃雷艦等，參與聯合國維和行動。不過海部是和平主義者，他認為派兵違反非戰憲法精神，希望透過民間力量處理維和事宜。海部的看法和當時自民黨內第二號人物小澤一郎相違，小澤認為派遣自衛隊到海外，是日本讓國際社會看見的重要機會，非戰憲法有模糊地帶，無需顧慮。

不過執政的畢竟是海部，他於是提出了PKO（Peace keeping operation）草案，希望得到國會支持。不過國會參眾院分別由不同黨佔多數，自民黨內又意見多元，本案最終成為廢案。

PKO倡議失敗，對海部政權打擊不小，在隨之而來的政治議程中，海部為了解決「瑞克魯特」案帶來對民眾對政治不信任的問題，提出「政制改革三方案」，主張由過去的中選區制，改為「單一選區比例代表並立制」，並限制政治獻金對象只能給政黨而非個人，以及規劃政黨補助金制度。

結果這個重大制度改革的提議，引發了自民黨內部和在野黨既得利益者的大反彈，海部本想要用「解散國會」來決定改革勝敗，但竹下登反對。海部政權本源於竹下的支持，輿論曾有「現住河本派，本籍竹下派」的揶揄，竹下撤回支持，也代表了海部政權的末路。海部俊樹隨即宣布放棄競選總裁，自民黨選出了新總裁宮澤喜一，海部政權下台一鞠躬。

海部下台之後，仍然圖謀再起，一九九四年自民黨裂解了非共在野聯盟，和社會黨共組「自社盟」聯合內閣時，海部得到小澤一郎支持，想要東山再起，卻不幸敗給社會黨的村山富市。

海部敗選後隨即退黨，先成立自由改革聯盟，後來又成為新進黨黨魁。隨著超穩定的一黨獨大「五五年體制」崩潰，日本政局動盪，海部先後加入過自由黨、保守黨、保守新黨，後來又重回自民黨。自民黨總部裡頭，掛著歷任總裁畫像，換黨如家常便飯的海部肖像畫一度被拿下來，後來又被掛回去。這一路的政黨之旅，有人認為他是小澤一郎的傀儡，但小澤似乎也看不起海部，私下批評過他「無名小卒，腦袋空空」。

海部在政壇的最後一戰是二〇〇九年，七十三歲高齡的他在選區中落敗，成為蘆田均、石橋湛山之後四十六年來唯一一位落選的前總理，最後雖然靠著比例代表制復活，保住國會議員的面子；但他知道大勢已去，政治必須交棒給年輕人，隨即宣布退休。不過海部俊樹連續當選十六回，一共當了四十八年九個月的國會議員，也是非常驚人的紀錄。

宮澤喜一

KIICHI MIYAZAWA

1991.11.5－1993.8.9

「平成慶喜」宮澤喜一

一九九一年七月，改編自暢銷漫畫的《東京愛情故事》在富士電視台播放，大受歡迎。永尾完治和赤名莉香成為家喻戶曉的人物，從鄉下老家來到東京闖蕩，工作、談戀愛的故事，好似是當時日本年輕男女的人生模型。但就在《東京愛情故事》播放的同時，原本一路暢旺，給人們無限希望的的日本泡沫經濟，卻正慢慢步上破滅的「失落的二十年」。

日經指數從一九九〇年十二月二十九日三萬八千九百一十五點八十七的最高點之後，就一路向下。衰退的主要原因，是憂慮炒房和通貨膨脹問題的大藏省，一方面採取了不動產融資總量管制，一方面也要求銀行必須提高資本適足率。金融政策緊縮，確實導致原先飛漲的地價下滑。以指標性的銀座鳩居堂前土地為例，從一九八九年的一平方米三千六百萬元，到了一九九五年只剩下三分之一，一千兩百萬元。

三十年來房地產永遠不會衰退的神話破滅，導致許多公司、投資人甚至一般民眾手上的土地房子，都變成爛頭寸。銀行滿手不良債權，因此緊縮銀根。另外，廠商因為之前的《廣場協議》升高了日圓匯率，導致工廠大量外移，日本本身的經濟在這些連鎖效應下，據說損失超過一百兆日元，日本因此陷入「失落的二十年」迷障。

一九九一年十一月，宮澤喜一就是在這樣的環境下組閣。相較於他的前任海部俊樹，宮澤出身政治家族，外祖父小川平吉、父親宮澤裕都當過眾議員，他自己也是大藏省官僚出身，頗受池田勇人賞識。他講得一口好英文，不需要翻譯就可與外國政要對話，年輕時被稱作「大藏省的王子」，前途看好，通產大臣、大藏大臣、外務大臣、官房長官，甚至副總理等重要職務，他統統當過，一直被認為是首相接班人選。

宮澤喜一講話惡毒，學經歷俱佳的他，最喜歡問別人什麼大學畢業。出身早稻田大學的前首相竹下登年輕時，還被宮澤問過：「你進早大有通過考試嗎？」讓竹下氣得半死；不過，「毒舌」導致宮澤在政治圈人緣不佳，因此總等不到機會。等到他看不起的竹下登都已經卸任首相職務，還以院政之姿主導政壇多年，宮澤才好不容易在竹下支持下，以七十二高齡之姿當上首相，也可以說是造化弄人。

宮澤既然是得到竹下支持，自然也得受制於竹下。副總理兼外相渡邊美智雄、官房長官加藤紘一等人，都是當年導致竹下辭職的「瑞克魯特案」關係人。再加上宮澤年事已高，國民對內閣的期待並沒有特別高。不過宮澤對自己的期待倒是不小，他自許是經濟、財政的專家，在泡沫經濟崩潰之初，他喊出了「生活大國」、「資產倍增」的目標，在泡沫破裂之初，宮澤的喊話還讓人有點信心，因此內閣開始的支持度是百分之五十四。

不過崩壞中的泡沫真的是神仙也難救，「資產倍增」變成不可能的任務，沒有腰斬都已經要偷笑。日經指數一路下跌，野村、日興、大和、山一四大證券公司一蹶不振，民眾把經濟衰退的原因歸咎給金融業的「犯罪本質」，也讓政府沒有勇氣調整金融緊縮的方向。不過大企業還可以撐，更慘的是中小企業因為金融緊縮紛紛倒閉，泡沫經濟崩潰開始衝擊已經習慣高速成長、揮金如土的日本民間社會。

經濟問題固然煩惱，但畢竟是長期問題，當時大家也不知道泡沫經濟接下來得失落二十年。當下困擾宮澤的麻煩事，其實還是政治問題。前首相海部俊樹留下兩個燙手山芋給宮澤，一個是自衛隊海外派遣，另一個是政治改革方案。

自衛隊派遣的議題上，宮澤喜一是屬於「護憲派」，他根本反對派兵，但也知道美國的壓力很大。於是提出對外派兵必須有所限制，比如不能使用武力，並且需要當事國同意等主張，宮澤內閣因此全力投入PKO法案的立法任務。

宮澤的主張很明顯和當時自民黨內的實力派人物小澤一郎對立，小澤是認為日本要成為正常國家，這是難得機遇，該派兵就派兵，不要被非戰憲法綁住，兩人也因此有了裂痕。而政治改革的議題上，宮澤確實打了包票，只是看來也推不太動。在野黨虎視眈眈，自民黨內也有很多不同意見。事實上，海部俊樹解決不了的問題，宮澤喜一也解決不了。

屋漏偏逢連夜雨，一九九二年一月，東京地檢署以收賄嫌疑，逮捕沖繩開發廳長官阿部文男；二月，竹下派大將金丸信捲入「東京佐川急便事件」。檢調人員搜索東京佐川急便賄賂名單時，查出金丸信接受五億元鉅款的違法政治獻金，這筆錢甚至還被懷疑因為選舉需求，流入黑社會被拿來當作打擊政敵的資金。東京地檢署很快地就在金丸信家中搜出大量金條，金丸信遭到逮捕，以他為首的竹下派議員全都人人自危。

竹下派因為對金丸涉案的問題有不同看法，分裂為兩大系統。一派是與金丸關係不錯的小澤一郎、羽田孜，另一派則是要除去金丸的橋本龍太郎、小淵惠三。金丸辭去竹下派會長職務後，竹下派在小澤一派缺席的情況下，選出了小淵惠三為新會長。小澤一郎和羽田孜則決定脫離竹下派，另成立「改革論壇二十一」，自民黨最大派閥竹下派實質分裂。

宮澤喜一其實不喜歡金丸信，據說金丸信東窗事發那天，宮澤正在參訪幼兒園，不太喜歡表演的宮澤那天還與小朋友手舞足蹈了一番，這個舉動被認為是開心金丸信出事。問題是宮澤內閣的最大支柱就是竹下派，現在竹下派分裂了，宮澤的日子當然也不會太好過。

果然，他宣稱一定要完成的政治改革方案，就這樣在自民黨內鬥不斷，在野黨隔山觀虎鬥，而民間因為政治弊案頻仍，對內閣失去信心的狀況下胎死腹中。把握自民黨分裂良機的在野黨，以宮澤說謊，「未履行政治改革」為由提出倒閣，在小澤一郎一派刻意缺席的狀況下，通過了不信任案，宮澤喜一隨即宣佈解散國會進行改選，進行最後一搏，史稱「謊言解散」（嘘つき解散），不過自民黨內也有「自爆解散」、「造反解散」等說法。

自民黨此時一分為四，武村正義等人成立了「先驅新黨」（新党さきがけ），小澤一郎和羽田孜則組成了「新生黨」，有高貴身家的人氣熊本縣知事細川護熙也組成了「日本新黨」參戰，眾議院五百一十一席當中，自民黨分裂的三黨一共得到一百零三席，在野的社會黨只獲得七十席，本來執政的自民黨只得到二百二十三席，首次沒有過半。在小澤一郎合縱連橫之下，非自民黨、非共產黨的其他八個政黨同意組成聯合內閣。

政黨輪替，從鳩山一郎開始穩固無比的「五五年體制」土崩瓦解。新首相是細川護熙，眾議院議長是社會黨黨揆土井多賀子。自民黨方面，宮澤喜一辭職，河野洋平接任總裁。宮澤喜一這下變成「五五年體制」的末代將軍，媒體說他是「平成的慶喜」。不過，宮澤本身並不是很有權力慾的人，後來自民黨再度重返執政，他也應邀擔任過小淵惠三的財務大臣，首相卸任後還願意接別的位子真的很難得，上一個這樣做的人是明治時代的高橋是清，宮澤也因此搏得「平成的是清」美名。

不過回顧起宮澤喜一，最讓人印象深刻的，應該是一九九二年美日峰會時，老布希總統不知道為何突然暈倒，吐了宮澤一身。還有他的外孫女宮澤艾瑪，後來成為出色女演員，在三谷幸喜的電影《失憶的總理大臣》當中擔任翻譯官的角色。孫輩走上演藝圈這件事，宮澤與他不喜歡的竹下登倒是如出一轍。

細川護熙

MORIHIRO HOSOKAWA

1993.8.9－1994.4.28

推翻「五五年體制」的細川護熙

一九九三年，泡沫經濟破裂，政治醜聞頻傳，自民黨內最具實力的金丸信因為「佐川急便」一案遭到調查，讓搖搖欲墜的自民黨四分五裂。大選結果出來，自民黨戰後第一次沒有單獨過半，在野八黨組成聯盟，共推日本新黨的黨首細川護熙擔任首相，眾議院議長則由最大在野黨社會黨總裁土井多賀子出任。從一九五五年開始獨大的自民黨「五五年體制」告一段落，輿論以「下剋上時代的到來」稱呼這件政壇大事。

細川護熙是肥後細川家的第十八代當主，細川家是武家名門，可以溯源到戰國時代，第一代當主細川藤孝、第二代細川忠興，都是關原之戰時赫赫有名的東軍將領。第三代細川忠利接手加藤清正的熊本城後，「肥後細川家」就成為當地領主，一直持續到明治維新，都統治肥後地區。

細川家在明治維新之後也還過得不錯，貴族通常和貴族通婚，因此細川護熙本人的外祖父，正是戰爭時期的首相近衛文磨。細川自己在上智大學畢業後，加入《朝日新聞》成為記者，同事知道他的出身，都叫他「殿下」，但他一點大名之後的架子也沒有，常常為了寫新聞，住在辦公室，好幾天不洗澡，大家都叫他「野蠻人」。

一九六九年，細川以無黨籍參選眾議員落馬，兩年後由自民黨提名選上了參議員，正式在政壇展露頭角。一九八三年，他在田中角榮的支持下，參選故鄉熊本縣的知事，也順利當選，肥後領主之後透過民主選舉，再次治理熊本，也算是政壇佳話。一九九三年，細川第一次當選眾議員，當時他五十五歲，因為自民黨沒過半的因緣際會，大命降下，由這位菜鳥議員組閣。

菜鳥組閣，為他運籌帷幄的是「平成政壇破壞王」小澤一郎，也因此有些看不起他的人，覺得他根本是小澤的傀儡。但這位貴族首相不穿西裝，反而穿著BIGI的格子襯衫闖蕩江湖，展現出和過往政治人物完全不同的品味，而成為「新政治」的代言人，內閣初始的支持度達到百分之七十，是當時的史上第一（後來被小泉純一郎、第一次安倍內閣打破）。

由於是「五五年體制」確立後第一個非自民黨內閣，八黨聯合時提出了五個公約。第一個是選舉制度改革和腐敗防止；第二個是政治獻金禁止和關聯法案改革；第三個是外交防衛政策的繼承；第四個是自由經濟體制的確保；第五個是福祉文化社會的創造。這五個公約，一方面要撇清國際社會對日本政黨輪替是否會左翼化的憂慮，一方面則是向國內民眾保證新政府的改革決心。

但這個明顯偏向自由派的政權，在外交政策上確實對自民黨的遺產做了挑戰，細川本人將第二次世界大戰詮釋為「侵略戰爭」，並向中國致歉，得到中國的友好回應，卻引起日本國內保守派的大反彈。

對美國方面，他雖然說自己想要演奏鋼琴，和柯林頓總統擅長的薩克斯風合奏。但兩人的相處，一點也不琴瑟和鳴。細川在對美貿易談判中堅守立場，拒絕開放稻米進口，惹怒了柯林頓。

結果該年剛好遇到氣候異常，稻米歉收，日本消費者根本買不到米，政府又緊急開放中國、東南亞、美國的稻米進口。反覆的政策不僅讓國內抱怨，也讓美國感到不快。事後證明，他國家的米雖然便宜，但是日本消費者並不喜歡，一開始採取的保護主義，其實是個不必要的政治誤判。

而國內改革方面，細川政府這種變來變去的態度，也造成不少爭議。他推出選舉改革法案，將選舉制度由中選區改為單一選區比例代表並立制，並規範政治獻金流向，導入政黨補助金概念。這個政改方案不僅影響了日本，隨後幾年也影響了台灣的選舉制度改革。

不過，四大政治改革方案在眾議院過關，卻在參議院因為社會黨左派的不同意見，而遭到卡關。細川非但未與執政聯盟的夥伴社會黨溝通，還與在野的自民黨商量，最後改革法案在自民黨支持下過關，細川和自民黨總裁河野洋平互相擁抱的畫面，讓執政伙伴社會黨很沒面子。

細川內閣的溝通問題，還不只出現在政治改革方案上。一九九四年二月，細川突然提出「國民福祉稅」的主張，認為應該廢除消費稅，改徵收百分之七的國民福祉　，用來促進社會福利。「消費稅」問題一直是日本政壇的大地雷，過往想要處理消費稅的首相，從大平正芳、中曾根康弘到竹下登，無一不是片體鱗傷，現在細川居然要把百分之三的消費稅，改成百分之七的國民福祉　，直接增加百分之四，當然引起輿論譁然，讓這個被比喻作「玻璃細工」的改革政權搖搖欲墜。

「國民福祉稅」讓執政團隊一分為二，新生黨的小澤一郎、公明黨的市川雄一組成「一一連線」支持稅制改革，新黨先驅的武村正義和社會黨則表明反對到底。執政團隊一分為二，讓這個脆弱的「八頭馬車」政權搖搖欲墜。屋漏偏逢連夜雨，這時居然還傳出細川和打倒自民黨副總裁金丸信的「佐川急便」間，也有一億元的不明借款。此事一出，輿論譁然，首相本人倉皇辭職，由新生黨的羽田孜接掌政權。

羽田孜

TSUTOMU HATA

1994.4.28－1994.6.30

苟延殘喘的羽田孜內閣

羽田孜是竹下登時代崛起的政治家，同時代的政治前輩金丸信曾經有「平時的羽田，亂世的小澤」一說法，來形容這兩位形影不離的政治晚輩。小澤和羽田結盟，在平成日本可以說是呼風喚雨，先是推倒了宮澤喜一，又組成新生黨在總選舉中擊敗自民黨，結束「五五年體制」，在細川護熙任內，羽田擔任副總理，一手策劃了政治改革方案，被外界稱作「政治改革先生」。

羽田是政二代，不過他很有個性，大學畢業後曾經在小田急巴士公司上班，很以當過巴士車掌而自豪。他認為政治應該要是普通人的政治，政治家說的話，應該要讓普通人都聽得懂。羽田是唯一一位在首相任內，每週都到街上和民眾演講的首相；此外，在辦公室設置了三台傳真機供人民傳真意見，也是當時的創舉。只是金丸信那句「平時的羽田」，也算是一語成箴，只是羽田組閣的時機點，剛好不是平時，而是亂世。

在亂世中組閣的羽田內閣，可以說是先天不足，後天失調。他當初組閣支持率並不低，有百分之六十一，但是繼承了細川的「八頭馬車」，以及細川解決不了的黨派爭議，讓羽田內閣還沒開始就先跛腳。閣議把武村正義的先驅新黨和社會黨排除，引起兩黨的不滿，社會黨首先退出聯合政權，在自民黨邀請下，自社先三黨組成新的國會多數，儘管輿論批評自社結盟是沒有價值目標的「野合」，但羽田內閣卻因為沒有取得多數支持，只好下台一鞠躬，成為日本戰後第二短命內閣，為期只有六十四天。

細川護熙和羽田孜兩個政權，雖然打破了「五五年體制」，但是他們的政權都不長久。細川卸任之後，一度想要重返政壇，二〇一四年在小泉純一郎支持下，他以無黨籍之姿再戰東京都知事，結果慘敗，從此退出政壇。細川出身名門，既不缺錢又有閒，琴棋書畫樣樣精通，後來成為出色的陶藝家，他的《不東庵日常》，也成為藝文界頗受歡迎的品味話題。

而羽田孜也同樣不能忘情政治，只是倒閣後他和盟友小澤一郎漸行漸遠，新進黨解散後他成立了太陽黨，被評論家譏為「黨名品味超差」，後來他重回小澤身邊，加入了民主黨，擔任該黨的最高顧問。羽田相當親近中國，喜歡穿著毛裝，在那個中國領導人都改穿西裝的時代，愛穿毛裝也成為特異之舉，頗受中國人的好評。但要問問日本人是不是還記得這位任期超短的首相，恐怕當代日本人根本不覺得羽田政權有存在過。

村山富市

TOMIICHI MURAYAMA

1994.6.30－1996.1.11

「第一次沒經驗」的村山富市

有一副白眉毛的村山富市是國會裡的好好先生，羽田孜內閣解散之後，他帶領社會黨和自民黨、先驅新黨合作，組成了「自社先」內閣，並擊敗自民黨的強勁敵手海部俊樹出任首相。這是一九四六年片山哲內閣之後，社會黨睽違四十六年再次執政。

不過外界對村山內閣卻沒什麼好評價，發足時的支持度只有百分之三十七，很不怎麼樣。究其原因，社會黨在野多年，無論是自衛隊、美日安保，甚至國內政策的基本立場，都和長期執政的自民黨相反。

尤其長期在野，不需負擔執政責任，社會黨正漸漸以理想主義為名，走上教條化路線，黨內的左派桀驁難馴，已經連續整倒了細川護熙和羽田孜兩任內閣。現在為了權力，和立場相反的對手自民黨合作，輿論都不太看好。促成政黨輪替的「政界破壞王」小澤一郎，甚至直接批判「自社先」的組合是「野合」。

村山富市登場之後，放棄左翼教條路線，務實面對內外政治環境，持續保有自衛隊，承認美日安保體制，黨內也異議頗多。但村山內閣的主要支持基礎是自民黨和先驅黨，社會黨內部為了執政，暫時容忍異議，讓原先的支持者感到不滿。

比起過去幾任首相幾乎人人都有顯赫家世，村山富市的出身倒很有社會黨的影子。他的父親是大分縣的漁夫，在家排行老六，明治大學畢業後就一直投入漁村民主化的工作，後來從政擔任過市議員、縣議員，一九七二年當選眾議員，算是白手起家、基層選起的理想主義者。白濃眉的神仙造型，加上「小富」、「小富」的暱稱，讓雖然一開始不被民意看好的村山，還是被輿論懷著「庶民宰相」的期待。

新內閣上路的第一個任務，就是前往義大利那不勒斯出席領袖峰會。不過不知道是怎麼回事，村山到拿坡里卻因為緊張又吃壞了肚子，缺席了峰會活動。國際領袖在訪問時出糗時有所聞，老布希總統就曾經在宮澤喜一面前當場昏倒，這次輪到村山肚子痛，也算是風水輪流轉。

一九九四年是一個太平年份，除了總理在義大利拉肚子有點丟臉之外，關西國際機場開航、鈴木一朗一個球季擊出兩百支安打、反戰作家大江健三郎繼川端康成之後，成為第二位獲得諾貝爾文學獎的日本作家，都讓日本人走路有風。但隔年的一九九五年多災多難，村山內閣遭到嚴重的考驗。

首先是一月十七日半夜發生的阪神淡路大地震，這是氣象廳首度觀測震度超過七級的地震，一共有六千四百三十四人死亡、四萬三千七百九十二人輕重傷、房屋二十五萬棟倒塌，中國地區、阪神地區高速公路坍塌、鐵路停擺，大火多處，關西地區損失慘重。

面對這樣的巨大災變，自衛隊沒有在第一時間出擊，整個政府救援慢半拍，連民間NGO、黑社會搶在政府前面救援，讓村山內閣被罵翻。面對批評，村山的回應卻是「第一次當首相沒經驗」，此話一出他的支持率也跟著暴跌。

屋漏偏逢連夜雨，三月二十日，東京地鐵遭到沙林毒氣攻擊。主張「世界最終戰爭」的奇怪宗教奧姆真理教，涉嫌犯下多起恐怖攻擊。一九九四年在松本施放沙林毒氣，造成八死六百傷的恐怖攻擊，不久後又在上班尖峰時間的東京地鐵列車上施放沙林毒氣，造成十三死六千兩百五十二傷的慘案。而政府第一時間判斷錯誤，認為是炸彈攻擊，也引發輿論的批評。

對於一九九五年這兩起重大災變的遲鈍應對，重創村山內閣的支持度。尤其松本已經發生沙林毒氣事件，政府卻對其他地方發生類似的攻擊毫無戒備。雖然兩天後即搜索奧姆真理教，卻遲至五月才逮捕教主麻原彰晃，都引起輿論的強烈抨擊，村山內閣也因此搖搖欲墜。

當然，一九九五年也不是只有悲情的年份，那一年日本職棒太平洋聯盟冠軍，是以鈴木一朗為主將的歐力士藍浪隊，這支球隊以阪神淡路大地震中受災最慘的神戶市為基地，對災後關西人的信心，打入一劑強心針。雖然歐力士在該年的日本大賽中落敗，但次年隨即復仇奪冠，拿下日本一寶座。這些事情都讓處於泡沫經濟崩潰、震災復興遙遙無期低潮的日本人雀躍不已。

一九九五年也是終戰五十週年，首相村山富市在終戰紀念日上發表談話，代表日本政府對戰爭期間錯誤的政策，造成亞洲國家人民帶來巨大的損失和痛苦表達歉意。這個談話確立了日本政府對於戰爭的基本立場，雖然右翼團體有很大的意見，但「村山談話」全文不卑不亢，確實是一篇有高度、彰顯日本對亞洲鄰國態度的好講稿。

只是村山在訪問亞洲諸國時，一再以戰爭謝罪為主題，讓日本在冷戰體系中肩負振興亞洲、反共擴張的責任，變得輕如鴻毛。雖然村山本人博得清譽，但時代變化快速，冷戰終結，儘管中國依然強調著「韜光養晦，絕不出頭」的原則，卻讓亞洲鄰國面對中國崛起，挑戰美日既有體制感到不安。

尤其日本對中國採取謝罪態度，更讓亞洲鄰國一方面收到日本的歉意，一方面又不知道處於低潮中的日本接下來會怎麼做。日本對於戰爭責任的態度，也讓崛起中的中國抓到機會，有機會就要求日本謝罪，讓村山在國內也面臨了開啟「謝罪外交」的負評。

總之，村山內閣就這樣顛顛簸簸的走到一九九五年參議院改選，執政的「自社先」聯盟雖然取得多數，但是村山自己領導的社會黨卻慘敗。村山雖表達辭意，但佔了聯合內閣最多數的自民黨並不想讓村山辭職，只要他調整內閣名單繼續做下去。

一九九六年一月，村山自知政權已經成為自民黨的傀儡，再次表達辭意，理由是社會黨因為參與執政，內部意見分歧，他想專心處理執政團隊後院著火的整合問題。村山辭職後，閣揆由自民黨總裁橋本龍太郎接任，終結「五五年體制」的日本政黨輪替大夢，從細川護熙、羽田孜到靠自民黨支持才能執政的村山富市，一共只有三年。

村山卸任之後，社會黨內部的紛爭還是很激烈，政黨改名為「社會民主黨」，黨內的左派則改名「新社會黨」脫黨。一九九六年眾議院選舉，社民黨的議員有半數加入民主黨，而留在社民黨內的，則大多落選。這個戰後最大在野黨不斷細胞分裂，最後成為無關緊要的小黨，目前在參眾兩院都各只剩下兩席。很多人因此戲稱村山富市執政不是來壯大社會黨，而是來消滅社會黨的。

橋本龍太郎

RYUTARO HASHIMOTO

1996.1.11－1996.11.7
1996.11.7－1998.7.30

「華麗一族」橋本龍太郎

橋本龍太郎接任首相，算是眾望所歸。他是政治世家的公子，父親橋本龍伍出身大藏省官僚，歷任文部大臣、厚生大臣；生母大野家是貴族院議員，繼母若宮家也是眾議員背景，太太久美子家亦是出身豪門，歷代首相家世像他這麼華麗的很少。

儘管出身世家，但橋本龍太郎並不只是個普通豪門公子，父親龍伍對他期待很深，無論是教育、教養，龍太郎都深受父親影響。龍伍喜歡爬山，因此龍太郎也是山岳界的名人，曾在一九七三年擔任攀登聖母峰團隊的總隊長；龍五希望兒子沉穩，龍太郎也成為劍道六段的高手。

慶應大學畢業後，龍太郎原先在大公司歷練，但因為敬愛的父親突然過世，他於是回到岡山選舉，接掌父親的地盤，也順利當選。當時龍太郎只有二十六歲，梳著整齊的西裝頭，由繼母橋本正陪著，一起在國會初登板，還引起過話題。

橋本龍太郎隸屬過佐藤派、田中派、竹下派，都是自民黨的主流力量，也曾名列「竹下派七奉行」之一，和被看好的小澤一郎有過一番鬥爭，被政界稱作「一龍戰爭」。他擔任過厚生大臣、運輸大臣、大藏大臣、通產大臣等要職，自社先聯合政權時他擔任副首相，由於自民黨總裁河野洋平「禪讓」，橋本龍太郎成為熱門的首相人選，村山富市辭職後，橋本龍太郎帶領聯合政權中最團結、最有影響力的自民黨重新執政。

時值一九九六年，後冷戰時代已經來臨，崛起中的中國深刻影響亞太局勢的均衡，到底世界會走向美中新冷戰還是一極多強？因為泡沫經濟破滅而衰退的日本，如何再次發揮亞洲領頭雁的影響力，都讓世界關注。橋本政權的第一個試煉場就是台灣，當時正要舉辦第一次總統選舉，中國以飛彈文攻武嚇，美日對於這個新興民主政權的態度，成為全世界關注的焦點。

美國最後派遣了航空母艦戰鬥群在台灣附近示威，台灣總統選舉安然結束。橋本政權不久之後就和美國針對普天間基地遷移事項，也訂定了美日安保新防衛指針。確立了安保體制從為了東西冷戰，轉移為日本「周邊有事」方案，這很明顯是針對崛起的中國而來。但橋本也沒有單獨偏向美國，在「戰略模糊」當道的時代，橋本也主動和歐洲、俄國、中國等強權交涉，改善彼此的關係。

橋本曾經以首相身分參拜靖國神社，引起中國跳腳，但他也曾經以首相身分訪問瀋陽的「九一八紀念館」，並留下「以和為貴」四個字，讓中國稍微感到舒坦。在「戰略模糊」當道的時代，維持各方模稜兩可的關係，在各種折衝中取得平衡，成為國際政治的主流，橋本政權在當時是受到國際肯定的。

內政方面，執政之初，橋本並沒有拋棄聯盟的社會黨和先驅新黨，但兩黨對聯合政權的影響力正在式微。社會黨改名社會民主黨並逐漸衰落，先驅新黨則主動退出了聯合政權，事實上政治已經由自民黨一手主導。一九九六年十月日本眾議院改選，這是小選區制首度上路，自民黨大獲全勝，第二次橋本龍太郎內閣成立，自民黨失去政權後睽違兩年半，再一次單獨執政。

橋本推出行政改革、財政改革、經濟改革、金融改革、社會保障改革和教育改革「六大改革」，豪氣干雲認為自己是當代唯一有實力、也有勇氣改革的政治人物，矢言重振日本，一時民氣甚高。

過去首相如果想要跳過官僚影響政策，通常會像中曾根康弘那樣以「第二次臨調會」的體制外單位，直接給予官僚指導方針。但橋本自認「政策通」，他走的是體制內的路線，一方面確立首相府對大臣的掌控力，一方面他也會親自打電話和官僚做政策溝通，讓官僚頗受不了。在橋本的改革下，日本政治的主導權力漸漸從官僚身上，回到政治人物身上，這也是橋本頗為驕傲的事情。

橋本任內的日本有許多建設陸續完成，東京臨海高速鐵道、大阪市營地鐵長崛鶴見綠地線、盛岡到秋田的秋田新幹線、高崎到長野的長野新幹線陸續通車，加上長野冬季奧林匹克舉辦，政府的擴大內需政策正要驗收成果，景氣復甦似乎指日可待。

只是在此同時，人算不如天算，「亞洲金融風暴」襲來，經濟衰退、產業不佳、銀行倒閉、景氣不振，日本國內的野村證券、第一勸業銀行、三洋證券、北海道拓殖銀行又再此時紛紛傳出弊案，國內民意對政府解決問題的能力感到存疑，也對未來能否走出泡沫經濟破滅的危機缺乏信心。

為了刺激經濟，橋本決定推出包括提高消費稅政策在內的稅改措施。也正如同日本政治長年以來的魔咒，只要碰到消費稅，政府就鐵定要垮台。橋本的稅改政策被輿論批評朝令夕改，自民黨內部也有不同聲音。最後在一九九八年的參議院選舉中，自民黨以慘敗收場，橋本負起全責，辭職下台。

橋本辭職後，繼續擔任自民黨內最大派閥「橋本派」的領袖，叱吒政壇很長一段時間，二〇〇一年森喜朗下台後，橋本以最大派系領袖之姿，再次挑戰總裁職務，但時不我予，輸給「自民黨如果不思改變，就毀掉它」的小泉純一郎。

選輸後的橋本，因為總是反對小泉的方案，被勢如中天的小泉打為「自民黨內的大敵」、「抵抗勢力」的非主流一方，他自己不久之後，也因為涉入政治獻金疑雲，而辭去橋本派會長職務，從政界引退，儘管該案無罪，但橋本相當失意，引退的次年就因病過世，享年只有六十八歲，政治地盤由次子橋本岳接掌。

小淵惠三

KEIZO OBUCHI

1998.7.30－2000.4.5

「平成歐吉桑」小淵惠三

橋本龍太郎下台後，自民黨總裁的位子，由三位實力派戰將外相小淵惠三、前官房長官梶山靜六，和厚相小泉純一郎出陣挑戰。頗具人氣的政治明星田中真紀子（田中角榮的女兒）有一段絕妙評論，他說陸軍士官學校畢業的梶山靜六是「軍人」、留著奇異長髮的小泉純一郎是「變人」、而最不起眼的小淵惠三是「凡人」。歷經一番廝殺，領導最大派系「橋本派」的小淵得勝，出馬組閣。

小淵惠三確實是個平凡人，他常自稱是「大樓谷間的拉麵屋」。從政伊始，他所在的群馬選區有中曾根康弘、福田赳夫兩位前首相強將，也有社會黨的明星山口鶴男，多方夾殺之中，小淵曾經以全國最低票當選。他不是什麼明星，雖然是政二代，但父親小淵光平只當過兩屆眾議員，而且不是連任，在星光雲集的政二代當中，小淵並不出色。他當了兩年首相，但人們對他最深的印象，卻是竹下登總理任內，擔任官房長官的他，拿著「平成」兩個字，向大家宣佈新年號的那位歐吉桑。

和前首相大平正芳很像，小淵有著「鈍牛」的稱呼。他不是什麼絕頂聰明的人，但要比認真、比膽識、比努力，也很難有人能和他匹敵。小淵喜歡太宰治，也喜歡司馬遼太郎，大學重考，好不容易唸了早稻田，但就學期間為了闖蕩世界，曾經休學到美國流浪見識。不知道透過什麼樣的管道，曾和當時正紅的法務部長羅勃甘迺迪（甘迺迪總統的弟弟）會面，被認為頗有膽識。不過最值得一提的，是放浪期間，小淵寫了三百七十封情書給愛人千鶴子，最後終於抱得美人歸。

因為父親驟逝，小淵二十六歲就被送上選戰舞台，幸運當選國會議員。和他同期的是鋒芒畢露的橋本龍太郎，但是後來竹下派的「七奉行」當中，「凡人」小淵也得到和明星橋本同樣的地位，甚至還比橋本更早領導過派系。小淵一直是自民黨內的主流派，父親的喪禮由佐藤榮作出錢出力，因此他投桃報李，一直走佐藤路線。佐藤派後來變成田中派、竹下派、橋本派，小淵一路都沒有離開。

同鄉的福田赳夫挑戰總裁職務時，小淵受命於佐藤榮作，支持新瀉出身的田中角榮，和福田結下冤仇；長年的競爭，也讓實力派的同鄉中曾根康弘對他頗有微詞，後來還批評他是「真空總理」。但這些波折都沒有讓小淵屈服，他依然堅守著恩人佐藤的旗幟。竹下派七奉行夥伴小澤一郎造反時，小淵被主流派擁立領導派系，和小澤、羽田對抗，當年的夥伴就此分手。

小淵的堅持並非沒有回報，就在自民黨失去政權，小淵連自己的群馬選區內都異議四起，被認為政治生命即將結束的時候，橋本龍太郎邀請小淵入閣擔任外相。小淵以認真努力回報「同期之櫻」橋本，得到競爭對手包括社會黨的土井多賀子、先驅新黨的菅直人等人的高度評價。這位認真努力的歐吉桑，最後也是在主流派系的支持下當選總裁，接任總理大臣職務。

其貌不揚，卻吃苦耐勞的「平成歐吉桑」小淵當上首相後，也做了不少事情。他找來評論家堺屋太一出任經濟企劃廳長官，前首相宮澤喜一重作馮婦擔任藏相，一時讓人感到新意。當獨自執政的自民黨再次陷入民意低谷，他找來長年的政敵小澤一郎的自由黨，再加上地方實力堅強的公明黨，組成「自自公聯立政權」。

小淵很清楚當前最重要的任務，就是帶領日本從亞洲金融風暴中復甦。和大家熟知的日本政府很像，小淵的作法就是設置「經濟戰略會議」，會議中做了許多決策，試圖領導經濟振興。他說自己是樂觀主義者，他認真努力，在小淵政府的領導下，日本擴大公共建設、刺激消費，帶來了短期的復甦。

只是小淵很清楚，擴大債務的作法一時可以刺激市場，但也會讓國家背上巨額債務。尤其是在執政盟友公明黨和自由黨推波助瀾下提出的「地域振興券」，不僅效果不佳，還讓國家背上巨額債務，民意反應也不好，讓小淵十分煩惱。此外，除了經濟復甦，小淵也很清楚當務之急，是重建政治信任。他知道自民黨還能執政，只是因為在野黨表現實在太糟，人民沒什麼選擇，才投自民黨。如果在野黨奮起，自民黨又將面臨政權不保的挑戰

除了經濟之外，小淵也致力於日本走向「正常國家」的努力，國旗國歌立法、確立美日安保的方針、海外自衛隊派遣的行動，都證明了小淵默默努力，想要讓日本在後冷戰時期扮演更重要亞太區域角色的意志。據說小淵曾經為了訪問中國的交涉過程中，外務省官僚過於遷就中國的「謝罪外交」立場而拍桌罵人，最後他和江澤民見面，什麼文件也沒簽。對美國想走出自己的路，對中國有不屈服的堅持，小淵把自己的谷間拉麵屋政治哲學放大，讓日本作為「美中谷間的拉麵屋」的角色，也得到外界的好評。

面對內憂外患，每日煩惱到睡不著覺的小淵惠三，雖然透過自自公聯立政權，暫時穩住了執政的優勢，但多年的夥伴和競爭對手小澤一郎也不是省油的燈。面對民眾對政治的冷感，相當活躍的小澤提出了選舉合作，以及解散自民黨、自由黨，重組新政黨的創新提案。保守穩健的小淵不接受這個提案，小

澤隨即宣布自由黨將退出執政聯盟，解散自由黨，和在野政黨重組民主黨。自民黨雖然還是多數，但面對即將來臨的大選挑戰，政權維繫似乎岌岌可危。

小淵是謹小慎微之人，為了經濟復甦和重建信任而經常失眠。此番小澤的霹靂手段，讓小淵煩惱不已。他在小澤退出執政聯盟的次日居然就因為腦梗塞病倒，住進醫院，首相職務由青木幹雄代理。青木找來當時派系的主要人物龜井靜香、野中廣務、井上正邦和森喜朗協調。

在最小變動的狀況下，森喜朗被推為自民黨新總裁並接任總理。這次的密室協商，引來媒體嚴厲的撻伐，也成為後來木村拓齋主演的日劇《CHANGE》當中所影射的一段情節。小淵本人，則在臥病三個月後撒手人寰，群馬縣的地盤交棒給次女小淵優子。平成歐吉桑還有一個綽號，叫做「冷披薩」。餡料豐富，但無法引人食慾，因此當大家回憶起這位憂國憂民到過勞死的前首相，浮現的畫面，卻始終是當年那位拿著「平成」年號的官房長官，而不是成績不賴卻積勞成疾的總理形象。

森喜朗

YOSHIRO MORI

2000.4.5－2000.7.4
2000.7.4－2001.4.26

與媒體鬧翻的森喜朗

小淵惠三因為腦梗塞突然病倒，自民黨內幾位大老龜井靜香、野中廣務、青木幹雄、村上正邦以及森喜朗緊急見面，就未來政局做出研商。由於小淵病倒的關鍵在小澤一郎率領自由黨退出聯合內閣，眾人深怕解散國會進行選舉，在準備不及的狀況下會大水沖倒龍王廟。

經過激烈的討論，大家最後都同意，既然小淵內閣以橋本派（就是小淵本人領導的派系）和森派兩大派系支持而產生，就由歷練完整，擔任過自民黨幹事長、政調會長和總務會長「黨三役」的森派的領袖森喜朗，來接掌總理職務。後續的狀況，則看兩個月後的眾議院改選結束的結果再說。但是輿論對這種私相授受不能諒解，因此森內閣一成立，就被攻擊是黑箱決定的「密室協商」內閣，支持度只有百分之三十九。

森喜朗的派系「清和會」繼承自岸信介，歷經福田赳夫、安倍晉太郎、三塚博等多位領袖，最後由森接掌，是當時自民黨內第二大派系，後來更因為出了小泉純一郎、安倍晉三兩位首相，而發展為第一大派系。由於師承岸信介，被輿論認為是自民黨內的保守右翼，和國際政治上比較傾向美中平衡的橋本派不同，外界都說此派血統裡面有「親美DNA」。

森喜朗出身北陸的石川縣，他沒有顯赫的家世背景，父親森茂喜是地方仕紳，很喜歡打橄欖球，在早稻田大學就讀時，和台灣出身的天才橄欖球選手柯子彰結為好友。戰爭時期，森茂喜在中國戰場受到重傷，子彈一直沒有從身體裡面拿出來。傷癒後又被送往太平洋戰場，終戰時擔任楚克群島上水曜島的守備隊長。戰後森茂喜參選石川縣根上町的町長（類似鄉鎮市長），並連任九次。

森喜朗和父親一樣畢業自早稻田大學。他是早大「雄辯社」的一員，因為沒有顯赫的出身，他在政治圈比同為雄辯社的小淵惠三出道稍晚，但他為人豪爽，講話心直口快，在當時以安倍晉太郎為核心的安倍派中扶搖直上，歷任要職，成為首相熱門接班人之一。

在「密室黑箱」之後上任，民意對森的期待並不高，而森喜朗就任首相沒多久，就因為說了一句「日本是以天皇為中心的神國」說法，遭到輿論強烈抨擊。他過去擔任大臣時被認為豪快、好笑的一些快人快語，都被媒體重新挖出來並再次詮釋為失言。「神國論」、「國體說」都是日本戰前的軍國主義論述，森不認為自己說錯話，儘管官房長官有出來說明解釋，但森本人對「神之國」的言論並沒有道歉。但「神之國」的主張，確實和主流輿論的認知不符，後續引來一連串的抨擊，也讓森和媒體的關係陷入僵局。

二〇〇〇年六月二日，在野黨發動倒閣，自民黨決定解散國會，並選定剛過世的小淵惠三首相的生日六月二十五日當天進行總選舉。這個做法和一九八〇年大平正芳過世時如出一轍。媒體把這場解散定義為「神國解散」，可能同情心的關係吧，四百八十個總席次中，自民黨雖然僅得到兩百三十三席，沒能過半；不過依賴公明黨和保守黨的聯盟，仍然勉強過半。

民主黨則繼上一次在參議院的城市地區獲得不錯成績後，這次繼續斬獲了一百二十七席，坐穩第二大黨位置。面對選舉結果，森喜朗認為雖然席次減少，但只要繼續執政，就不算失敗，因此也沒有打算下台，繼續組成了第二次森內閣。只是第一次森內閣中被認為分贓政治的派系平衡布局，在森的第二次內閣中換湯不換藥，因此森內閣的支持度還是沒有起色。

二〇〇〇年七月，G8國家在九州、沖繩舉行峰會，和前幾位英文優異的首相宮澤喜一、中曾根康弘甚至小淵惠三等人相比，森的英文就稍顯苦手。這些消息從外務省傳出，很快就流傳在新聞圈內，事後以八卦、小道消息為主的雜誌《週刊文春》登出一則笑話，說森和美國總統柯林頓會面時，把How are you講成Who are you。以為森在開玩笑的柯林頓笑回I am Hillary's husband（我是希拉蕊的老公），森卻回答了me too（我也是）。

這則新聞在媒體上流傳了很長一段時間，森本人否認此事，他說自己對英文很得意，不可能有這種事，但外界並不相信。直到二〇〇四年，每日新聞社的記者高畑昭男才承認這是他的「森笑話」創作。他解釋自己當初寫這個笑話只是覺得森居然沒在高峰會上出糗，讓媒體覺得失望，所以隨手寫了一個笑話，本來就純粹是個笑話，卻沒想到會流傳到《週刊文春》上以訛傳訛。

這則「捏造新聞」事件，證明森的媒體關係極差，森事後曾回憶，他組閣之初，因為媒體都不看好，認為他三個月內就會下台一鞠躬，因此媒體都沒有給他好臉色看。這則「森笑話」明明就是假新聞，或至少違背了新聞倫理，事後高畑昭男硬拗成「創作」，也沒有遭到嚴厲譴責，可以想見當時森的媒體關係有多壞。

由於組閣條件先天不良，不只是媒體不看好森政權，政治圈的夥伴也經常落井下石。森在短短一年的任期中，面對過兩次不信任案的挑戰，也創下紀錄。森任內曾經創下內閣支持度只有百分之七的超低紀錄，要講「牆倒眾人推」的經驗，森喜朗體悟一定最深。

二〇〇〇年十一月，政壇發生有名的「加藤之亂」。此事肇因於自民黨內另一個名門派系，傳承自池田勇人、宮澤喜一一派的「宏池會」的領袖加藤紘一，因為派系分裂弱化，長年被主流的橋本派、森派冷落，決議起兵反抗，響應在野黨的不信任案。

但此事在自民黨幹事長野中廣務介入協調後，最後以加藤派分裂成反加藤的丹羽雄哉、古賀誠一派，以及支持加藤的谷垣禎一一派收場，支持加藤的人數不足，最後加藤一派以缺席不信任案投票的「有名譽撤退」姿態，導致不信任案功敗垂成。這個選擇，讓加藤不僅遭到自民黨開除，也不被民主黨所接受。倒是「宏池會」因此分裂的兩派，都鬧雙胞叫做「宏池會」，在自民黨內部鬧了一段時間。加藤紘一因為這一次的反覆而元氣大傷，「宏池會」從此欲振乏力，影響力大衰退，直到近期岸田文雄接任首相才恢復元氣。

森喜朗雖然僥倖逃過倒閣，但他的支持率低是事實。不久之後，發生了「愛媛丸事件」，一艘美國核子動力潛艇在夏威夷歐胡島海域緊急浮起，撞沉一艘載了日本高中生的船隻「愛媛丸」，造成九人死亡的慘劇。事發之時，森喜朗正在進行高爾夫球敘，沒有及時回到官邸進行處置。儘管美國小布希總統宣佈這件事美軍會負起全責，但森喜朗從高爾夫球場上姍姍來遲回到官邸的樣子，也遭到輿論強力抨擊，自民黨內部要求森下台的聲浪頗高。

三月份，民調顯示森內閣的支持度只剩下百分之六點五，在野黨再度提出不信任案，雖然執政聯盟直接在眾院本會議上，以多數否決提案，讓不信任案還沒提出就胎死腹中，不過日本政壇不分朝野，每個人都很清楚，森下台只是遲早的問題。森喜朗自己也感受到壓力，在三月份諮詢多位黨內人士後，宣佈將在四月辭去總理職務，結束這短短一年的任期。

森是相當保守的政治人物，很多講話和當時日本的主流輿論不同，因此不受歡迎。他可以說是老派政治人物面對新政治挑戰時，有苦說不出的代表性人物。但身為重量級國會議員，又是黨內最大派系「清和會」會長，森作為政壇大老，首相卸任後對政局的影響力依然很大。後來的幾位首相小泉純一郎、安倍晉三也都出身森派，小泉首相要推動郵政改革時，森也是銜命去勸阻的重要人物，只是沒能成功。

森喜朗是少數卸任後比在任時更受到矚目的首相，由於愛好體育，卸任後除了參與政治事務，也熱中於體育推廣。他體重一度達到一百公斤，年輕時以壯碩的體型，和父親一樣活躍在橄欖球界，父親的好友柯子彰過世時，森曾經專程來台弔唁，被認為是「明朗豁達的人情家」。李登輝過世時，日本派了森喜朗作為特使，在會見蔡英文總統時，除了帶來以蔡總統為封面的當期漫畫，也特別提到他與柯子彰家族這段情誼，森喜朗的惜情，令人印象深刻。

二〇〇九年總選舉時，森喜朗遭到「小澤女孩」田中美繪子的挑戰，田中長相很甜美，選舉時每天都拿著一隻斧頭說自己是去「伐森」，選得森喜朗心驚膽跳，最後以低票數險勝，自民黨也在這次選舉中慘敗失去政權。這是森喜朗的最後一屆議員生涯，不過敗選後以「復活制」當選的田中，議員任內爆發幾起負面新聞，二〇一二年也沒能在後森時代的石川縣第二選區獲勝，所謂「新政治」果然還是需要時間的考驗。

由於和體育的淵源，自民黨重返執政後，安倍邀請前輩森喜朗出任日本奧委會主席。不過森心直口快的個性沒有改變，老是被媒體批評失言；比如說自己年輕時英語是「敵人的語言」，或者批評滑冰女神淺田真央老是在關鍵比賽失誤等。日本爭取到二〇二〇年東京奧運後，森喜朗也出任東京奧運籌辦委員會主席，面對武漢肺炎的疫情，東京奧運足足延遲了一年才在沒有觀眾的狀況下順利舉辦。

不過森並沒有在奧委會待到最後，因為他又失言了，這次是批評組委會只要有女生在開會都會拖很久。在輿論的攻擊下，森雖然強調沒有蔑視女性的意思，最終還是不敵輿論而辭職，由曾經奪得冬季奧運滑冰銅牌的橋本聖子接任主席。老是失言恐怕是媒體對森的評價，但說是失言，森的狀況比較像是跟不上時代的變化，他出身早大雄辯社，想必會對那些說他老失言的批評不以為然。

小泉純一郎

JUNICHIRO KOIZUMI

2001.4.26－2003.11.19
2003.11.19－2005.9.21
2005.9.21－2006.9.26

捲起改革旋風的小泉純一郎

小泉純一郎擔任首相職務五年，他是一個非常特別的人物，不同於歷任首相不是禿頭就是油頭，小泉有著一頭桀驁不馴的長髮，在自民黨裡面雖然屬於大派系「森派」，但他個性孤傲，政治盟友常常不是派內人士，反而是黨內最常唱反調的山崎拓、加藤紘一等人，經常被以拉鍊品牌YKK（三人姓氏的第一個字母）並列。

小泉出身政治世家，祖父小泉又次郎當過濱口雄幸的遞信大臣，也當過眾議院副議長，父親小泉純也當過池田勇人和佐藤榮作內閣的防衛大臣。小泉登上政治舞台，是慶應大學畢業後，在倫敦遊學時因為父親猝逝而被臨時召回，和偶像劇《CHANGE》裡面的木村拓哉頗為雷同。不過小泉第一次參選時落選，他被安排當福田赳夫的秘書，也可以看出他後來成為「森派」一員的脈絡。

過去的首相幾乎都是工作狂，就拿前幾任的小淵來說，據說他幾乎每天煩惱國政到睡不著覺，最後過勞死可能也與失眠有關。但據說小泉每天酣暢睡覺，是屬於國寶級的神經大條人士。他有名士之風，喜歡各式各樣的音樂，是X-Japan的瘋狂樂迷，也喜歡古典樂和爵士樂，還有貓王。小泉很早就離婚，兩個孩子都交給姊姊照顧，長子孝太郎繼承了父親的興趣，成為演員；次子進次郎繼承了父親的職業，成為政治家。

「變人」是小泉的綽號，也就是奇人的意思，這是田中角榮的女兒真紀子對小泉純一郎的評價。田中的評論，是一九九八年小泉和小淵惠三、尾山靜六一起挑戰自民黨總裁時的話語。當年小泉慘敗給最大派系「橋本派」支持的「凡人」小淵惠三。但時移勢轉，二〇〇一年，與小泉同派系的森喜朗下台後，身為派系領袖的小泉再一次問鼎自民黨總裁，對手是小派系「龜井派」的領袖龜井靜香、「麻生派」的麻生太郎，以及「橋本派」的大老橋本龍太郎本人。

小泉謹記當年森喜朗被「密室協商」黑了一整年的教訓，把自民黨總裁選舉當作全國大選來打。不僅小泉親自上場到全國各地公開演講，民間人氣很高的田中真紀子也以小泉「政治之妻」的立場，陪著小泉全國跑透透，兩人激越的口號像是「不惜把自民黨毀掉」，「反對我就是反改革」，把對手打得潰不成軍。在自民黨總裁的黨員票中取得百分之八十七點二的絕對優勢，最後以二百九十八票（過半為二百四十四票）輕騎過關。

田中真紀子幫忙小泉，算是日本政壇的大奇聞。「橋本派」傳承自竹下登、田中角榮，是真紀子的本家派系，他不幫本家就算了，居然跑去幫傳承自岸信介、福田赳夫一方的老對手小泉。

不僅如此，為了勝選，真紀子還出口攻擊父親的恩人，甫過世的前首相小淵惠三。小淵在一九七二年的自民黨總裁選舉中，拋棄同鄉的福田赳夫，支持同派系的田中角榮，差點因此被群馬人唾棄，以全國最低票當選眾議員。真紀子口無遮攔的批評小淵任內舉債太多，難怪腦血管會破裂。這些異端言論，在保守的自民黨內，確實引起很大的爭議。

小泉當選自民黨總裁並組閣，代表日本政治的新時代到來。人民厭倦了一成不變的政治、密室協商、弊案，總理大臣如果不能直接面對民意、說服人民，就無法得到足夠的政治能量支持。只是這波風潮才剛剛開始，大多數的傳統政治人物，都還沒有意識到新時代來了，不過小泉有。

他的內閣名單，一改過去派系平衡的模式，「橋本派」明明在自民黨國會內佔了三成，但小泉一個「橋本派」的人也沒找。相對的，小泉專找高知名度的政治明星來擔任閣員。他的「政治之妻」田中真紀子擔任外相、知名經濟學者竹中平藏擔任經濟財政政策擔當大臣、寶塚藝人出身的「保守新黨」領袖扇千景擔任國土交通大臣、石原慎太郎的兒子石原伸晃擔任規制改革擔當大臣。十七人閣員名單中，女性佔了五人、沒有議員身分的有三人，都讓當時政壇耳目一新。

小泉在國會演說當中，宣布將進行「無聖域的結構改革」，他舉幕末時窮困的長岡藩將得來不易的「米百俵」拿來興學，意味要忍受一時痛苦，來投資長遠希望的例子，呼籲大家要忍耐改革的痛苦。

當時「被改革」的對象，是從戰後遺留的日本特殊公團體制，也就是由財政部門融資，支持的住宅金融公團、石油公團、日本道路公團以及地域振興公團。前陣子頗受矚目的新自由主義色彩小說《名叫海賊的男人》，後半段就是在講石油公團的成立背景。小泉認為這樣的制度在當代既不效率，也容易養成金權政治私相授受的管道，更讓既得利益的官僚和自民黨內的大派系，控制了國家大量的預算，甚至小泉身為首相，還無法過問的程度。

憑藉高人氣，小泉再一次喊出「反對我就是反改革」，把不滿小泉的「橋本派」統統歸類成黨內的「抵抗勢力」，說自己不惜毀壞自民黨也要改革，都引起民眾的廣大迴響，執政之初，小泉的支持率達到八成，是戰後支持度最高的內閣。二〇〇一年七月的參議院選舉，自民黨席次從一百零七席成長到一百一十一席，擺脫上一屆慘敗的陰影。

不過，「反改革」也不是省油的燈，小泉內閣面臨的第一個挑戰，就是田中真紀子主掌的外務省。從橋本龍太郎首相以來，政治人物和官僚間的「政官鬥爭」當中，外務省是最激烈的單位之一。事發於田中真紀子不承認前外相河野洋平的幾個調動，並準備要重新追殺過去財務不清的問題。田中的想法很簡單，改革的賞味期不長，不趕快交出業績，人民很快就會覺得你光說不練。但官僚的反應也很正常，鐵打的營舍流水的兵，政務官一陣子就要走人，你要追殺我我就擺爛不合作。

真紀子和官僚鬧翻，官僚全面抵制她，不僅事務次官屢屢和真紀子不同調，官僚也老是挖洞給田中跳。還鬧出過美國副國務卿阿米塔吉來訪，田中真紀子卻取消行程在國會圖書館看書的軒然大波，讓田中被貼上「反美親中」的標籤。後來真紀子在阿富汗NGO派遣事務上，和事務次官野上義二不同調，遭到在野黨猛攻有人說謊，小泉最終只好壯士斷腕，把田中、野上統統辭退，自己兼任外務大臣。不過小泉的支持度，也因為和「政治之妻」真紀子肝膽俱裂而受到極大的損傷。

小泉會說出「毀掉自民黨也在所不惜」，當然有其原因。自民黨長期執政，金權關係一直令人詬病，在他任內也有多起疑案，有些是長期弊案，也有些積習，當然更多的是因為政治鬥爭而被抖出來。他的長期政治盟友加藤紘一涉及逃稅、前參議院議長井上裕的秘書捲入獻金疑雲，連田中真紀子的秘書都跟著出事。就在小泉支持度搖搖欲墜的同時，擅長政治表演的小泉突然飛往平壤，和金正日會面。兩人簽署《日朝共同宣言》，小泉帶回了遭到北韓「拉致」綁架的五位日本人。

「拉致」問題其實困擾了日本很長一段時間，時不時有不明人士，在日本綁架普通民眾，搞得人心惶惶。自民黨前副總裁金丸信曾經到北韓洽談過此事，但沒有具體成果，北韓又是全球公認的流氓國家，一向不太願意和包括日本在內的西方國家溝通。因此這一次小泉成功訪北韓，也搶走了一向自居北韓好朋友的中國風采，讓日本在處理北韓問題的六國對話機制中佔了很大的發言權。

小泉用「搖尾巴狗」的方式，創造話題來帶動、或舒緩國內改革腳步，也不是只有針對北韓。二〇〇三年，美國軍事攻擊伊拉克，日本是否出兵相助，也引起國內的討論。歷來的日本政府，從吉田茂面對韓戰，福田赳夫面對越戰、甚至到稍早的海部俊樹對伊拉克戰爭，都以「憲法第九條」為由，和國際軍事行動保持距離。可是對小泉來說，「正常國家」仍是主動追求的目標，因此即便小布希的軍事行動並沒有得到聯合國支持，小泉仍然打定主意，在二〇〇四年派遣三十名陸上自衛隊隊員參與聯軍。此事也引來恐怖主義者的回擊，當地恐怖組織綁架了一名日本遊客，威脅日本撤軍，小泉沒有屈服，該名日本人最後被恐怖主義者撕票。這個事件也讓小泉的新保守主義立場，和國內的傳統自由派、孤立主義陣營鬧得很僵。

另外，小泉也多次在參拜靖國神社的議題上，挑戰中國與韓國。儘管他在訪問中國以及終戰六十年紀念時，都基於「村山講話」的精神上，發表過日本會記取要訓，不能再重蹈覆轍的言論，但中韓兩國依然對小泉參拜靖國神社梗梗於懷，此外，原本被認為是「內政優先」的小泉，任內積極介入國際事務，被國際輿論認為是美國在亞洲的最佳盟友，簡直是「亞洲的英國」，這個論點也讓崛起中的中國感到芒刺在背。

就在這樣的狀況下，二〇〇三年底，小泉率領自民黨在眾議院選舉四百八十席當中奪得將近過半的二百三十七席，加上執政聯盟的公明黨、保守新黨，獲得穩定過半。這時小泉決定推動郵政改革，把郵政公社改制為日本郵政公司，分拆成郵便事業會社、郵便局會社、郵便儲金銀行、郵便保險會社四大部門，未來再更進一步將銀行和保險事業推向民營化。

郵政公團是各大公團當中勢力最雄厚的，不僅全國都有郵局，郵局本身也是許多自民黨人的金脈、人脈所在，自民黨的主要支持團體當中，「全國特定郵便局長會」就號稱掌握十萬大軍，要把他們視為禁臠的銀行、保險事業吐出來，這種明顯傾向當時世界主流的新自由主義潮流改革，足以掀起一場革命，論者莫不以為此舉將徹底改變日本的政治結構。自民黨內反對聲浪超高，和小泉同派系的前輩森喜朗，還銜命前往勸退小泉，最後兩人不歡而散。

但小泉是真的鐵了心要改，在小泉提出的法案遭到參議院否決後，小泉以搏命之姿，宣布眾議院解散，他要把改革的訴求訴諸國民。自民黨裡面有很高的反對聲量，小泉也採取對決態勢，他拒絕提名反對他的人，改提名支持改革的一派。

自民黨內和小泉為敵的「橋本派」，先前才因為橋本龍太郎陷入政治獻金疑雲退隱，而陷入一陣混亂；現在又因為支持小泉和反對小泉而分裂，老牌議員綿貫民輔、保利耕輔、野田聖子、平沼赳夫、小林興起等人都退黨，綿貫和同退出自民黨的龜井靜香合組「國民新黨」，小林興起組成「日本新黨」，保利、野田等人則用無黨籍參選。

小泉打蛇隨棍上，他乘著解散的旋風，提名了許多高知名度的專業領域人士參與選舉，成就了史上第一批「刺客軍團」，名主播小池百合子挑戰小林興起最具話題，小池還被稱為「自民黨的上戶彩」（當時正上映上戶彩主演的《女刺客》電影）、企業家崛江貴文以無黨籍挑戰龜井靜香，都是一時話題。

在野的民主黨本來是虎視眈眈想要趁機奪權，但選舉結果出來，自民黨以二百九十六席單獨過半，再加上公明黨三十一席以及部分無黨籍支持，執政聯盟以超過三百席之勢，席捲郵政改革戰場，小泉領導的森派更以八十六席之姿，取代「橋本派」成為黨內第一大派系。

小泉的勝利代表媒體政治時代的到來，田中角榮、竹下登到橋本龍太郎那一套「土建國家」綁樁的地方經營，似乎不再受到選民青睞。而龜井、小林等個別選區的結果，雖然以互有勝敗作收；但小泉這一批「刺客」，成功引領了政治風向，年輕化、專業人士化、媒體寵兒化的政治，成為後來選舉的常態，「小泉刺客」小池百合子、稻田朋美等人，現在也都還在政壇活躍。

小泉終於成功推動郵政改革後，表示自己責任已了，二〇〇六年宣布將不再連任自民黨總裁，雖然競爭者眾，但還是如外界都看好，順利交棒給同派系，受到重點培養的官房長官安倍晉三。小泉卸任之後，選區交棒給次子小泉進次郎，自己宣稱要退出政壇，不過二〇一四年他對政治仍放不下，支持了另一位前首相細川護熙出馬競選東京市長，結果慘敗收場，小泉才真正退出了政壇。前陣子和混血女主播瀧川クリステル結婚的小泉的次子進次郎，是近來大家很看好的政治明星，也是歷任內閣要職，一家四代都當過大臣，成為政壇傳奇。

回顧小泉純一郎的總理生涯，他在經濟上走新自由主義路線，政治上則走新保守主義路線，正是同時代國際政治的主流，尤其是身為國際霸主的美國總統小布希，正是這種路線的篤信者。小泉的改革方案，確實為當時的日本注入了「不一樣」的氣氛，但自由化、小政府所帶來的貧富差距問題，也確實為後來的日本帶來許多後遺症。但不管怎麼說，在首相更迭宛如走馬燈的平成時代中，任期超過五年的首相，確實如同他廣為人知的綽號「變人」一樣，是平成政治當中的異數。

安倍晉三

SHINZO ABE

2006.9.26－2007.9.26
2012.12.26－2014.12.24
2014.12.24－2017.11.1
2017.11.1－2020.9.16

備受期待卻匆匆下台的第一次安倍晉三內閣

小泉辭去總理後，自民黨內出現了「麻垣康三」四位競爭者，他們分別是有華麗家族背景的麻生太郎、精明幹練穀垣禎一、歷練完整的福田康夫、以及年輕受歡迎的安倍晉三四位總裁人選。由於實力最強的福田康夫宣佈不選，因此有最大派系支持，也得到小泉祝福的安倍晉三出線，以五十二歲的中生代年紀，順利成為日本戰後最年輕的總理大臣。

安倍的出身也很華麗，他的父親安倍晉太郎是竹下登的同期夥伴，是當年中曾根下台後，競爭總理的「安竹宮」三人組中最被看好的一員，只是因為捲入「瑞克魯特」疑案，身體又出了問題，最後成為「安竹宮」三人中唯一沒當上首相的。

安倍的母親洋子是前首相岸信介的長女，戰後任期最長的首相佐藤榮作是安倍的外叔公。安倍自己回憶五歲的時候，他到官邸拜訪外公，因為外面擠滿抗議安保的群眾而動彈不得，他當時什麼也不懂，就跟著外面的口號喊著「反對安保」，不過岸信介只是笑著看著這位寶貝孫子，什麼也沒說。

不過安倍反對安保的年紀，僅止於五歲。五歲以後的安倍都是安保的強力支持者，不僅是安保，安倍對於日本成為一個「正常國家」，有著熱切地期待，在他第一次就任總理的著作《邁向美麗國》中，對於日本的獨立、國家主義、日美同盟，他都有詳細的說明。

安倍之所以受國民歡迎，是因為在小泉的官房長官任內，安倍協同處理北韓的拉致問題，表現的尖銳強硬。當時北韓以家人盼望為由，要求返日的五位拉致受害者回北韓，遭到安倍嚴厲的拒絕。這是戰後日本首次在外交上採取強硬態度，再加上後來北韓試射導彈後的經濟制裁措施，也讓一向以流氓行動威脅全球的北韓踢到鐵板，並讓日本在「四方會談」中掌握了主動權，不再只是美國的小弟。

雖然讓日本更壯大也是美國的期待，但這個作法確實讓戰後主導國政，卻總是在媒體輿論中吃虧的保守主義者揚眉吐氣，雖然主流的自由派輿論仍然強烈攻擊日本傾向保守主義的做法，但強硬的安倍確實得到國民的高度支持，也成為小泉內閣中的明日之星。

只是安倍第一次擔任首相，成績並不出色。他的內閣團隊被輿論譏笑為「兄弟會」、「好朋友內閣」，他所揭櫫的理想像是「戰後體制的脫卻」、「教育的再生」，被攻擊是極端保守立場的再生，支持安倍的保守派媒體，和自由派媒體吵成一團。但儘管如此，安倍內閣的支持率仍然達到百分之七十，是戰後僅次於小泉內閣的超高滿意度。

但「滿帆出航」不見得會滿載而歸，自民黨內禍起蕭牆，由大老青木幹雄領銜，希望將郵政選舉時被開除黨籍的部分黨內實力人物恢復黨籍。這個決定引起當初因為期待「小泉劇場」大破大立的人們，感覺自民黨的改革根本玩假的，進而導致安倍支持度大跌。不僅如此，安倍政權又因為一連串莫名其妙的事情，威望盡失。首先是政府發現有五千萬筆漏記的年金紀錄，這些「消失的年金」讓認真繳費的國民人心惶惶。

不僅如此，接著安倍的閣員又陸續發生一些鳥事，防衛大臣久間章生失言，他說美國投放原子彈在廣島是「無可奈何的事」；最討厭中國的外相麻生太郎說中國米和日本米的差別「連阿茲海默症都知道」；厚生勞動大臣柳澤伯夫說女生是「生孩子機器」，還有行政改革大臣佐田玄一郎做假帳的醜聞。不過這些都不是最慘的，最慘的是農水大臣松岡利勝因為涉及貪汙醜聞，在議員會館上吊自殺，接任的赤城德彥又傳出類似的事務帳目不明問題，弄的安倍灰頭土臉。

從小泉一系列的改革開始，日本從土建國家轉向自由化、小政府的施政方向，也跟上世界流行的副作用，迎來了一波貧富差距問題。農村再生的困難、城市無產階級的困頓、非典型就業的貧窮問題，讓安倍政權在經濟議題上也備受批評。

這些症狀綜合併發，最後在二〇〇七年的參議院選舉中，以自民黨「歷史的慘敗」收場，虎視眈眈的小澤民主黨在參議院過半。自民黨內掀起檢討聲浪，老一派議員揮刀直指敗選是因為小泉改革遺留的「年金、格差（貧富差距）、閣僚失態」，就是敗選主因。這個說法不能說不對，但反過來說，將郵政選舉開除者恢復黨籍的決定，其實也是自民黨失去民心的關鍵因素。

自民黨內壓力不斷，重量級議員對內閣多所批評，安倍威望盡失，年輕也從優點變成安倍的原罪。安倍的支持度從初組閣的百分之七十，掉到三十，民意都認為安倍應該要像橋本龍太郎那樣因參院敗選而下台，安倍卻說要「續投」，輿論又發起一波「無視民意」的批評，安倍的支持度掉到只剩下二十左右，最後他在國會臨時會上作完施政報告的第二天，突然以「機能性胃腸障礙」為理由辭職，輿論議笑這根本是「降板」，結束了安倍一年的任期。

從備受期待到倉皇下台，沒有人認為安倍還有機會東山再起，幾乎所有的人都認為安倍的政治路就到此為止。只是沒人想到，這次執政失敗的生聚教訓，最終成就了未來的安倍長期政權，所謂「蹲下才能高高躍起」，安倍的體悟應該最深。

福田康夫

YASUO FUKUDA

2007.9.26－2008.9.24

受到泥巴國會杯葛的福田康夫內閣

安倍倉皇下台後，呼聲最高的原本是麻生太郎，但麻生派在自民黨內是小派系，因此當主流的森派大老福田康夫表示參選意願，自民黨內的派系隨即快速集結在福田麾下。

福田康夫是前首相福田赳夫的長子，父親原本希望弟弟征夫繼承政治，因此讓康夫到石油公司上班。但征夫身體不佳，後來繼承了伊香保溫泉的老舖旅館橫手館。康夫是四十歲才被父親徵召回政界當秘書，五十三歲首次接了父親的棒子當選議員，算是起步很晚的政治人物。他當選議員的第一年，還和同期生組成了次團「苦勞人之會」，傳為一時趣聞。

福田康夫是個精明能幹的人，在政界打滾一陣子後，就歷任自民黨要職，他是森喜朗內閣的官房長官，因為老是要出面收拾森喜朗和媒體的關係，因此被笑稱為「辨明長官」；第一次小泉內閣也留任他出任官房長官，結果他都忙著處理外相田中真紀子和官僚之間的激烈鬥爭，外界說他是「影子外相」。由於福田赳夫和田中角榮也曾經是「三角大福」時代的競爭者，因此福田康夫收拾田中真紀子的爛攤子，也被認為是「角福戰爭」的二代目延續，一時也算是政界熱門八卦。

福田有一個綽號叫做「慎重居士」，在後來當上首相的菅義偉之前，他是日本史上擔任官房長官職務最久的人，這個位子堪稱總理府的秘書長，不僅位高權重，業務也繁多龐雜。福田可以勝任那麼長一段時間，也意味著他的政治能力、手腕都得到肯定。但「慎重居士」的言語行為當然也比較乏味，與小泉、安倍等明星人物，或野心勃勃又能言善道的民主黨領袖小澤一郎相形之下，福田內閣從一開始就注定要是一個「守勢內閣」。

福田的對外關係不若小泉、安倍那麼強硬，但他的對手中國和北韓，一向是「軟土深掘」的國家，福田採取比較軟的態度雖然受到歡迎，但卻讓日本在朝鮮問題上不再有主導權。日本的保守勢力對福田嚴加批判，認為福田對外關係軟弱，在政治上又對於民主黨忍讓，實在過於懦弱。這些批判，讓福田政權的政策決定經常處於腹背受敵的處境。

福田康夫在七十一歲這年組閣，這是日本第一次出現「親子二代首相」，而他父親赳夫組閣那年也剛好七十一歲，十分巧合。不過外面的風雨對這個二世內閣的挑戰一點平息的跡象都沒有。福田初組閣，很清楚自己是「背水之陣內閣」外界對安倍內閣的批判就是屈服於派系，因此他大量啟用被冷凍多年的自民黨內小派系，像是伊吹文明、古賀誠、二階堂俊博、谷垣禎一分別出任執政黨內重要的「黨四役」職務，打破自民黨內長期被橋本派、森派壟斷的局面。

只是這樣的政治安排，仍然無法讓在野黨滿意。自民黨和盟友公明黨雖然在眾議院過半，在參議院卻席次不足。民主黨佔多數的參議院甚至在總理選舉時，和眾議院大唱反調，選出了民主黨的小澤一郎為首相。雖然參眾兩院意見不合時，是以眾議院的意見為優先，但此舉也確實讓福田很難堪。

日本的參議院有強大的拖延權，任何法案參眾院不同意見，就會自動延遲六十天供兩院溝通。此外，參議員一任六年，每三年改選一半，中間不能解散，這樣的制度設計讓分裂國會很容易陷入僵局，有「泥巴國會」之稱。

福田任內有好幾起案子就因為參議院否決，而嚴重拖延。汽油暫行稅率延長十年一案，由於參議院不同意眾議院延長的決定，讓汽油在暫行稅率終止，新稅率又沒上路的狀況下，大減價兩個月。此外，福田的死對頭田中真紀子加入民主黨，處處和福田過不去，再次掀起「角福戰爭」的餘波，也讓福田做得很不開心。

為了尋求參議院支持，福田以低姿態和最大在野黨民主黨領袖小澤一郎會面，尋求「大連立」。儘管小澤有高度意願，但民主黨內對小澤有異議的呼聲甚高，逼迫小澤辭去民主黨黨首職務，小澤也氣到決定辭職，不過最後還是被慰留了下來。總之「大連立」就是不了了之，福田的守勢作戰又吃了大虧。

由於國會杯葛，福田幾乎什麼事情都做不了，支持度持續低迷，甚至已經逼近森喜朗當年的百分之十九左右。就任首相不到一年，福田也撐不住了，他召開記者會表明為了參眾兩院和諧，他決定辭去首相職務，也不再領導自民黨。福田在卸任記者會上，被問到閃電辭職和他的前任安倍晉三倉皇下台的比較，福田還因此動怒，認為自己是為國家好，和有人為了健康辭職是兩回事。由福田的回答中，也可以感受到即使同派系，他和安倍間的緊張關係。

福田康夫閃電辭職引起諸多討論，除了在野的民主黨和一般輿論認為他突然辭職不負責任，自民黨內也有覺得他拍拍屁股就走，留下爛攤子的聲音。卸任後的福田仍然在政壇活躍，兒子福田達夫、外甥越智隆雄，現在都還活躍在東京政壇。

麻生太郎

TARO ASO

2008.9.24－2009.9.16

再度被政黨輪替的麻生太郎

福田康夫因為無法解決「泥巴國會」問題而辭職，接下首相這燙手山芋職務的，是四度參選自民黨總裁的麻生太郎。麻生在二〇〇八年九月二十二日這天當選自民黨總裁並接任總理，這一天也是他的外公吉田茂一百三十歲冥誕，算是個歷史的巧合。

麻生的家世超華麗，他父親的家族是九州超大財閥，經營碳礦事業，曾祖父是貴族院議員、祖父娶了大財閥加納家的女兒、父親是眾議院議員。麻生的外祖父是戰後日本的關鍵人物吉田茂，他自己的太太是前首相鈴木善幸的女兒，還有一個妹妹嫁給明仁上皇的堂弟三笠宮寬仁親王。

他畢業自皇族名門學校學習院大學，不過聽說年輕時不是很愛讀書，喜歡玩射擊、看漫畫，成績似乎並不怎麼樣。一九七六年他當選飛靶射擊國家代表隊，代表日本參與蒙特婁奧運，不過最後排名四十一，算是表現不佳的末段班。接掌了父親的地盤，成為政治家之後，麻生領導一個小派系，幾度爭取自民黨總裁都不順利，二〇〇七年和福田康夫選的那一次，自民黨內還形成了「麻生包圍網」，要阻擋麻生更上一層樓。

麻生雖然畢業自名校，但他個性率直，不是一個重視繁文縟節、惺惺作態的人，他有一次被媒體拍到在高速公路休息站著吃冰棒，豪邁的樣子讓人發笑。他也是日本政壇有名的口無遮攔之人，前陣子武漢肺炎肆虐全球，麻生以副首相身分在參議院詢答時，連珠砲般批評WHO聽命於中國，根本就該改名CHO，又讚揚台灣是疫情中表現最好的國家，最後還倒打中國一把說他講台灣是國家，中國一定又要很生氣，引起全場一陣笑聲，在台灣廣為流傳。

其實他的「毒舌」並非第一次，安倍第一次內閣期間他擔任外相，曾經說過日本米和中國米的差別，連阿茲海默症都分辨得出來這樣的話。後來也曾經在別的場合評論年金，說了一些類似老人怎麼不快點死掉之類的話，被媒體認為是失言。麻生的毒舌，和外公吉田茂頗有相似之處，吉田曾經在一九五三年的國會詢答中，以「混蛋東西」答詢在野的社會黨質詢，引發軒然大波、最後還引發國會解散，世稱「混蛋解散」。因此媒體對麻生愛毒舌的習慣，也總是用放大鏡檢視。

麻生很喜歡看漫畫，據說唸書時每天都沉迷漫畫，連在美國遊學時都要家裡寄最新的漫畫給他看，號稱一天可以看十本漫畫。他曾經在機場候機室中，被拍到在翻當時很紅的《薔薇少女》系列漫畫，因此被御宅族封為「薔薇麻生」、「麻生漫畫太郎」。但由於他在政壇毀譽參半，愛看漫畫一事也曾經被動畫大師宮崎駿嚴厲批評，認為麻生只是把漫畫當作個人宣傳工具，這種嗜好應該是私人的事情。宮崎的評論見仁見智，但麻生大喇喇的個性，確實也得到了一批支持者。

麻生接掌總理，低姿態上場，被認為是自民黨爭取民意的最後武器。不過就在自民黨總裁選舉如火如荼之時，美國的雷曼兄弟公司宣布倒閉，全球金融陷入困境。本來想要放手改革的麻生，光收拾全球經濟大亂局就弄得手忙腳亂，幾度大規模的紓困，仍然沒辦法阻止日本經濟嚴重的衰退。就在此時，他的重要盟友財務大臣中川昭一，在羅馬的G8會後記者會失態，不僅醉言醉語，無法好好回答記者的問題；據說後來還誤闖梵蒂岡的博物館禁區，觸動警鈴，被媒體批評是「酒醉大臣」，丟盡日本的臉。

接著，麻生的另一位盟友鳩山邦夫，因為郵政自由化的議題，和負責郵政改革的財金界大老西川善文槓上。鳩山嚴厲的批評西川善文未經討論，就把郵政簡易旅館賤價賣掉，而且還賣給自家經營的歐力士集團，社會觀感不佳。麻生考慮西川和鳩山離去的嚴重性，選擇了站在有前首相小泉等人支持的西川那邊，鳩山憤而辭職，麻生內閣搖搖欲墜。

鳩山邦夫不是別人，他是最大在野黨領袖鳩山由紀夫的弟弟，這對兄弟的祖父是鳩山一郎，也就是當年因為被GHQ「公職追放」，把政權委託給吉田茂的那位鳩山一郎。鳩山回到政壇後，和吉田茂因為「自主外交」還是「聯美反共」的國家路線，而發生激烈爭執，最終在一九五四年擊敗吉田茂，贏回首相寶座，並合併了自由黨和民主黨，成就了戰後超穩定的「五五年體制」。

現在，要打倒自民黨政權的鳩山兄弟，正和捍衛「五五年體制」以來正朔的吉田茂的外孫麻生太郎展開激烈的競爭，日本媒體把這對分屬不同黨兄弟，對麻生發動的包圍網，稱作「鴿子之亂」（鳩之亂），鳩山由紀夫發下豪語，說這是對搖搖欲墜的麻生「一隻從正面進攻，一隻從內部剜其內臟」。政權後期，內憂外患的麻生，支持度只剩下百分之九點七，是森喜朗之後最差的內閣支持度。

同時，因為小澤一郎辭去總裁隱居幕後，由鳩山由紀夫領導的民主黨，聲勢大振，幾度逼迫麻生解散國會。麻生上任之初，早有解散國會之響，只是看看自己手上的牌，覺得解散再加上國際經濟情勢不佳，自民黨應該不能選得太好，就往後延了一下，結果最後還是被迫解散國會。

不過這次解散，全世界都知道，以自民黨和民主黨之間的氣勢消長，政黨輪替乃是必然。果然改選之後，民主黨如秋風掃落葉的大勝，徹底擊潰了自民黨，鳩山家再一次擊倒了吉田家，日本再次政黨輪替。而且這一次，不再如同一九九三年的「八頭馬車」聯合內閣，而是民主黨一黨獨立過半，並在參眾兩院都保有優勢。

輿論滿心以為這次政黨輪替，將是「二次開國」，一定能為死氣沉沉的日本政治帶來不同的風貌。相比於新人笑，大家總是會忘了舊人哭，在自民黨陷入困境時，好不容易才登上首相職位的麻生，終究沒有守住自民黨的政權，繼宮澤喜一之後，再次成為自民黨的「末代將軍」，自民黨總裁由谷垣禎一接下，「麻垣康三」的四位後小泉時代競爭者，終於分別都當上了短命的總裁。

鳩山由紀夫

YUKIO HATOYAMA

2009.9.16－2010.6.8

灰頭土臉的鳩山由紀夫

二〇〇九年八月，民主黨在眾議院大選中取得三百零八席，可以說是壓倒性勝利。這是日本政治史上的重大里程碑，從鳩山一郎整合保守政黨，以自民黨領銜「五五年體制」多年後，日本第一次有非自民黨的單一政黨過半執政。

儘管一九九三年有一次政黨輪替經驗，但當時是理念完全迥異的「八頭馬車」八黨聯合執政，可以說是臨時湊合，這一次民主黨以單一政黨之姿狂勝，日本輿論以當時正在拍攝，即將在次年登場的眾所矚目大河劇《龍馬傳》為背景，稱這場政黨輪替是「第三次開國」。無巧不巧，引領這場風騷的不是別人，正是當年建立「五五年體制」的鳩山一郎孫子鳩山由紀夫。

鳩山由紀夫畢業自東京大學工學院，曾經在史丹佛大學唸工程。他和寶塚出身的妻子鳩山幸認識時，鳩山幸是已婚身分。兩人苦戀許久，最後終於共組家庭，也成為當時政壇的八卦之一。鳩山的父親威一郎有兩個兒子，由紀夫是哥哥，個性活潑，缺點是經常一時氣氛到了，就信口開河，亂承諾一些事情，或者亂說一些「看不出官僚對人民有愛」之類損人不利己的話，因此與特攝劇《超人力霸王》裡的外星人一樣，被稱作「宇宙人」。弟弟鳩山邦夫是父親重點栽培的對象，他在福岡競選，正是因為那裡是外公，普利司通輪胎的老闆石橋正二郎的出身地。

一九八六年，本來在當大學教授的鳩山由紀夫參與選舉，是被發配到遙遠的北海道第四選區開疆闢土，鳩山家和空降的空之、膽振、日高選區的關係，其實只有一座沒什麼人跡的農場，不過努力再努力，由紀夫還是順利當選。那一年，鳩山一家三傑都出任國會議員，成為政壇一時的熱門話題。

鳩山由紀夫比弟弟晚了十年從政，理當要爬得比較慢，但不久他就挾著家世威名，出任北海道開發政務次官，成為自民黨內的重點培養對象。只是後來的政治發展，兄弟兩人各自登山，邦夫留在自民黨，由紀夫則很早就和「政壇破壞王」小澤一郎脫黨並結盟，後來自民黨的麻生政權發生「鳩山之亂」，兄弟兩人聯手重創自民黨，也傳為政壇一時話題。

二〇〇九年，鳩山由紀夫帶領民主黨以「Change」、「國民生活第一」等漂亮口號擊敗自民黨，為了執政而規劃的「政權公約」成為他必須實踐的政策。兒童青少年津貼、大學學費減免、高速公路免收過路費等政策，成為當務之急。問題是當時的日本經濟正飽受次貸風暴影響，振興疲軟、復甦遙遙無期，這些政策若要實現，只能靠大量舉債，舉債建設是沒問題，但舉債做福利，絕對是所有財政專家都會說不可以的事。

雖然選舉時喊著「政治主導」，要「終結官僚決策」才是有擔當的政務官，但官僚回報來的各種不利訊息，讓鳩山對於是否要強硬推動「政權公約」有點猶豫，但他的盟友小澤一郎非常堅持，小澤認為政治家要有擔當，答應的事情就必須去做，不然政權必然失去人民的信任，幾經討論，在大幅舉債的狀況下，高速公路免費、兒童青少年津貼的政策終究還是勉強上路。

問題是小澤自己也有很多煩惱，檢察署三番兩次針對小澤的政治獻金查辦，甚至以「西松建設」一案，逮補小澤的秘書，讓小澤被迫辭去民主黨代表（主席）職務，已經讓小澤和總理寶座擦身而過，也才有鳩山的機會。現在鳩山要把這位戰友擺上什麼位置，也成為媒體關注的焦點，不過小澤最後並沒有在內閣任職，僅擔任民主黨幹事長。

但小澤是勝選大功臣，光是他手上掌握的民主黨議員席次，就達到一百多席，「小澤軍團」絕對是民主黨內最大派系。不過既然是「政壇破壞王」，小澤的敵人自然不少，民主黨內的另一位重量級人物菅直人就很討厭小澤，鳩山發揮折衝協調的專長，努力平衡了菅和小澤的力量，以「三駕馬車」（トロイカtroika）體制駕馭這個看起來很強大，其實很脆弱的民主黨政權。

小澤到底有多重要，看訪問中國的陣仗就知道。和自民黨的保守親美路線不同，民主黨政權走的是擺脫美國壓力的「獨自外交」的路線，他們主張東亞各國應該以「東亞共同體」為目標，更加「友愛」親善，建立信賴關係，使「戰略互惠」更有內涵，因此強化了對中國、韓國的往來互動。當時中國已經超越日本，成為世界第二大經濟體，全世界的氣氛都親中，日本當然也不例外。

鳩山親自訪問中國，日中兩國為了樣板劇《紅燈記》裡面的混帳日本憲兵隊長叫做「鳩山」，還討論了半天，最後以維持原名不改，但中宣部要求今後不許再用「鳩山」做反派人物名字作收。鳩山回國不久，小澤一郎也跟著訪問中國，善於挑撥的中國以超大陣仗，歡迎小澤和「小澤軍團」來訪，有意無意的挑動小澤和鳩山之間的矛盾。在日本這邊，除了民主黨內部出現微妙的緊張氣氛，右翼輿論也大力批評民主黨政權「媚中」，引發了後來日本國內一系列對中國關係的討論。

鳩山這麼堅持「獨自外交」的路線，最不開心的當然是美國人。尤其鳩山針對屢屢引發爭議的「普天間基地」遷移事件的表現，也讓檯面下的反鳩山力量逐漸集結。「普天間基地」離沖繩宜野灣市區不遠，由於部署了可以垂直起降，但失事率偏高的魚鷹式運輸機，被認為是「世界上最危險」的機場，鳩山發下豪語，一定會讓普天間搬走，但卻遲遲提不出方案，甚至在和美國總統歐巴馬見面時，提到普天間的事情，只說了「Trustme」卻沒有再進一步說明，不僅國內質疑，美國政府也對普天間遷移一事感到相當憂慮。

事實上，美日之間長期有菁英官僚組成的「美日聯合委員會」順暢溝通，鳩山政權的「政治決策」一說，早已讓官僚心生芥蒂。二〇一〇年四月六日晚上，鳩山把防衛省、外務省的重要官僚找到官邸，透露了想要把基地遷到鹿兒島、德之島的建議，據鳩山回憶，當晚有宴請大家喝一杯，酒酣耳熱、相談甚歡，大家表現得很有幹勁，也都答應會保密開始和美方進行協調。

只是四月七日早上，鳩山的構想在《朝日新聞》的頭版鉅細靡遺的被寫出來，引發強烈的輿論反彈，鹿兒島和德之島也隨之民怨沸騰，鳩山可以說是灰頭土臉。想當然耳，這不僅是官僚的反叛，也很可能是美方的授意。

不僅如此，這時候東京特搜部再次發威，「西松建設」案查到鳩山由紀夫也有一份，他的秘書被逮補，鳩山自己則表示自己不知情。只是過去鳩山批評自民黨政治人物不負責任，現在卻什麼都說是秘書的責任，自己不知情，恨得牙癢癢的自民黨當然不會放過機會挖苦他「不是老闆該負責嗎？怎麼什麼都秘書的責任？」讓鳩山的人設受到嚴重崩壞。

儘管「西松建設」當中，小澤和鳩山都沒事，案情都僅止於秘書，但特搜部大張旗鼓、媒體連日報導，讓小澤的「惡人」形象在民眾心中根深柢固，鳩山再一次變成當年小澤身邊的細川護熙那種跑龍套的配角，也讓民主黨政權支持度遭到重創，再加上普天間的問題，和大量舉債被抨擊是「政策買票」，民主黨的形象漸漸變成講一畚箕，做一湯匙的「不負責任」，鳩山信口開河的「宇宙人」形象，也更被凸顯出來。

最後，內憂外患的鳩山，決定辭去總理職務，民主黨執政的短暫蜜月期，以和官僚、國民、輿論肝膽俱裂作收。已故的首相中曾根康弘曾經揶揄鳩山是霜淇淋，雖然甜美，但一下就融化了，似乎也可以作為鳩山由紀夫政權的經典詮釋。

菅直人

NAOTO KAN

2010.6.8－2011.9.2

被海嘯沖垮的菅直人

鳩山辭去首相職務後，本來是「三駕馬車」領導的民主黨頓失一駕，陷入重大內鬥。被東京特搜部弄得灰頭土臉，但最後全身而退的小澤一郎，和最討厭小澤的菅直人出馬挑戰黨首職務，兩人透過一場又一場的演講爭取民眾支持，由於前一年的政黨輪替被稱作「平成維新」，現在的民主黨內戰就被比喻成維新後不久政府內鬥而引發的「西南戰爭」。小澤一郎的盟友是鳩山由紀夫和羽田孜，菅直人則有黨內中壯世代，形象出色的前原誠司、野田佳彥、岡田克也和蓮舫等人的支持。儘管小澤在國會的實力較強，但最後還是因為名聲太差，在黨員、黨友投票中落馬，由菅直人出任首相。

和鳩山華麗的家世相比，菅直人的出身完全不同。他是中產階級家庭出身，祖父是醫生、父親在大公司上班，都和政治無涉。菅直人年輕時就幫社會黨的著名女性主義鬥士市川房枝競選過，市川是日本女性投票權的重要推手，當時市川已經八十一歲，打著反對田中角榮金權政治的旗號當選，那年是一九七一年，菅直人二十七歲，幫著偶像當選，菅的心中也想著「有為者亦若是」。

後來菅直人不僅從事市民運動，更多次參選，經歷三度落選，終於在一九八〇年當選眾議員。菅直人曾經在自民、社民聯合執政時期，擔任橋本龍太郎內閣的厚生大臣，當時形象不錯，最有名的就是針對八十年代因為厚生省隱瞞醫療疏失，造成有患者因為輸血感染愛滋病的「愛滋病藥害事件」，菅直人不僅主動調查，公布文件，還向因此受感染的市民謝罪，輿論確實感到這位大臣不一樣。

不過他也出過包，當時因為一起食物中毒事件，菅直人在沒有明確證據的狀況下，懷疑是蘿蔔纓有問題，讓當時的蘿蔔纓價格崩盤，引發農民抗議。菅直人只好自己出來吃了兩次蘿蔔纓來證明食物安全。類似的故事在日劇《Change》當中換成了高麗菜，也在現實中發生過不少次，被當作政治人物講話務必謹慎，「有幾分證據說幾分話」的基本教材。

菅直人的太太菅伸子是他的表姐，比他長一歲。當年兩人不顧家人反對，愛的死去活來最後結婚，算是政壇佳話。不過菅直人有一次被抓包與女秘書在飯店住了一夜，後來還是靠著引述老婆一句惡評「你和她過了一夜，但沒有發生關係」，救了他的政治生涯一命，繼續在政壇生存下來。

市民運動出身的人當上總理，這是日本史上的第一次。「打造最小不幸的社會」是菅直人的理想，大家對這位出身民間、清廉自持的首相充滿期待，也希望他做出一番不同光景的事業。不過現實很殘酷，太過理想的人，常常都難以通過考驗。菅直人首先遇到的是前首相鳩山的「友愛」、「東亞共同體」與中國親善的「獨自外交」政策，被中國測試底線。

幾艘保釣船在釣魚台附近活動，和日方發生衝突，中國船長遭到日方逮補。釣魚台問題事涉中日台敏感神經，菅直人雖然表態質疑中方挑釁，但在不影響中日關係的大前提下，中國籍的船長還是被釋放。右派當然針對民主黨政府的軟弱大做文章，認為民主黨不僅缺乏和中國溝通的管道，只會一味屈服，更因為對美疏離，而造成自己進退兩難，獨自面對中國挑釁的處境。

接著是二〇一一年一月，政壇「九命怪貓」小澤一郎因為「陸山會」資金不明事件，遭到東京地檢署強制起訴。儘管後來的調查中，發現東京地檢署捏造證據，欲加之罪於小澤，因此讓小澤獲判無罪。但在真相未明前，整個調查的過程都讓「惡人小澤」的形象再一次重創民主黨。

討厭小澤的菅直人等人，雖然把小澤停權六個月，但仍然被外界認為處分過輕。當初黨魁競選時的矛盾，這時顯得隨時有爆發危險，實力強大的「小澤軍團」動向不明，小澤本人也像事不關己一樣，評論菅內閣可能要在三月就得解散國會改選，透露著鹿死誰手還不曉得的意味，日本政局再次面臨了惡鬥旋風的前夕。

但在政治大戲呼之欲出的前夕，壓垮菅內閣的，竟然不是一根小小的稻草，而是排山倒海而來的海嘯。二〇一一年三月十一日，東日本發生大地震，隨即引發海嘯，整個北關東、東北地區靠太平洋的海岸都被海嘯淹沒。這是一九九五年阪神大震災以來最嚴重的災情，死亡或失蹤者一萬八千四百三十四人、房屋全倒半倒四十萬二千六百九十九戶、總計損失高達十六至二十五兆日圓，相當於國家總預算的四分之一。

而且禍不單行，海嘯最前線的福島核電廠，因為海嘯的關係爐心融解，造成難以收拾的核災。全世界都看見福島核電廠爆炸的樣子，輻射污染不僅影響了好幾個縣市，更讓福島當地的民眾被迫撤離，無家可歸，日本電力官僚長期強調的「安全神話」這下也破滅，連最友好日本的台灣，「不要再有下一個福島」這種讓日本人感到刺眼的標語也成為反核團體的宣傳。

更大的問題是整個災變當中，政府的角色幾乎消失，左支右絀，指揮不了官僚，又做不了重要決定，還發生過自衛隊拒絕支援福島，和首相互相以「被騙」和「怕死」怒斥的鬧劇。整個震災中，除了官房長官枝野幸男每天穿著工作服，幾乎過勞死的與國民報告災變情況及應變措施外，政府到底做了什麼，大家顯然很不滿意。這樣的不滿意顯示在民調上，讓菅直人的支持度墜入谷底。

甚且，因為災變之故，早先勉強上路的高速公路免費、兒童青少年津貼要不然取消，要不然縮水，整個民主黨執政的改革全部歸零，就連「政治主導」也在核災當中變成被東電的官僚牽著鼻子走。

現在沒有人要鬥爭菅直人了，但是他的處境比被小澤鬥垮還慘。六月份時，在野黨提出不信任案，菅直人還打算放手一搏，以終結核電為議題，希望在國會改選中獲勝突破僵局。不過菅直人最大的罩門，其實在同黨政敵鳩山由紀夫和小澤一郎的態度，他們如果表態支持不信任案，不僅菅直人要垮台，國會勢力勢必重組。

由於民主黨支持度不佳，菅直人和前首相鳩山由紀夫說好幾個條件，不破壞民主黨、不把政權交給自民黨、重建的階段性任務完成，他就辭職。但什麼時候是階段性任務完成，他並沒有給予明確時間。這件事也讓對於階段性任務認知不同的鳩山，在菅直人先出底牌，表示會等到「爐心冷卻」才是時候時，大喊「被騙」；最終是小澤一郎給菅直人打電話下了通牒，才讓菅決定在九月辭職。菅直人可以說是被鳩山和小澤聯合在野黨逼著辭職，因此下台時幾乎可以說是鬥志全失。

菅直人下台後，繼續市民運動的性格，投入推動非核家園。只是作為日本空前災變時期的首相，菅直人的表現實在不太好，因此在運動中也失去了公信力，經常被質疑。正如他以毒舌著名的太太菅伸子的著作《你當首相，日本究竟改變了什麼？》那般，菅直人沒有給人留下什麼印象，大家記得的他，要不然就是災變時無能應付的首相，不然就是那個當年為了藥害事件謝罪、誤會蘿蔔纓的莽撞厚生大臣。

野田佳彥

YOSHIHIKO NODA

2011.9.2－2012.12.26

未能力挽狂瀾的野田佳彥

由於小澤一郎終究是民主黨內的重量級人物，是以菅直人下台後，圍繞著民主黨代表改選的主題，依然是親小澤、還是反小澤路線之爭。出馬競爭的有小澤支持的海江田萬里，以及反小澤的青壯領袖：外相前原誠司、財相野田佳彥。

反小澤的前原誠司對中國態度強硬，被視為民主黨內的鷹派人士，他年輕又帥，言詞犀利，被認為是民主黨內的明日之星；而同為反小澤陣營的野田佳彥，則是派系「花齊會」的領導者，長得胖胖，看起來很憨厚。

野田其貌不揚，但毅力驚人，從初當選一直到當上首相，他不分晴雨雪，幾乎不間斷的在選區的車站前擺台宣傳車，對著群眾報告今日國會工作。由於許多車站前剛好有當時流行的英語補習班NOVA，因此有了「車站留學有NOVA，車站演講有NODA（野田）」的自嘲笑話。

面對人氣明星前原和實力雄厚的海江田，野田自嘲是一隻泥鰍，「成不了魚缸裡的漂亮金魚，卻自有一番泥鰍品味」，這番話語被認為是暗諷長得很帥的「金魚」前原。不過這隻泥鰍惦惦吃三碗公，私下已經得到前首相菅直人、副首相岡田克也等反小澤實力派領袖的支持。前原在前台和海江田交鋒，顯得的鋒芒畢露，反而變成野田的最佳掩護。

當外界看好小澤支援的海江田可以脫穎而出時，前原和野田卻默默形成了聯盟，約定無論誰進入第二輪，敗者都必須給予全力支持。結果第一輪選舉海江田領先，野田居次，前原兌現諾言，支持野田組閣，並答應出任野田內閣要職。泥鰍打敗了金魚，跌破了眾人眼鏡。

野田沒有什麼家世背景，他父母都是鄉下人，父親是自衛隊精銳「第一空挺團」出身的自衛官。野田佳彥有志於政治，因此早稻田大學畢業後去唸了第一屆的「松下政經塾」。這是國際牌創辦人松下幸之助創辦的日式政治經濟學校，除了專業知識外，也要求塾生注重品格、生活教育，野田也曾經早起去幫松下先生送過報紙。五年後野田從政經塾畢業，投入地方選舉，二十九歲當選千葉縣議員，成為當時千葉縣歷史上最年輕當選的議員。

由於松下政經塾並沒有選擇塾生的政黨背景，因此提供了很多非二世、三世但有志從政人士的晉升管道。在民主黨內，野田是第一期，前原是第八期，另一位野田內閣的擔當看板，外務大臣玄葉光一郎也是第八期生。這些松下政經塾塾生從政，也代表了松下幸之助當年意欲培養非世襲、沒名氣但有志從政者搖籃的志向，終於在這些畢業生身上實踐。當然，會不會因此砸鍋政經塾，就要看他們的表現了。

野田出任首相時是五十四歲，排序是戰後第二年輕，僅次於第一次組閣當年五十二歲的安倍晉三。這也代表了民主黨小澤、鳩山、菅「三駕馬車」時代的結束，現在的「新三駕馬車」，是野田佳彥、前原誠司和震災時擔任官房長官，天天穿著工作服向人民會報災情的枝野幸男，三個人都才五十多歲。他們的共同特色，就是出身平凡，學經歷出色，靠著努力，終於在中壯之年成為舉足輕重的政治家，剛好三人都是反小澤大將，也意味著小澤在民主黨內的影響力正在式微。

不過實際上，野田面對的可以說是內憂外患，除了黨內敵手小澤之外，外部的政治環境變化也讓野田招架不住。民主黨和美國之間微妙的關係，在美國主動提出TPP之後，出現了變化。和鳩山、菅相比，野田明顯比較親美，因此當美國提出TPP，展現對中國牽制意圖後，野田為了確保美日同盟關係，採取跟隨的態度。

TPP除了零關稅外，也有許多關於勞工權益的「藍色條款」、環境權的「綠色條款項目」；倡議者認為是「高品質的自由貿易」，反對者則認為是對後進國家的威脅。日本曾作為全球市場的領先者，既然要走TPP路線，自然得以最高規格，迎接美國主導的TPP的叩關。

野田支持TPP，顯然和民主黨長期以來對美國疏離、偏左的政治立場相違，也讓長期依賴農村支持的自民黨見獵心喜，到處放話自由經濟會毀了農村。相對於野田政權的不穩，自民黨則空前團結，組成了由四位前首相森喜朗、安倍晉三、福田康夫和麻生太郎組成的顧問團，一起輔佐黨揆谷垣禎一，企圖挑戰野田，奪回執政權。

不僅如此，司法也來插一腳，東京地院因為檢方起訴小澤一郎的證據為偽造，宣判小澤一郎在「陸山會」一案無罪。「破壞王」小澤這時候又恢復正常能量釋放，時不時要酸他的對手野田一番。兩人最大的爭執在增稅問題，由於需要巨額的重建經費，以及兌現競選承諾，小澤主張舉債，野田則主張加稅，兩人爭論不休。

向人民多收錢，必然會引發民怨，因此小澤的主張自然比野田受歡迎。但野田也不是省油的燈，他知道增稅是難題，歷來內閣只要想動消費稅腦筋，很少不被罵到臭頭，因此找來在野的自民黨、公明黨一起為增稅背書。小澤順勢批判野田「忘記執政初衷」，認為民主黨幾年執政一事無成，好不容易推成的改革也倒退，如果真的朝野合作加稅，不僅政權不保，最後大家只會記得民主黨執政加了稅。在野的自民黨，則見縫插針，主張要傳喚小澤到國會作證，意圖挑撥野田和小澤的矛盾，從中取利。

野田和小澤終須一戰，二〇一二年六月下旬，增加消費稅一案，小澤一派在眾議院跑了五十七票，野田的增稅方案是靠著自民黨的支持才過關。野田隨即在月底向小澤宣戰，不過「小澤軍團」在參眾兩院掌握超過五十席的選票，如果他脫黨，野田內閣就會面臨垮台邊緣。自民黨和小澤威逼野田解散國會；而此時，另一股自稱「新政治」的公民力量，則從關西席捲而來，大阪府知事橋下徹則組成了「日本維新黨」，想要挑戰新一輪的總選舉。

眼見日本政治又要進入戰國時代，二〇一二年底，野田宣佈解散國會，小澤另立門戶「國民生活第一黨」，民主黨這不到四年，卻令人失望的執政，也就隨著這樣分崩離析走入歷史了。

安倍晉三
SHINZO ABE

2006.9.26－2007.9.26
2012.12.26－2014.12.24
2014.12.24－2017.11.1
2017.11.1－2020.9.16

史上執政最久的安倍晉三

二〇一九年十一月二十日，安倍晉三擔任總理大臣的任期正式超過桂太郎，成為日本史上執政最久的總理大臣。這件事跌破了很多評論家的眼鏡，因為在二〇一二年底安倍組閣前，輿論甚至不看好他有機會拿回自民黨總裁的位置。

話從二〇一二年說起，在民主黨政權潰散之前，原本相當團結的自民黨內發生了嚴重的鬥爭。總裁谷垣禎一看準民主黨遲早潰敗，興起了問鼎總理大臣之志，不過谷垣當時已經高齡七十六，自民黨內有「世代交替」的呼聲，被看好的有石破茂、石原伸晃、町村信孝、林芳正和安倍晉三等人。安倍一開始的呼聲並不高，畢竟當年他沒接好小泉的擔子，還因為潰瘍性大腸炎倉皇下台的病弱形象太鮮明。

不過即便如此，憑著超強人脈和派系支持，再加上好友菅義偉幫他組織了跨派系力量，安倍還是在激烈的競爭當中逆轉勝，成為自民黨的新總裁。安倍新總裁的第一個任務，就是要迎接即將到來的二〇一二年總選舉。由於民主黨這波政黨輪替的執政令人失望透頂，各方民調都顯示自民黨遙遙領先。安倍跑到銀座的老牌豬排店點了象徵勝利的豬排飯「勝丼」，一方面象徵勝利，一方面也是藉著被認為超難消化的炸物，顯示當年困擾自己的潰瘍，已經不再是他問鼎首相的障礙。

選舉結果一如預測，自民黨單獨大勝，分裂的民主黨幾近潰散，新興的右翼政黨「日本維新會」的席次甚至還超過民主黨。安倍在選舉時提出了被稱作「安倍經濟學」的三支箭，分別是「金融緩和」、「積極財政」、「成長戰略」。簡單來說，就是透過貶值、舉債、消費稅的方式來提高通貨膨脹率，進而帶動物價、業績、薪資和消費，來刺激長久以來陷入通貨緊縮、疲軟不振的日本經濟。

這個做法是美國在金融風暴後無限QE政策的縮小複製版。雖然背後有債限問題、赤字預算的擔憂，但對於提振景氣確實有即時雨的功效。憑著這三支箭，「安倍經濟學」一掃二十年來的停滯，給日本人帶來新的機會和希望。也正是因為如此，才奠定了第三次、第四次安倍內閣「一億總活躍社會」，矢言GDP達到六百兆日圓，全民不失業宣言的基礎。

支持度高，才能推動想做的事，這是安倍從過去的失敗中學到的教訓。經濟好支持度就高，支持度高心中的「美麗國」才有機會逐步實現。他透過右翼保守的「日本會議」，主張修憲廢除憲法第九條，讓自衛隊的派遣行動能夠更具彈性，但這個主張也引起曾受日本侵略戰爭之苦的中國、韓國頗為緊張。尤其中國正崛起當中，似乎準備打破過去鄧小平「韜光養晦，絕不稱霸」的外交原則，當日本對區域秩序有更多介入，中日之間的衝突自然更加白熱化。

二〇一三年，安倍穿著九十六號的球衣為日職名門巨人隊開球，也引起中媒的臆測，認為安倍意圖先調降憲法九十六條的修憲門檻，進而修正憲法第九條；不過日方解釋背號九十六只是因為安倍是第九十六屆總理大臣而已，日方認為中國顯然臆測過度。儘管如此，開球的背號都可以引來爭議，也顯見安倍的右派立場和日本更積極參與印太秩序的態度，剛好和中國崛起的議題碰撞出些微的火花。

日本媒體對安倍的右翼立場也有有趣的看法，他們認為安倍「親美」又想要「獨自外交」，其實內含著矛盾。以歷史的觀點看，主張「親美」的吉田茂和主張「獨自外交」的鳩山一郎，開啟了日本外交、國防長時間以來，到底要親美還是獨自外交的論爭。自由派攻擊安倍外公岸信介處理美日安保充滿矛盾，既然獨自外交，卻要成為美國主導印太秩序的一員，有點讓人難解。

問題是自由派並沒有觀察到，幾十年來美國的印太政策也在改變。「日本再武裝」早已不是為了自我防衛，更是美國期待日本在印太地區的安全議題上做更多。尤其中國崛起，甚至稱霸的企圖越來越明顯，印太諸國急欲維持的「現狀」正被一一打破當中，中國人民解放軍在南海、東海，以及台灣海峽的侵擾，已經顯示中國想要突破島鏈的企圖昭然若揭，當前的日本外交，不然就是要忍受中國擴張，要不然就是要鞏固美日安保，讓日本在「周邊有事」時能做得更多。

也因此，現階段日本右翼保守派的主張，和美國的戰略利益是契合的。回想當初被批評向美國下跪的吉田茂，對GHQ的評論是Go Home Quickly，也可以想見當初吉田茂之所以「親美」，其實也只是為了讓日本盡快從佔領體制當中脫出。若以現實主義的角度觀看從吉田以來「親美」與「獨自外交」的矛盾，其實兩者之間也不無切合之處。

在美國支持、經濟景氣的雙保證，再加上在野黨一厥不振，安倍政權漸漸成為一個長期政權，在安倍的率領下，再一次又一次的選戰中獲勝，不知不覺也讓安倍成為日本有史以來執政最久的總理大臣。儘管親信、家屬偶有傳出醜聞，自由派的攻擊也從來沒有少過，但安倍政權始終相當穩定。安倍執政期間，潰敗的民主黨幾次圖強，包括更名為民進黨，幾次換了令人眼睛一亮的明星黨魁像是蓮舫等，甚至而後政黨解組更名立憲民主黨，卻始終無法贏得人民支持，日本政治再次回到五五年體制以降「一強多弱」的邏輯。

二〇二〇年，安倍政權邁入連續執政的第八年，遭遇了武漢肺炎的挑戰。日本政府的反應令人想起太平洋戰爭時的軍國體制，徒有精神卻沒有做好充分準備，遇到戰場的變化也無法變更作戰計劃來靈活以對。從鑽石公主號以降到國境管控，日本政府始終慢半拍，隨著病毒擴散，安倍的民意支持度掉到組閣以來最低。

病毒肆虐當中，期待已久的東京奧運能不能辦，成為安倍政府最頭痛的議題。還記得里約奧運閉幕時，安倍以馬力歐的包裝，鑽入東京下水道，最後從里約冒出來的精彩表演，向世人展示日本再起的軟實力。此時此刻困於疫情，全日本為了奧運而大興土木的努力，很可能被COVID-19化為烏有。

安倍原來打算在奧運之後光榮退休，只是疫情讓他天不從人願。黨內政敵環伺、民眾抱怨連連，最慘的是他的胃病舊疾又再度復發。隨著奧運決定延後一年辦理，安倍也決心暫時離開總理職務。只是身為最大派系「清和會」領袖，安倍並沒有離開政壇，他支持最堅強的盟友菅義偉接班，又在菅卸任時主導政局，讓繼任的岸田文雄也堅守安倍的經濟和外交路線，確保他即便卸任，也為日本政治留下了龐大的遺產。

二〇二二年參議院選舉前夕，安倍到奈良為同黨戰友助選，沒想到卻遭到意外刺殺。一位無名人士因為對自民黨和統一教難以釐清的組織和金錢關係不滿，拿著土製散彈槍向安倍開了兩槍，當場已無心跳，儘管施予急救還是無效，安倍遂以意外之姿，倉促地告別人間。

安倍意外遭刺馬上成為國際政治的熱門話題，不僅重要外交媒體討論起安倍的外交路線是否能夠持續，台灣的副總統賴清德以私人身分赴日弔唁，也引發了中國的不滿。各國的反應都關注著一件事，後安倍的日本的安保路線，到底會進一步朝美國主導的印太秩序方向強化，還是會朝向中國妥協的方向調整？安倍之死也讓日本人發現，這位史上執政最久的首相，其實已經帶領日本走了很遠，現在的日本已經不僅僅是G7中的經濟強國，也參與了重要的國際政治、安全角色。不管日本的自由派媒體適不適應，在安倍多年的努力下，日本正一步步往「正常國家」的方向前進，而這個角色也得到了國際的肯認。

安倍之死也讓日本人發現一件奇事，就是全世界對此最難過的國家，莫過於台灣。每天到日台交流協會前悼念的民眾絡繹不絕，留言牆上寫滿了台灣人對這位好朋友最深摯的悼念。安倍和台灣政壇的主流人士都有深刻的私交，過去幾年也運用自己的影響力，給台灣許多的協助和幫忙，他的長期執政期間，是日台關係大步前進的關鍵時刻，安倍卸任後說過的「台灣有事，就是日本有事」，也深深打進也亟欲走向正常國家的台灣人的心坎。也因此安倍的死，可能也是台灣人最有感的外國領袖死亡事故，這也證明了台灣和日本之間的「絆」之深，若非生長其中，恐怕難以理解。

第六部　令和時代的總理大臣

REIWA ERA

2019 –

Reiwa Era

菅義偉

YOSHIHIDE SUGA

2020.9.16－2021.10.4

「令和大叔」菅義偉

安倍晉三因為潰瘍性結腸炎的痼疾辭任後，接下自民黨總裁位置的是當了史上最久官房長官的菅義偉。他出身秋田鄉下的普通人家，唸的是學費不貴的法政大學，大學是靠著在紙箱店半工半讀，才能支付學費。無論戰前戰後，像他這樣出身東北鄉下，不是唸名門大學出身的首相，實在少之又少。

菅義偉因為對政治有興趣，大學畢業之後就投入政治幕僚工作。他的第一份工作是跟著橫濱出身的眾議員小此木彥三郎當助理，一當就是十一年。小此木是一位嚴格的老闆，不僅要求工作成績，也重視做人做事，把助理當作家人一樣看待，菅義偉每天到小此木家報到，一邊吃早餐一邊討論政治。小此木很欣賞這位認真努力的年輕人，因此一九八三年出任中曾根內閣的產經大臣時，也帶著菅義偉歷練秘書官。

一九八六年菅義偉首次參選橫濱市議員，驚險之中順利當選，開啟了政治家生涯。連任兩屆之後，一九九六年菅義偉更上一層樓，順利當選眾議員，成為執政黨的後排議員。菅義偉派系屬性不鮮明，在自民黨內部紛亂的時代，先後加入過「平成研究會」和「宏池會」兩大派系。二〇〇〇年森喜朗執政時發生過派系在不信任投票上反叛的「加藤之亂」，菅義偉也是當時跑票沒出席的一員。

菅後來和小泉、安倍走在一起，歷練了總務副大臣、總務大臣的職務，也擔任過自民黨選對會的副委員長。鬧得沸沸揚揚終於推動的郵政民營化改革發生時，菅任職總務大臣，第一線參與了實際民營化的執行過程，這樣的經歷也讓他成為安倍的重要盟友。

後來自民黨下野，菅義偉也退出「宏池會」，先前匆匆下台的安倍猶豫著是否已經做好復出江湖的準備，這時菅義偉的力挺，讓安倍吞下一顆定心丸。二〇一二年安倍帶領自民黨勝選，菅義偉就任內閣最重要職務官房長官，成為安倍最重要的左右手，安倍當了多久的首相，菅義偉就幹了多久的官房長官，也因此他也因為安倍，成為日本史上任期最久的官房長官，外界對他擔任官房長官的評價極高，「影子首相」、「最強官房長官」、「人事的菅」，都是這段期間外界幫他取的綽號。

不過菅義偉官房長官任內最為人知的一事，就是公布新天皇的「令和」年號。當時的平成天皇認自己年事已高，無法負擔皇室繁瑣的政務，決定退休為上皇，將皇位交給長子繼承。繼承皇位畢竟是全國大事，新年號「令和」選自日本古籍《萬葉集》當中的詩句「初春令月，氣淑風和」，這是第一個從日本而非中國古籍上選出的年號，也引起社會廣泛的矚目。

時代的變遷，也是史書新頁開展的一刻，關於「平成史」的著作一本一本的出現，泡沫經濟的起落、手機的發明和發展、卡拉OK的誕生和演化、不死電動任天堂重振旗鼓、甚至棒球的「平成世代」松井秀喜、松坂大輔的崛起和衰退，都成為當時日本社會最受矚目的討論話題。菅義偉的「令和」手板，確實代表了一個時代的結束，也讓人想起二十多年前同樣是官房長官的小淵惠三手持「平成」手板昭告天下的畫面。別忘了，小淵後來也當上了首相。

「令和大叔」讓菅義偉知名度大大提高，二〇一九年夏天他以官房長官的身分訪美，和當時的國務卿龐皮歐、副總統彭斯和川普總統分別會面，並赴紐約會晤財金界人士後在聯合國發表演講。此外，菅義偉回國後也開始拉攏和他一樣沒有明顯派系所屬的十三位自民黨議員，成立「令和之會」的政策討論會，引起輿論矚目。由於官房長官一向是「總理賢內助」的角色，很少被賦予外交任務，因此輿論開始猜測菅義偉很可能會成為安倍晉三屬意的首相接班人。

安倍本來的算盤是在東京奧運結束後光榮卸任，奈何二〇二〇年席捲全球的武漢肺炎打亂了安倍的步伐。首先是二月的鑽石公主號郵輪事件，讓日本防疫破功；接著因為經濟考量，沒有即時暫停中國觀光客入境，讓日本疫情一發不可收拾。雖然以後見來看，日本的疫情處理在全世界並不算差，但疫情初期的日本政府確實有點進退失據。

眼見全球疫情爆發，東京奧運恐怕無法舉辦，疫情也讓安倍的民調不斷下降，原來寫好的光榮卸任的劇本看似不可行，得另做打算。八月時安倍任期超過外叔公佐藤榮作，成為日本在位最長時間的首相，過了幾天他就宣布自己因為痼疾決定辭任總理職務，各派系經過一番角力，果然是由安倍支持的菅義偉，擊敗了岸田文雄和石破茂，成為新任總理。

菅義偉風光上台，苦幹實幹形象的他，打出「為民工作的內閣」口號，以數位化、打破本位主義作為施政主軸，得到百分之七十四民意支持，為戰後日本支持度第三高的內閣。他的內閣注重派系平衡、也持續留用安倍時代的幹練老手，內閣亮點是一向不按牌理出牌的人氣大臣河野一郎出任行政改革大臣，以及數位大臣平井卓也。

儘管屬於先進國家，但日本的數位化做的並不好，許多辦公室仍然依賴紙本公文和印章，電子化的進程極慢。菅義偉政府做的第一件改革，就是要取消印章文化，以生物辨識和數位簽章取代印章，加速數位化政府的實現。

這對不善於改變的日本政府體系來說，是巨大的變化，根據OECD在二〇一八年的研究，只有百分之七點三的日本公民在和政府打交道時使用網路，同時期的冰島是百分之八十，日本根本看不見人家的車尾燈。這對一個IT硬體大國來說，簡直是不可思議，也是菅內閣認為日本應該要快快迎頭趕上的地方。

同時期的菅內閣也面對幾個重要的挑戰。第一個是重創全球的疫情，儘管日本相較於其他國家算是表現不錯，但人們的比較標準永遠是疫情前的自己，因此即使是同時期全球表現最佳的台灣，民怨依然讓防疫表現的不錯的政府天天被罵。日本當然更不用說，要顧及醫療網的健全、要考量民眾的感受，還要思考怎麼讓經濟受傷輕一點，緊急事態宣言發布又停止、發布又停止，到了第四次的時候，民眾根本已經不感覺事態緊急。於是，這些讓全球政府焦頭爛額的治理議題，也一樣重創了菅內閣的信任度。

再來是劇烈變動中的全球局勢。疫情重創全球經濟，美國再次政黨輪替，成為軍事強權的中國空軍每日在南海、東海挑戰區域和平穩定的現狀，全球疑中、甚至反中的氣氛逐漸凝聚，就在中國旁邊的日本社會尤其為最。尤其過去二三十年來以中國為「世界工廠」的趨勢正因為中國產經政策和全球政經局勢的變化，而有所調整，老大哥美國在供應鏈調整的議題上聲聲催促，讓日本也必須正視整個區域政經環境的調整，而彈性調整，一向是日本人最不喜歡的事。

最後一個是東京奧運，本來是一樁喜事，現在變成尾大不掉的鳥事。二〇二一年的全球疫情比二〇二〇年還要嚴重，到底奧運要辦不辦，在日本國內引起很大的爭議。和國際奧委會幾番拉鋸，最後達成了不開放觀眾進場的共識，本來民間期待的超量觀光客、巨大消費力都沒了，為了舉辦奧運而進行的工程和投資，現在都只好放水流。整個奧運能夠順利舉辦，日本政府居功厥偉，但是民眾普遍認為菅義偉沒有功勞，只有苦勞，因此奧運也沒能幫他不斷探底的支持度加分。

菅義偉在這樣內外交逼的情況下，支持度掉到剩下百分之三十左右，老牌保守派雜誌《文藝春秋》用「四面楚歌的菅政權」來描述他面對的挑戰，認為在這樣的非常時期，菅卻讓首相做得宛如官房長官的延長，最終就像沒穿衣服的國王那般，會被眾人看破手腳。菅義偉最重要的支持者，被輿論指為「院政」的安倍晉三，最後也知道這個蜜月期已過的政權，如果支持度持續低落，看起來應該是無法貫徹後安倍時代的安倍路線。

九月三日下午，菅義偉以決定專心處理疫情，不再兼顧政治為由，宣布不再競選自民黨總裁職務，後安倍的自民黨派系們再次啟動合縱連橫，角逐菅空缺出來的首相位置。菅的首相任期一共只有一年多，除了辦完奧運之外，也完成了幾項安倍時期規劃但未完成的政策，像是對不育夫妻的人工生殖補助、通過必須作為修憲前提的公民投票法，以及對中國人搶買日本土地的國安限制等，不過他最為日本人所記憶的政績，應該是行動電話費率調降。

不過在劇烈變動的國際政治博弈中，菅倒是堅守了安倍路線，對美國採取堅定同盟立場，參與四方會談，視中國崛起為區域威脅。他也積極關注台海情勢，維持台海和平穩定，在日美峰會和G7宣言上都提到各方應關注台海變化中的情勢，為印太區域的和平穩定定錨，這些果決的行動都讓人印象深刻。

在全球疫苗短缺，各國瘋搶疫苗之時，菅政府是最早理解台灣的疫苗是政治問題，不是醫療問題的外國政府。疫情期間，菅義偉政府五度提供台灣疫苗，緩解當時由中國發動，為當時焦頭爛額的台灣政府添亂的疫苗統戰，這些做法，都讓台灣人深深體會「日台友好」不只是交流協會的年度文宣主題，更是台日兩地社會真正付諸行動之「絆」。

岸田文雄

FUMIO KISHIDA

2021.10.4－2021.11.10
2021.11.10－

終於拿到「絕對安定多數」的岸田文雄

岸田文雄有當首相的企圖，已經不是新鮮事。二〇一八年自民黨總裁選舉，他就有意願出馬，後來顧忌與爭取連任的安倍晉三實力懸殊，決定斷念。二〇二〇年安倍下台，岸田終於下定決心挑戰首相職務，最後不敵菅義偉，因此在菅義偉決定不再連任後，岸田成為最能夠被大老們接受的自民黨總裁候選人。

岸田這次的強勁對手，是頗有人氣的河野太郎。河野也是政治世家出身，他的父親河野洋平是有名的親中派，但太郎本人一向與爸爸唱反調，擔任防衛大臣期間和中國老為了尖閣群島、宮古海峽的問題不愉快，看不太出來親中。反而是岸田所領導的老派系「宏池會」出過不少親中政治人物，因此整個自民黨總裁選舉，要繼承安倍、菅的一貫保守路線，還是要推出新的國內政經改革方向，成為爭執的焦點。

已經卸任卻實力雄厚的前首相安倍晉三，心裡擔憂著倡導國內改革為主、沒有派系包袱的河野太郎如果靠著民氣當選總裁，過去安倍苦心經營的保守主義路線會遭到挑戰，心心念念希望由和他關係不壞的岸田文雄出任總理。問題是岸田的派系不夠大，實力畢竟有限，而「宏池會」長年親中的印象，連中國副總理王毅都大表肯定，安倍派系內的保守派們恐怕不會服氣。

因此，安倍推出了年輕但相對極保守的女性候選人高市早苗來競選總裁。安倍的盤算是高市可以吸收保守派的票，不會讓憂心岸田親中的票流到河野那裡，在安倍力推之下，高市還和台灣的蔡英文總統通了電話，緊緊抓住「親台反中」的形象，也讓原先想把選戰帶往國內政治、景氣對策的河野一方無法著力，整個選戰的焦點都被岸田和高市鎖在正常化、修憲、國際戰略等政治議題上。

第一輪選舉結束，岸田和河野太郎果然暫居領先，高市一如預期落居第三，在安倍鼓吹下，支持者全數轉往岸田這邊，整個政局發展完全如安倍所規劃的走，岸田文雄終於心想事成，順利當選自民黨總裁，並成為日本第一百任內閣總理大臣。

岸田文雄也是政治世家出身，他的曾祖父幾太郎曾經短暫的住過台灣的基隆，在港邊開了一家吳服店和一家喫茶店，這兩棟洋房至今都還在，其中一棟租給麵包店，另一棟在整修中，也算是岸田家與基隆之間的一段緣分。不過幾太郎在台灣的時間只有四年，後來轉往滿洲發展，生意越做越大，成為豪商。只是岸田幾太郎無福享受富裕，四十幾歲就過世，事業由兒子正記接手。為了讓事業更加擴張，正記投入政治，成為眾議院議員。

岸田一家虎父無犬子，正記的兒子文武也很成材，東京大學畢業之後進入通產省上班，成為「官僚之夏」的一員，他走的是國貿路線，一九六三年時被派駐紐約，當時是小學生的岸田文雄，也跟隨爸爸到紐約赴任。岸田當時讀的是皇后區的公立小學，據說有一次老師要他們與隔壁小朋友手牽手去郊遊時，感覺到自己因為是日本人，被隔鄰的白人女孩白了眼，讓他第一次有了種族歧視的認同政治啟蒙。

岸田文武後來當到貿易局長、中小企業廳長，一九七八年離開政府，投入次年的選戰，並當選眾議員。那是大平正芳內閣時代，官僚離開職務投入選舉很常見，總理大平正芳本人就是大藏省官僚出身，岸田正記是廣島人，和前首相池田勇人一樣是通產官僚出身，他的妹妹嫁給「宏池會」大老宮澤喜一的弟弟，也是政治家的宮澤弘，因此岸田自然是走同樣路線，成為「宏池會」的一員。

父親從通產官僚轉為政治人物這幾年，岸田文雄剛剛成為早稻田大學的新鮮人。雖然早大也是名校，但對一家子都出身東大的岸田家來說，早稻田還是差了東大一截。岸田文雄為了考東大，當了兩年的「浪人」，第三年加考了早大和慶大，結果都順利錄取，只是東大依然落榜。當時的岸田文雄應該頗為扼腕，但說真的，進入早大接觸自由的空氣，也許為他的人生帶來了些許不同。

早大畢業後，岸田當了一陣子上班族，但幾經考慮，還是決定辭掉工作，投入政治。他先擔任父親的秘書，在東京長大、讀書和工作的岸田文雄，終於回到故鄉廣島。廣島對岸田並不是陌生的存在，小時候他每年和父母返鄉，會聽見家人們講起原爆的恐怖，一九七五年廣島鯉魚隊有如神助，登上中央聯盟冠軍時，岸田在後樂園球場見證。

廣島鯉魚隊是廣島人重要的情感所繫，重松清的小說《紅帽1975》，談的就是廣島人如何跟著廣島隊一九七五年封王，終於實踐了老鄉池田勇人時代流行的「已經不再是戰後」宣言。即便在東京長大，岸田卻一直都是鯉魚隊的球迷，一九七五年是原爆三十年，該年廣島隊封王，象徵著池田勇人時代的名句「已經不再是戰後」終於在廣島實踐，當時岸田在後樂園球場見證此事。一九八六年廣島隊再次在央聯封王，儼然已經是中央聯盟勁旅，岸田就在隔年離開東京，回到廣島，走上繼承家族衣缽的政治路。

一九九三年岸田文雄接下父親的棒子競選廣島地區的眾議員，也不負眾望，順利當選，開啟了他的政治家生涯。不過那年的總選舉中，自民黨慘敗，其他八個政黨組成了非共非自的執政聯盟，雖然被輿論認為是「八頭馬車」，但總之是終結了長期主宰日本政壇的「五五年體制」。

幸運的是此時岸田的政治生涯才剛剛起步，對後排議員來說，執政或在野並沒有很大的差別。岸田展露頭腳，不久之後就成為黨內的明日之星，還當上被認為是政治明星培養皿的自民黨青年局長。那一年岸田率領青年局同仁例行性的訪問台灣，安倍晉三當時也是青年局成員之一，據說岸田因為酒量極佳，有「酒豪」美名，幫安倍擋下不少酒，也和安倍成為要好的朋友。

不過岸田和父親一樣隸屬「宏池會」，「加藤之亂」時他也參戰。年輕議員為了自己的理想和政治前途，義憤填膺地想給民意支持度不佳的森喜朗首相難看，實屬正常，事後「宏池會」分裂，岸田加入了反對加藤這一邊，也是後來比較主流的一方，對大老們來說，算是在政治上迷途知返。也正巧自民黨由「變人」小泉純一郎執政，岸田被邀請入閣擔任文部副大臣，從後排議員走向前排，開啟了他的閣員之路。

隨著政治判斷逐漸成熟，岸田文雄開始在政壇受到矚目，他屢次入閣，在自民黨再次在野之時，他也擔當和民主黨協調的重責，後來甚至扛下了古賀誠退休後的「宏池會」，成為派系領袖。後來安倍復出之時，基於能力、友誼和派系的考量，岸田也被託付予外務大臣這樣的重要職務，一起為安倍心心念念的國家正常化工程戮力以赴。

安倍用岸田擔任外相有幾重考慮，其中最重要的，就是岸田的「宏池會」招牌，這個派系出過不少首相，池田勇人、大平正芳、宮澤喜一都出身「宏池會」，一向給人重政策、輕政治的印象，尤其被認為軟弱、親中。安倍用岸田，正是希望利用岸田在「宏池會」的地位，調控安倍推動國家正常化的政策節奏，來緩步達成目標。

只是這樣的形象，在岸田有機會挑戰獨當一面之時，也成為岸田的包袱。兩次想爭取競選自民黨總裁未果，讓岸田更清楚身為中型派系的「宏池會」必須和其他大派系結盟，才能挑戰大位。也因此第一次他放棄了挑戰安倍的機會，第二次輸給菅義偉之後岸田也重新反省自己和派系的不足，讓自己有更被同僚信任可以接下首相擔子的能力，也終於順利在二〇二一年當上了首相。

岸田內閣的挑戰很多，最重大的挑戰，無疑就是穩定美日關係。隨著新冠病毒疫情全球延燒已經進入第二年，美中關係的調整已經成為全球政經局勢的重大變數，岸田信守日本多年來的一貫立場，持續強化民主同盟之間的實質對話，對威權主義擴張採取了反對立場。

除了國際問題外，岸田也要趕快處理國會解散的問題。自民黨雖然是國會多數，但支持度被疫情帶衰是事實，岸田新內閣為政局帶來新的刺激，趕快改選對政局應該是有利的。岸田的判斷沒有錯，十月底的改選中，自民黨雖然掉了十五席，但依然以兩百六十一席取得「絕對安定多數」，盟友公明黨拿到三十二席，執政陣營穩如泰山。這一次選舉中最大的輸家，是在野第一大黨立憲民主黨，他們的總席次從一百零九席掉到九十六席。兩大主要政黨席次都減少，最大贏家是第三大黨日本維新會再次奮起，從十一席飛躍到四十一席。接下來的參議院選舉，儘管前首相安倍晉三在選舉中被刺殺，帶來了不安定的因子，但自民黨也隨後獲得大勝，得到參眾兩院「絕對安定多數」的岸田文雄，此時此刻相信是吃下定心丸，迎向屬於自己掌握的新時代到來。

國家圖書館出版品預行編目(CIP)資料

改變日本歷史的總理大臣：從伊藤博文到岸田文雄 / 李拓梓著. -- 初版. -- [新北市]：黑體文化出版：遠足文化事業股份有限公司發行, 2022.11

面； 公分. -- (歷史.跨域)

ISBN 978-626-96474-3-9(平裝)

1.CST: 人物志 2.CST: 政治 3.CST: 日本

783.12 111013841

特別聲明：

有關本書中的言論內容，不代表本公司／出版集團的立場及意見，由作者自行承擔文責。

黑體文化 讀者回函

改變日本歷史的總理大臣：從伊藤博文到岸田文雄

作者・李拓梓｜責任編輯・林敬銓、龍傑娣｜內頁設計・林宜賢｜封面設計・陳若涵、紀鴻新｜封面插圖・陳若涵｜出版・黑體文化｜總編輯・龍傑娣｜社長・郭重興｜發行人・曾大福｜發行・遠足文化事業股份有限公司｜電話：02-2218-1417｜傳真・02-2218-8057｜客服專線・0800-221-029｜客服信箱・service@bookrep.com.tw｜官方網站・http://www.bookrep.com.tw｜法律顧問・華洋國際專利商標事務所・蘇文生律師｜印刷・崎威彩藝有限公司｜初版・2022年11月｜定價・400元｜ISBN・978-626-96474-3-9